公安部"公安理论及软科学研究课题"（2020LLYSST065）
公安学优势学科三期建设项目资助
治安学一流专业建设项目资助

实战化主导下"教、学、练、战"一体化改革研究

黄 超 李继红 著

哈尔滨工程大学出版社
Harbin Engineering University Press

内 容 简 介

本书是公安部"公安理论及软科学研究课题"的重要阶段性成果,它以全国公安院校调研为基础,从理论和实践、历史经验和现实做法等方面论述了"实战化主导下'教、学、练、战'一体化改革"的内涵、现实问题、改革路径以及实践成效,着重论述了"教为战""学为战""练为战"和"战中学"的理论依据、实施方法及措施,形成宏观与微观相结合、现实与发展相匹配、校园与警营相融合的改革方案。

本书可作为公安院校师生提高实战化水平的参考资料,也可供警察培训机构、公安机关教育培训的实战化教学参考使用。

图书在版编目(CIP)数据

实战化主导下"教、学、练、战"一体化改革研究/黄超,李继红著. —哈尔滨:哈尔滨工程大学出版社,2021.8
ISBN 978 – 7 – 5661 – 3250 – 5

Ⅰ.①实… Ⅱ.①黄… ②李… Ⅲ.①公安 – 高等学校 – 人才培养 – 研究 – 中国 Ⅳ.①D631 – 40

中国版本图书馆 CIP 数据核字(2021)第 177882 号

实战化主导下"教、学、练、战"一体化改革研究
SHIZHANHUA ZHUDAO XIA "JIAO、XUE、LIAN、ZHAN"YITIHUA GAIGE YANJIU

选题策划　夏飞洋
责任编辑　张　彦　田雨虹
封面设计　李海波

出版发行　哈尔滨工程大学出版社
社　　址　哈尔滨市南岗区南通大街 145 号
邮政编码　150001
发行电话　0451 – 82519328
传　　真　0451 – 82519699
经　　销　新华书店
印　　刷　北京中石油彩色印刷有限责任公司
开　　本　787 mm × 1 092 mm　1/16
印　　张　16.25
字　　数　294 千字
版　　次　2021 年 8 月第 1 版
印　　次　2021 年 8 月第 1 次印刷
定　　价　49.80 元
http://press.hrbeu.edu.cn
E-mail:heupress@hrbeu.edu.cn

前　言

　　公安院校的实战化教学出自军事院校的训练,源于实践性教学。2008 年,公安部首次正式提出了"教、学、练、战"一体化的用语,它将实战化教学提升到一个新高度;2011 年,公安部将"完善'教、学、练、战'一体化教学模式"作为贯彻落实《国家中长期教育改革和发展规划纲要(2010—2020 年)》的措施之一;2016 年 1 月,中央机构编制委员办公室、人力资源和社会保障部、公安部、教育部、财政部、国家公务员局联合发布的《关于公安院校公安专业人才招录培养制度改革的意见》再次强调"完善'教、学、练、战'一体化人才培养模式,健全校局合作、协同育人机制,构建实验、实训、实习和有机结合的实践教学体系,着力培养学生的警务实战能力,优化学生的知识结构,提高学生综合素质"的重要举措;2018 年 9 月,公安部党委发出通知,要求各级公安机关特别是公安院校认真学习贯彻习近平总书记在全国教育大会上的重要讲话精神,奋力开创新时代公安教育工作新局面,并强调:"公安院校要……突出公安行业特色,创新完善'教、学、练、战'一体化人才培养模式"。

　　"教、学、练、战"四大环节有相对独立的含义,但又相互包容、相互渗透。它是围绕人才培养特色与优势,通过人才培养目标综合化、课程设置模块化、实践教学层次递进化、教学手段多样化,构建一体联动的教学体系;它以提高学生综合素质和适应行业人才需求为目标,抓住"素质通识—行业基础—专业知识支撑点"这一条主线,畅通"实务—实训—实践"能力发展路径,达到"行业—专业—职业"教育教学上的融会贯通,促进"知识—技能—能力"学习训练上的转化提升,解决"通才—多才—专才"培养模式上的矛盾冲突,实现公安院校教育人才培养模式创新的整体目标。

　　本书认为,"教、学、练、战"一体化教学模式是以实战化教学为指向,科学设置课程体系,在教学的各个环节中突出实战化要素,注重各环节的相互衔接与促进,形成学生实战能力"螺旋上升"的公安院校人才培养模式。

　　本书是公安部"公安理论及软学究研究课题"(编号:2020LLYSST065)的重要研究成果之一。它以全国公安院校调研为基础,从理论和实践、历史经验和现实做法等方面论述了"实战化主导下'教、学、练、战'一体化改革"的内涵、现实问题、改革路径以及实践成效,着重论述了"教为战""学为战""练为战"和"战中学"的理论依据、实施方法及措施,形成宏观与微观相结合、现实与发展相匹配、校园与警营相融合的改革方案。它对公安院校师生提高实战化教学水平,对警察培训机构实战化教学以及公安机关教育培训管理工作者的教学管理都有着重要意义。

在课题组充分研究、多次研讨的基础上,江苏警官学院黄超教授提出了本书的写作大纲。特别感谢江苏警官学院薛宏伟副院长、教授,谢海军二级巡视员、主任、研究员,周寅处长等,他们多次研讨,修改提纲,为本书的完成付出了辛劳。

本书由江苏警官学院黄超教授和李继红副教授执笔,经多次修改完成。由于作者水平有限,时间仓促,错误与缺点在所难免,欢迎广大读者提出宝贵意见。

著　者

2021 年 5 月

目　　录

第一章 导 论

"知行合一,学以致用"是孔子教育思想的精髓。习近平总书记曾说过:学术、知识不能只是在嘴上,要联系实际,做到知行合一、格物致知、学以致用①。对于应用型院校,"用"是学的目的,也是"教"和"练"的目的,为达其目的,必须实施"实战化"教学模式。

第一节 实战化教学的历史渊源与现实困境

一、实战化主导的教学模式

"实战"是指实际发生的战斗;"化"表示转变成某种性质或状态,兼指变化过程②;实战化则是按照实际作战要求,由平时状态向战时状态转变,并保持战时状态的行为过程③。因此,广义的实战化教学是通过"教学"这种形式,将"实战"知识与技能传授给学生,使学生具备符合实战要求的经验、知识、技能的教学方式。

公安院校的实战化教学是指遵循高等教育教学规律和公安人才成长规律,突出忠诚教育,打牢专业基础,提高综合素质,强化实战能力,充分利用大数据特别是公安机关的警务数据、人员、案例、平台、装备、机制等教学资源,按实战内容进行教学、为实战需要培养人才、用实战效果检验成效的教学训练模式④。其内涵主要是以下内容。

(一)实战化教学是教育体系

实战化教学不是狭义的"教学",而是广义的"教学";它不仅仅局限于单纯

---

① 2018年5月2日上午习近平总书记在北京大学考察时的讲话。
② 夏征农、陈至立:《大辞海》,上海辞书出版社,2011,第1370页。
③ 王鹏、宋华文、代恒:《关于装备保障实战化训练概念衍化及其内涵本质的思考》,《装备学院学报》2016年第5期。
④ 夏存喜:《公安院校大数据条件下实战化教学改革:内涵、依据及行动体系》,《江苏警官学院学报》2019年第1期。

的课堂教学、知识传授,而是涉及所有的教育形式;实战化教学的"主讲人"不仅仅是教师,也包括学生管理人员、行政管理人员、服务人员、在职民警、教官等。因此,实战化教学不是单纯的教学体系,而是全员教育体系。

(二)实战化教学是教学过程体系

实战化教学不是一事一时就可以完成的,它贯穿于本科教育全过程,不但包括"忠诚警魂"教育过程,还包括体能培养过程;不但包括知识传授过程,还包括技能培养过程;不但包括基础知识传授过程,还包括专业知识教育过程;等等。

(三)实战化教学是教学内容体系

实战化教学内容涉及全员教育的各个方面,包括"警魂教育"内容体系、课程教育内容体系、实战能力培养需要的实训课程体系、警务操作技能训练、实验课程、专业见习、实习等诸多教学内容。

(四)实战化教学是教学方法体系

实战化教学以实战为导向,其理论教学环节和实践性教学环节均紧贴公安实战,综合运用实情、实景、实战、实习、实训、实验等教学形式,采用讲解、示范、指导、点评、翻转课堂、讨论、主导式教学、案例教学、参与式教学、情景教学等一整套教学方法体系。

(五)实战化教学是能力提升体系

实战化教学的目的是促进学生实战思维和意识、实战技术和能力的完善与提升,使学生能更好地适应实践工作的需要并将能力培养贯穿于教育的所有环节中,以提升学生的实战能力,是全员、全天候、全方位的能力提升体系。

可见,这里所说的实战化教学是实战主导的教学体系,实施教育的人员具有"全员"性,教学的时间具有"全程"性,教学的内容具有"全面"性,教学的方法具有"多样"性,是以实战为目标,时时处处渗透实战元素的教学模式。

二、实战化教学的历史渊源

实战化教学来源于实践性教学,是实践性教学的一种形式。历代教育思想家都重视实践性教学:孔子以社会为课堂,立足于生活的课程内容、学以致用的教学理念开启了综合实践性教学的先河①。《墨子》中有许多"是其故何也""何以为""何以知之""何自"的论述,就是诱导学生从认知走向实践,学思并重,以行为本,开动脑筋,学思结合,提高自身的分析能力和体悟能力。《墨子·备城门》较为全面地记述了防御的技巧、守御设施的安排、兵力的部署和器械装备等各个方面的知识。墨子认为,教育的目的就是救世拯民,就要为现实(生产、军事)服务,重视实践②。

现代实践性教学将其细化,形式上分为验证性教学、辨析式教学、交流式教学和训练型教学等。验证性教学主要指自然科学基础知识的实践性教学,验证自然规律的真伪;辨析式教学主要指社会知识的实践性教学,判别社会事件的价值;交流式教学主要指人文知识的实践性教学,基于生活场景的精神交流;训练型教学范围最为广泛,它以提高技能为目的,具有较强的操作性,主要包括:实验、实训、实战、实习、设计、工程测绘、社会调查等③。

实战化教学属于训练型实践性教学,起源于军队的教学训练,主要是围绕实战,仗怎么打,教学就怎么组织,在实战中学打仗,在实训中练打仗。红军时期,战争不断,没有专门时间训练,以毛泽东为代表的建军元勋们提出"设法避开一些战斗,争取时间训练",即利用作战间隙边整边训的练兵思路。1928年11月中旬开始,红四军在宁冈新城、古城地区第一次进行了1个多月的冬季训练。训练的基点放在作战技能和游击战术的训练上,主要是训练警戒、侦察、测量、刺杀、抢山头、射击、越障碍、巷战及游击战的战术。战略方针上与"诱敌深入,积极防御,巩固和发展革命根据地"的战略方针相适应,部队把怎样打破敌人的"围剿"、怎样巩固发展革命根据地作为实战化训练的主要课题。抗战时期,驻陕甘宁边区部队在1943年11月至次年3月进行了首次大规模的冬季训练,主要训练"夜间动作""制造各式地雷""排爆技术""土工作业(制式器具缺乏时可借农具替代)"、步机枪对空射击和伪装隐蔽、对战车的防御与战斗、对骑兵的战斗,并进行防毒常识学习和特等射手训练等。战略方面,与"以游击战为主,但不放弃有利条件下的运动战"的军事战略方针一致,部队把如何在敌后开展游击战作为实战化训练的主要课题。解放战争时期,于1946年夏季首次进行全军为期3个月的大练兵活动。练兵中,除练三大技术、练守城、练夜战等项目以外,着重练习攻城战,包括黄色炸药之使用,重点以提高射击、刺杀、投弹

---

① 孙苏奎:《试论孔子综合实践教学思想的现实意义》,《科教文汇》2007年第12期。
② 魏霞:《试论墨子的实践教育及当代价值》,《中学政治教学参考》2011年第4期。
③ 张成武、王道坤:《实践教学的内涵和基本形式》,《现代企业教育》2009年第5期。

等技术水平为主,同时要求必须提高战术,加强相互间、步炮间的协同训练,尤其夜间战与村落战的"穿插"练习等。战略上,根据"积极防御,打动战、歼灭战的战略方针",把进行运动战、歼灭战作为实战化训练的主要课题。为检查训练效果,在井冈山斗争时期即确立了红军的考绩制度,规定对士兵要测验"典、范、令、游击战术"及"操场、野外动作",对一般干部要测验战术原则、射击学理、阵中要务,对中级军官要测验战术学、射击学、地形学、阵中要务。此后,人民军队的考绩制越来越细化、明晰 ①。

部队院校教学是职业性的教学,具有职业确定性。部队院校在强调促进学生素质全面发展的同时,更突出其专业方向,使学员具有第一任职所需要的知识和能力 ②。

公安院校的教育训练一直以军事院校为榜样,从 1978 年全国逐渐恢复公安高等教育机构开始,在经历了一段稳定期和发展期后,实战化教学开始出现。当时的实战化教学是以验证性实验为主要内容,形式较为单一,实验项目数量较少,实验设备落后,主要是公安机关淘汰的装备。2005 年,针对公安队伍中存在的"说不过、追不上、打不赢"等突出问题,全国公安机关首次开展以"基本知识、基本技能、基本体能"为主要内容的"大练兵"活动,之后全国公安院校开始注重实战化教学,并出现"极端化"倾向,致使 2008 年错误地推行了"训练制"公安教育体系,企图停止公安学历制教育,但受到江苏警官学院等一大批公安院校的反对。虽然单纯的"训练制"公安教育体系最终未能推行,但"训练制"的教学内容、方法为公安院校的实战化教学提供了借鉴,逐渐成为公安院校教育训练的内容之一。同时训练方式也发生了变化,实训方式占据重要地位,形成实验、实训、实习、实战并驾齐驱的实战化教学格局。江苏省公安厅十分支持江苏警官学院自 2007 年开始实施的现代理念下的实战化教学,制定了《关于进一步加强江苏警官学院教学与实战相结合长效机制建设的意见》,并与全省公安机关协同合作,为推进公安教育与公安实战紧密结合提供了制度保障。江苏警官学院认为单纯的"训练制"可以解决"追不上、打不赢"问题,但不能解决"说不过"的问题,"说不过"是公安执法的首要问题。江苏警官学院顶住压力,遵循理论与实战并重的方针,逐步提高实战化教学水平。2013 年,江苏警官学院出台了《关于加强实战化教学工作提高教学质量和人才培养质量的意见》,确立了

---

① 王志俊、李新坤:《人民解放军实战化训练的历史演进与经验启示》,《军事历史》2014 年第 2 期。
② 谢海军:《公安院校实战化教学改革探析》,《公安教育》2015 年第 11 期。

"教学贴近实战、培训融入实战、科研引领实战"的总体思路。2013 年,教育部确定江苏警官学院为全国公安院校国家级大学生校外四个实践教育基地之一,肯定了江苏警官学院在实战化教学方面的工作成果①。

中华人民共和国公安部(以下简称公安部)十分重视实战化教学,于 2012 年和 2016 年举办了两届全国公安院校教学技能大赛,大力推进实战化教学改革,提高实战化教学水平。《公安机关人民警察训练条令》(2015 版)强调指出,公安机关应当加强公安院校建设,充分利用其教育科研优势,加强训练理论研究,开展高层次、高水平和综合性的训练工作,在训练中发挥引领和高地作用②。公安院校形成了围绕提高实战化教学水平研究与实践的热潮。

三、公安院校实战化教学面临的难题

(一)公安院校实战化教学的重要性

在 2014 年全国职业教育工作会议上,习近平总书记指出,"要牢牢把握服务发展、促进就业的办学方向,深化体制机制改革,创新各层次各类型职业教育模式,坚持产教融合、校企合作,坚持工学结合、知行合一,引导社会各界特别是行业企业积极支持职业教育,努力建设中国特色职业教育体系"。

公安院校属于职业性院校,为公安战线培养优秀专业人才,发挥人才培养主阵地的作用是公安院校的基本职责。公安工作需要知识,也需要技能,更需要能力。知识是人脑对客观事物的主观表征,可以用文字的形式记载下来,通过学习这些文字,掌握知识,即知识可以通过文字传承。技能是指人们通过练习而获得的动作方式和动作系统,按活动方式的不同,技能可分为操作技能和心智技能(智力活动),技能难以通过文字的方式记载和传承,一般通过师傅的行为指导传承给弟子。能力则是学习者对学到的知识和技能内化后的产物,是使活动顺利完成的个性心理特征。能力的传承或者培养,较为复杂,它是建立在知识和技能传承的基础上,只有广泛地应用、迁移知识和技能,才能将其转化成为能力。能力的形成与发展依赖于知识、技能的获得。随着人的知识、技能的积累,人的能力也会不断提高。

公安工作包含大量操作和心智活动,技能培养十分重要,不仅如此,它也为

---

① 薛宏伟:《实战化教学视角下公安院校实践教学平台建设探析:以江苏警官学院为例》,《公安教育》2015 年第 10 期。

② 王龙:《公安高等教育发展历史回顾与新时代展望》,《公安学研究》2019 年第 5 期。

能力培养奠定基础。实战化教学以技能培养为主要目的。

应用性是职业性院校的本质属性。公安院校培养的是维护广大公民正当权益、保障一方平安、正面面对违法犯罪分子的斗士。面对违法犯罪分子,面对千奇百怪的案件,公安干警需要综合运用知识和技能,具备解决任何危机事件的能力,这是公安工作的需要,也是公安院校的培养目标。

实战化教学的发展过程也说明其地位的重要。从公安院校成立初期的单纯理论教学,到验证性实验教学的落地,再到实训教学的开展,每一步都响应公安部门的教育训练需求,响应公安工作的需求。公安教育工作者逐渐认识到实战化教学的重要性,从思想、组织、制度、方法及条件上逐步完善和提高实战化教学水平。

(二)公安院校初级实战化教学面临的困境

实战化教学地位十分重要,但与其教学内容的发展水平却并不相称。公安院校不同于实战一线,教学中实战元素有限,需要以实战需求为准则,把握实战要素,贴近实战条件,缩短公安院校与基层一线的差距,进行有针对性的教学和训练,培养高质量专业人才。但公安院校实战化教学时间短,2008年之前的实战化教学在资源、条件、师资、内容、方法和手段等方面存在诸多问题,主要表现在以下几方面。

1. 实战化教学意识不强

公安院校属于高等学校教育系列,教师的职称评审、学校的升级发展等都是按照高等学校的统一要求来评定的,教学成果的学术性是十分重要的条件。实战化教学属于应用型教学,教学成果的层次不高,追求学术性成为公安院校教师的思维定式,从而淡化了应用型研究,主观上的"价值取向"抑制了实战化教学意识的树立;实战化教学需要深入研究公安工作的实际现状和需求等,而高校与公安部门分属不同单位,沟通中存在一定障碍,客观上制约了实战化教学的研究和实施。长期受主客观因素的影响,实战化教学理念未能得到确立,从而使得实战化教学意识不强。

对于研究型公安院校,学术性是放在第一位的。由于学科建设意识不断强化,所以削弱了实战化教学意识。另有一些应用型公安院校追求院校地位的提升,强调学术性,弱化应用性,所以实战化教学变成了口号,偏离了应用型发展方向,导致实战化教学意识不强。

2. 实战化教学基础条件欠佳

推行实战化教学,首先需要符合其要求的顶层设计,明确学院的定位与发展方向,明确发展路径、抓手。其次是制定符合实战化教学需要的管理、保障制度体系。实战化教学具有特殊性,单凭主讲教师一己之力难以完成,需要有场地、器械、车辆、教辅人员等的配合,需要用制度规定各部门的职责和任务、规范教学人员的行为。再次是教学资源不足。实战化教学需要场地、器材,需要交通、通信条件,需要真实的案例或公安实际工作素材等。最后是激励机制。实战化教学没有教材,其教学内容、方式、手段既要贴近公安工作实际,又要依据现实条件制定,使其具有多变性;教学过程中的教学与管理有别于普通课堂教学,教师(教官)相对付出较多,为保持教师(教官)的工作热情,需要以机制的方式进行激励。但目前上述基础条件尚不完善,不能满足实战化教学的需求,还存在较大的提升空间。

3.教师缺乏实战经验

实战化教学是公安实际工作的仿真化教学,教师应具备公安工作和人才培养的双重综合素质与能力。首先,教师应当是公安工作的行家里手,能独立开展公安工作。其次,教师必须是教学专家,能运用多种教学方法,传授专业基础理论知识,能够引导学生理解和掌握。最后,教师应该是课程设计的高手,能将公安工作的现状、需求等进行课程化设计,这是开展实战化教学的关键环节。但由于公安院校与公安机关长期独立运行等多重因素影响,公安院校的教师较少参与公安实战,与一线民警缺乏交流,不熟悉公安实战,导致实战化教学难以高质量开展[1]。

4.实战化教学形式匮乏

实战化主导下的教学是在教学的各环节都体现实战化要素的教学,大体可分为“教、学、练、战”四个方面。针对实战的“教”应该是整个理论体系指向实战,知识点的掌握联系实战,启发教育的思路沿袭实战,课堂讨论的问题源于实战等。针对实战的“学”应该是按照实战的要求,学生完成政治、思想、意识、体能、知识、行为的养成、积累与训练。针对实战的“练”应该是按照公安实际工作设计实训、实验等项目,进行仿真训练。“教、学、练、战”四个方面应该按照教学规律循序渐进,做到“知行合一”,使学生在培养实战化技能的同时掌握相关理论知识,使之知其然,更知其所以然,使“教、学、练、战”形成相互联系、相互促进的有机整体,形成完整的思想政治体系、知识体系、技能体系和能力体系。

然而,2008年之前的实战化教学,主要体现在见习、实习,以及参与的公安实战项目中,没有专门的实训课程,且课程内没有要求实战化教学,“教”的环节

---

① 傅新斌:《公安院校实战化教学路径探析》,《公安教育》2015年第8期。

中实战化要素缺失严重,不成体系,实战化教学表现形式单调。

5.实战化教学效果不佳

2008 年之前的实战化教学不仅形式匮乏,而且知识迁移和综合运用缺乏;技能培养孤立化,缺乏各种技能之间协同作用训练;教师虽然参加实习指导,但主要是解决学生生活上的问题;参加公安实战的项目,未建立教师随队指导机制,不能有效地利用参加公安实战的机会去融合理论、思考完成任务方法、提高行动效率等,把见习、实习、参战等仅作为一项任务来完成,致使毕业生实际工作能力弱,适应周期长,不能满足培养公安机关满意人才的要求。

公安院校毕业生入职初期独立工作能力弱,迫使公安院校教育管理者及其业务教师不得不进行教学改革,思考实战化教学改革的方法,研究发现实战化教学缺乏多元化、系统性的问题,于是实战化主导下"教、学、练、战"一体化模式应运而生。

第二节 "教、学、练、战"一体化改革的历史背景

一、"教、学、练、战"一体化的概念

《关于公安院校公安专业人才招录培养制度改革的意见》中提出"'教、学、练、战'一体化"(简称"一体化")改革指向,引发学界研究。

教,即教学,是解决"教什么,如何教"的问题。教师是"教"环节的主要承担者,首先要确立实战性教学理念,把实战化理念渗透到教学内容和方法中。其次是科学设置课程和教学内容。人才培养目标是警务实战教学内容体系构建的依据,警务实践教学内容要按基本技能、专业技能和综合应用能力几个层次合理设置,按认知规律和技能掌握过程分解到教学计划的各门课程之中,贯穿于各个实践环节,使培养人才的应用能力、创新能力成为各门课程的目标。最后是教会学生正确的学习方法。人天生都蕴藏着巨大的创造力,教育的重要任务是去激发每个学生的潜能,"授之以鱼,不如授之以渔",教学生掌握学习方法比教给学生知识更重要。

学,即学生学习知识、获取技能、掌握方法、提升能力。通过学习,学生首先要树立正确的价值观,筑牢"对党忠诚、服务人民、执法公正、纪律严明"的思想意识。其次通过理论性学习、体验性学习、实战性学习,夯实专业理论基础,提高学生的专业素养。"学为练,学为战",以实战为导向的"一体化"教学模式突出学生学习的主体性,发挥其学习的主观能动性,着力提高其自学能力。以实

际问题与实战为导向,将理论学习融入训练和实战,学会用理论指导训练和实战。随着犯罪分子的作案手段日益智能化、专业化,执法难度也越发加大。这对学生的学习能力提出了更高的要求,不但要掌握专业知识,熟悉法律法规,了解科学知识,还要具备自学能力、发散思维、创新意识,以适应变化的社会安全需要。

练,即警务技能训练和实战训练,是在理论指导下的实践,是理论与实践相结合的主要教学环节。练以知识"迁移"为训练目标,强化综合运用专业知识能力,其核心是综合运用专业知识和基本技能解决实际问题。在掌握基本警务技能的基础上,强调"练中学"。通过练,深化对理论的理解,活化所学理论知识,深化技能运用能力,提高实战素养。

战,即实战,这里指参与实战,在实战中提高警务工作能力。战既是对教、学、练的检验,也是对教、学、练的提高。战具有实际性、综合性和相对独立性,是部分脱离教师(教官)"羽翼"下的独立操作。角色的转换,要克服心理障碍,并综合运用所学知识和技能,解决实际问题。

"教、学、练、战"是相互联系、相互促进的整体,关于"教、学、练、战"一体化概念的表述,主流观点有 3 种:一是"教学环节说",认为"教、学、练、战"是教学的 4 个环节,是"在公安院校教学管理中,把老师的'教'(理论讲授、形势介绍、案例剖析等)、学生的'学'(听讲、看书、查资料、看教学片、讨论、演讲等)、模拟实战的'练'(通过模拟的环境、场所、条件、人员、案例、问题等组织学生进行模拟实战)、一线岗位的'战'(组织学生到公安机关一线岗位直接参加实际工作)等有机地结合起来,组成一个统一完整的教学链,进行统一计划、统一指挥、统一行动的教学模式"[1];二是"课程体系说",认为"教、学、练、战"一体化是一种课程体系框架,即"基础课 + 专业基础课 + 专业课"体系,其重点是如何搭建这种课程体系,如何完成该课程体系框架内的实验实训课[2];三是"渗透说",这种观点认为,"教、学、练、战"一体化是各要素之间的一种网络式交织关系,"各要素相互交叉与渗透,正是因为这种交叉和渗透,'教、学、练、战'各要素才能真正地'化'为一体,进而成为一个结构开放、内涵丰富、调整灵活、功能多维、发展有

---

① 彭知辉:《关于"教、学、练、战"一体化模式的辨析与理解》,《武汉公安干部学院学报》2015 年第 2 期。

② 谭胜、王红丽:《试论教学练战一体化本科人才培养模式的内涵:以公安大学实践探索为例》,《中国人民公安大学学报(自然科学版)》2015 年第 3 期。

序的人才培养范式"①。

本书认为,"教、学、练、战"一体化是以实战化教学为指向,科学设置课程体系,在教学的各个环节中突出实战化要素,注重各环节的相互衔接与促进,形成学生实战能力"螺旋上升"的公安院校人才培养模式。

二、"教、学、练、战"一体化的内涵

"教、学、练、战"一体化的人才培养理念内涵丰富,不仅包含实战化、一体化的内涵,也包括培养重点、路径和目标。

(一)思想政治教育是"一体化"理念的灵魂

思想决定行动方向。为履行"巩固共产党执政地位,维护国家长治久安,保障人民安居乐业"职责使命,人民警察必须毫不动摇坚持党对一切工作的领导。牢记公安机关首先是政治机关,政治性是第一属性,讲政治是第一要求,始终把党的政治建设放在首位,坚持用习近平新时代中国特色社会主义思想武装广大民警头脑,确保公安工作沿着正确道路前进。思想政治观念的形成与固化是个长期的过程,而大学期间是学生思想意识形成的关键时期,政治统领是第一要素,也是"教、学、练、战"一体化理念的灵魂。

(二)实战化要素是"一体化"理念的精髓

实战化教学模式在形成过程中有"三环节说""四环节说"和"五环节说",《关于公安院校公安专业人才招录培养制度改革的意见》中确定了"一体化"的"四环节说"。"战"是第四环节,它是"教、学、练"的目标,教为战、学为战、练为战,也是对"教、学、练"教学效果的检验。无论是为了培养"公安机关满意人才"的目标,还是出于应用型本科院校的职责而言,实战能力的培养都是公安院校教育的重点,在各个培养环节都必须突出这个重点。由于各个环节的教学方式不同、内容不同,实战化教学的表现形式也各不相同,但要体现实战化要素,体现实战化的思维方式,实践"教、学、练、战"一体化理念。如果缺乏实战化要素的"教、学、练"教学,便不是"教、学、练、战"一体化模式。

---

① 罗振峰:《"教、学、练、战"一体化人才培养模式的普适性分析》,《公安教育》2011年第12期。

（三）人才培养特色和优势是"教、学、练、战"一体化模式的指向

公安院校人才培养模式改革的最终目标是培养适应公安工作需要、优势突出、特色鲜明的公安专门人才。公安工作既有较强的专业性，又要具备知识的宽泛性；既要有知识，又要有能力；既要能说，又要能战。需要解决"专业与职业""通才与专才""知识与能力"等矛盾，需要"强能力、重实战"，兼顾学生第一任职和发展后劲需要等，这些都是公安院校人才培养的特色与优势，需要体现和贯穿于"教、学、练、战"的各个环节中，成为"一体化"的指向。

（四）"教、学、练、战"的核心是一体化

"教、学、练、战"四大环节虽有相对独立的含义，但各要素相互包容与渗透，围绕人才培养特色与优势，通过人才培养目标的综合化、课程设置模块化、实践教学层次递进化、教学手段多样化，从而形成一体联动的教学体系。以提高人的综合素质和适应行业人才需求的双重要求为目标，抓住"素质通识—行业基础—专业知识支撑点"这一条主线，畅通"实务—实训—实践"能力发展路径，达到"行业—专业—职业"教育教学上的融合贯通，促进"知识—技能—能力"学习训练上的转化提升，解决"通才—多才—专才"培养模式上的矛盾冲突，实现公安院校教育人才培养创新的整体目标。

三、"教、学、练、战"一体化模式确立的历程

"教、学、练、战"一体化模式是实战化教学的模式之一，从实战化教学理念的形成到"教、学、练、战"一体化模式的构建和实施，经历了理念借鉴、环节确定、独立运行、一体运行等阶段，是在实践中深化认识和社会现实倒逼的结果。[①]

"教、学、练、战"一体化模式的理论起源无从考证，可以追溯到实战化教学的起源或再向前追溯到实践性教学的起源，它们的理论观点一脉相承，没有明确的分界线。从实践角度探讨，"教、学、练、战"一体化模式的来源可追溯到我国最早的警察学校——北洋巡警学堂。北洋巡警学堂原系天津警务学堂，成立于1902年，地址在天津河北堤头村，由天津巡警总监赵秉钧负责筹建，1903年与保定警务学堂合并，更名为北洋巡警学堂。中华民国时期、中华人民共和国

---

① 谭胜、王红丽：《试论教学练战一体化本科人才培养模式的内涵：以公安大学实践探索为例》，《中国人民公安大学学报（自然科学版）》2015年第3期。

成立初期,仍然沿用之前形成的警校办学理念,课程主要是警察律例法政、国际法和操法等。

2000年,上海公安高等专科学校首创"轮训轮值、战训合一"机制,在教学上着重加强实战演练,增强学员队伍成建制作战能力。2002年,上海公安高等专科学校停办学历教育,首创全日制第二专科教育(职业教育),以公安工作为"模板"形成"战训研"一体化培养模式。2004年,为促进上海公安教育训练工作的长远发展,上海市公安局党委决定实施上海公安教育训练体制改革,实行上海市局政治部分管教育训练工作的领导与学校主要领导的"角色合并",以上海公安高等专科学校为主阵地,集警察培养与在职教育训练职能于一身。"校局合并"实现了上海公安教育训练工作的统一领导与高效运作,从体制上保证了学校与实战部门的"校局联动"、学员培养的"育用衔接",开始向"战"转移。2007年,上海公安高等专科学校开始着手申报国家级示范学校,在申报材料中比较完整地论述了"教、学、战"一体化和"战、训、研"一体化的办学理念。2008年,公安部首次正式提出了"教、学、练、战"一体化的用语,但内容核心是上海公安高等专科学校"战、训、研"一体化培养模式。公安部确定上海公安高等专科学校作为全国唯一的警察职业教育示范学校,其教育培训的内容、方式可作为"教、学、练、战"一体化的形象解读,而"上海模式"实质上是"战、训、研"一体化模式,与目前施行的"教、学、练、战"一体化模式存在区别。①

2010年11月召开的全国公安教育训练会议将全国公安院校分为三种类型,即部属本科公安院校向教学研究型发展,省属本科公安院校向教学型发展,其他公安院校虽未明确类型,但明确其培训对象为体改班,实际就是职业型院校。2011年,公安部《关于加强公安院校和训练基地建设的指导意见》(公政治〔2011〕137号)中提出:"贯彻落实公安民警招录培养体制改革精神,积极探索招录培养体制改革的教育教学规律和特点,建立公安院校和公安机关联合育人机制,根据职业能力需要有针对性地开展人才培养工作,重点进行专业能力教育和警务技能培养。加强课程体系和教学内容改革,科学设计适应不同培养层次和培养对象的课程体系,围绕工作任务、工作目标和工作过程进一步推进教学内容改革创新。"公安部将"完善'教、学、练、战'一体化教学模式"作为贯彻落实《国家中长期教育改革和发展规划纲要(2010—2020年)》的措施之一,显示其推进"教、学、练、战"一体化教学模式的决心,同时提出应按照不同培养层

---

① 崔向前:《公安教育"教、学、练、战一体化"模式的探索与反思》,《河南教育学院学报(哲学社会科学版)》2011年第5期。

次和培养对象,完善"教、学、练、战"一体化教学模式。200 万公安队伍具有多样化人才的需求,其人才结构体系就好比一座金字塔,位于塔尖的是公安高级专门人才,位于塔身的是公安发展的中坚力量,塔的底座则是大量训练有素的基础力量,而每一类人才的培养模式是各不相同的。中国人民公安大学教务长罗振峰认为,"教、学、练、战"一体化的教学模式主要适用于"教学型"公安院校[①]。

2016 年 1 月,中央机构编制委员办公室、中华人民共和国人力资源和社会保障部,以及公安部、教育部、财政部、国家公务员局联合发布的《关于公安院校公安专业人才招录培养制度改革的意见》再次强调"完善'教、学、练、战'一体化人才培养模式",健全校局合作、协同育人机制,构建实验、实训、实习和有机结合的实践教学体系,着力培养学生的警务实战能力,优化学生的知识结构,提高学生综合素质的"加强警务能力培养"的重要举措,足见公安部对推行"教、学、练、战"一体化模式的高度重视与推动改革的决心。至此,"教、学、练、战"一体化模式的地位、内涵、适用范围确定。[②]

2018 年 9 月,公安部直属机关党委发出通知(简称《通知》),要求各级公安机关特别是公安院校认真学习贯彻习近平总书记在全国教育大会上的重要讲话精神,奋力开创新时代公安教育工作新局面。《通知》强调:"公安院校要……突出公安行业特色,创新完善'教、学、练、战'一体化人才培养模式。"[③]

第三节 "教、学、练、战"一体化改革现状的调研

全国警察类院校共 40 余所,按照办学层次主要分为教学研究型、教学型和职业型 3 类。办学层次不同,学校定位不同,培养方向不同。目前的教学研究型高校追求行业领域制高点,执行学术型教学理念和方法;教学型高校兼顾学术和技能;职业型院校侧重操作技能培养。3 个层次警察院校"教、学、练、战"4 个环节的重点不尽相同,形成了 3 类"教、学、练、战"一体化改革模式。

---

① 罗振峰:《"教、学、练、战"一体化人才培养模式的普适性分析》,《公安教育》2011 年第 12 期。
② 刘瑞榕、杜育群:《"教、学、练、战"一体化教学模式的新探索》,《公安教育》2017 年第 9 期。
③ 2018 年 9 月公安部党委发出通知要求认真学习贯彻习近平总书记在全国教育大会上的重要讲话精神,奋力开创新时代公安教育工作新局面。

一、研究现状调查

笔者查阅了中国知网"教、学、练、战"词条下的所有文章以及互联网上转载的相关论文,进行了整理归纳,概述如下:

罗振峰的论文具有代表性,他认为,"教、学、练、战"一体化就是一种职业型教育模式。无论理念还是 2006 年《教育部关于全面提高高等职业教育教学质量的若干意见》对高等职业教育教学模式的表述,尤其是 2008 年《关于公安院校公安专业人才招录培养体制改革的意见》明确显示"构建教、学、练、战一体化的教学模式,与职业型教育相适应"的思想。罗振峰认为,职业型教育与学科型教育存在显著区别,一是知识体系不同,二是课程结构不同,三是教材要求不同,四是师资要求不同,五是实践要求不同,六是考核形式不同,七是班级形式不同等。因此,"教、学、练、战"一体化教学模式不具有普适性,它对于教学型,尤其是职业型院校确实是一种很好的培养模式,公安教学研究型院校仅仅需要吸收和借鉴该模式的特点和精华[①]。

公安教学型和职业型院校的研究分为两个阶段,2008 年公安部确定"教、学、练、战"一体化教学模式后,关于模式的讨论基本结束,至 2012 年前,主要探讨"教、学、练、战"一体化的概念和内涵。河南司法警官职业学院在探索教、学、练、战一体化教学模式上的指导思想是"以政法业务综合素质培养为基础,以职业精神、基本技能和专业能力教育培养为核心"[②]。刘山勋认为职业院校的"教、学、练、战"一体化是在教学过程中设定项目,以教师教授相关理论知识和操作方法为先导,教育对象通过学习掌握操作技巧,而后通过模拟实践训练操作能力,最后通过实战进行检验和锻炼,达到"实用型"人才培养的目的。[③]李春勇认为本科教育的"教、学、练、战"一体化是"以警务实战需要为出发点,以警务实战能力获得为旨归,注重营造与警察职业素质养成相切合的教学环境,具有'融教与练、融学与练、融练与战、以战促练、以练促学'的特点,有效地将'教、

① 罗振峰:《"教、学、练、战"一体化人才培养模式的普适性分析》,《公安教育》2011 年第 12 期。

② 殷尧、陈连喜、连春亮:《"教、学、练、战"一体化教学模式的研究与实践》,《河南司法警官职业学院学报》2011 年第 2 期。

③ 刘山勋:《高职"教、学、练、战"一体化实践教学模式研究》,《辽宁警专学报》2012 年第 3 期。

学、练、战'4 个环节整合在了一起。"①

从各位学者的表述中不难看出,职业型院校对"教、学、练、战"4 个环节的重视程度存在区别,明显以"练"为核心,而教学型院校则重视"教、学、练、战"4 个环节的融合和相互促进,反映出 2 个类别的院校从自身培养目标出发所提出的实施方向。

2012 年之后研究的重点在一体化改革的方案、原则、内容、方法、措施和保障等方面。其中课程教学内容和方法改革的研究报道较多。傅淑均等根据职业型院校的培养目标,以刑法学教学为切入点,改革教学内容:实施"碎片化"教学,选择公安机关最为关切的犯罪类型作为讲解内容。改革教学方法:利用信息化技术,创新案例教学;增设侦查人员出庭作证环节,完善模拟法庭教学;联系相关公安业务课程教师,开展联合实训教学等②。在"教、学、练、战"一体化融合方面的研究不多,王凯兵等以项目为切入点,提出警察体育"合成教学"模式。它是在打破原有单一教学内容、教学方法、教学条件、教学模式和教学评价的基础上,以专题为导向整合特定案例中所涉及的知识和技能,以检验受训学员知识和技能掌握程度,提升人才质量为目的的一体化教学模式③。周章琪认为构建"教、学、练、战"一体化教学模式需要解决 8 个方面的问题:一是按照公安职业岗位职责要求,重构专业课程体系;二是以公安专业岗位能力为主线,整合教学内容;三是遵循理论适度、技能为主的原则,开发编写教材;四是以学生为主体,选择灵活多样的教学方法;五是以培养能力为重点,设计教学环节;六是探索以考核学生解决实际问题能力为主的考试评价办法;七是适应"教、学、练、战"一体化教学模式的需要,建设双师型师资队伍;八是满足"教、学、练、战"一体化教学需求,完善教学设施。④周章琪同时提出了解决这些问题的方案。

二、实施现状调查

笔者所在课题组就"教、学、练、战"一体化实践情况开展调研,主要以访谈形式重点对中国人民公安大学、江苏警官学院、南京森林警察学院、浙江警察学

① 李春勇:《关于"教、学、练、战"一体化实践教学模式的思考》,《公安教育》2012 年第 8 期。

② 傅淑均、张楠、李美荣:《"教、学、练、战"一体化教学模式下公安专业刑法学教学改革探析》,《云南警官学院学报》2019 年第 3 期。

③ 王凯兵、石岩、帅先伟:《警察体育"合成教学"模式架构探析:基于"教、学、练、战"一体化教学模式的反思》,《山西警察学院学报》2020 年第 2 期。

④ 周章琪:《论公安专业教学练战一体化教学模式》,《湖北警官学院学报》2016 年第 4 期。

院、福建警察学院、贵州警察学院、河北公安警察职业学院、浙江司法警官职业学院、海南政法职业学院等院校进行了调研,总计访谈人数84人。并通过网络查找公安院校实战化实证研究论文8篇、"教、学、练、战"一体化实践论文72篇,以及百余篇公安实战化相关资料,进行了综合分析。

中国人民公安大学近几年的"教、学、练、战"一体化教学,围绕"业务扎实"的人才培养特色和优势,突出"教"环节中的系统性、科学性,创建"321"课程体系①,打造过硬的"双师型"师资队伍,改进教学方法;强化"学"环节的内发性、主动性,积极创设各种条件,培养学生边学习、边思考、勤学习、善思考的学习习惯,鼓励学生带着问题学、提出问题学、联系实际学、参与科研学、在实践中学,提高学生发现问题、提出问题、分析问题和解决问题的能力;突出"练"环节的针对性、实效性,坚持"理论与实践相结合"的办学思路,通过科学设计实验实训科目、搭建实验实训体系以及开展素质拓展的第二课堂活动,扎实推进校内公安业务实验实训,在实践中学、在实践中练;突出"战"环节真实性、职业性,建立层次递进的学生校外实践教学体系,进行大规模、长时间校外专项实践,加强学校与社会联系,拓展学生校外实践途径②。

江苏警官学院经过十余年的实战化教学训练改革,已初步形成了"教、学、练、战"一体化教学模式。一是正在实行的"623"实战化教学训练体系,主要包括六项工程(专业化培养方案完善工程、动态化课程体系重塑工程、实景化教学方法提升工程、职业化实战师资培养工程、高效化科研成果转化工程、品牌化民警训练发展工程)、两个保障(教学条件保障、实训条件保障)和三大机制(一体运作机制、成果评价机制、组织推进机制),为本项目的研究提供了样本。二是为突出学生实践能力培养,构建了包括新生入学教育与军训、课内实验(实训)、暑期见习、专业实习和毕业论文(设计)等主要实训实战化教学体系。三是为完善校局合作机制,打造校局合作升级版,与全省公安机关建立了实战化教学联盟,形成了深度警务合作共建机制,校局深度合作局面形成。四是在江苏省公安厅支持下,江苏警官学院实施教师与公安实战教官换岗实践活动,鼓励教师积极带着课题和任务参加公安业务调研,为"双师型"教师队伍的培养提供保障,并依托教学联盟为学院提供100多个实习点,学院探索分批实习制度,使所

---

① "321"课程体系:即3个基础(素质通识基础、法律通用基础和公安通修基础的课程群),2个支撑(学科支撑和实务支撑课程群),1个方向(专业的学科及技术支撑点特色优势方向课程群)。

② 谭胜、王红丽:《试论教学练战一体化本科人才培养模式的内涵:以公安大学实践探索为例》,《中国人民公安大学学报(自然科学版)》2015年第3期。

有实习基地全年都有实习生,铸就"双赢"平台。五是江苏警官学院按照实景、实战、实用、实效的建设标准,加强实训场所功能建设和公安网络资源建设,推进模拟派出所与模拟刑警队建设,加强了信息采集室、询问室、留置室、警用器械室、调解室、辨认室、文书制作室、讯问室等场馆建设,为实战化实践教学提供"实景"环境保障。六是在全江苏省公安机关遴选了高、中级实战教官200名,从学院优秀教师中遴选实战教官34名,形成了专兼职相结合的培训教官团队。七是公安信息网全面接入江苏警官学院。目前23个应用系统对学院开放,学院每位教师都有公安信息网电脑和数字身份证书。八是江苏省委在加强新时代全省公安工作的实施意见中明确指出,全力支持江苏警官学院开展实践化教学改革和探索,为深化"教、学、练、战"一体化改革提供了政策保障。

福建警察学院在2017年1月召开的"教、学、练、战"一体化专题讨论会上,确定了新一轮实战化教学改革措施。一是调整人才培养方案。选择46门与公安实战业务结合紧密的课程参与改革,形成《实战化教学改革课程汇总表》,在此基础上,学院制定了《福建警察学院"教、学、练、战"一体化教学模式改革方案》。二是制定原则。确定了"政治首位,立德树人;因地制宜,实事求是;灵活多样,注重实效;工学兼顾,实战为先"4项原则。三是确定任务。确定了"解构课程内容层次、选用现代教学形式、创新教学方法手段、聘请授课教师、修订考核方式、全程质量监管"6项任务。四是构建保障体系。成立福建警察学院"教、学、练、战"一体化教学模式改革领导小组;完善质量监控体系,实行改革全程监管;加大教改经费投入;建立教学改革奖励制度。五是样板推广。通过现场教学、直观演示、开设讲座、共享资源、问题研讨等,推广2015级治安专业改革示范点的经验做法。六是考核促进。对参与教改的课程制定了以学生为主的评价体系,考察个改效果。"教、学、练、战"一体化教学改革,取得了贴近实战培养应用型人才、提高课堂教学质量、促进公安教育理论发展、促进公安教育理念转变等成效。但也存在如何保证教学质量、解决学生战学矛盾和课程考核等问题。[①]

警察职业学院面向司法行业的较多,在"教、学、练、战"一体化教学实践中以"共建"为抓手,通过聘请行业专家担任试点班兼职教师,从事专业技能课程教学,指导专业技能课程的实训,施行"专业共建";通过加强学校教师与行业专家的交流,完成课程建设,开发系列教材,施行"课程共建";通过校局合作,与监

---

① 胡宝珍、杜育群、洪容容:《"教、学、练、战"一体化创新改革的实践与思考:以福建警察学院为例》,《福建警察学院学报》2018年第3期。

狱、劳教单位共建校外实习实训基地,施行"基地共建"。[①]

资料显示,全国警察类院校"教、学、练、战"一体化改革正如火如荼地开展。各所院校的做法各具特色,依据自身条件、环境条件和培养目标所制定措施和具体做法都具有可行性,实施成效显著,积累了"教、学、练、战"一体化教学改革的经验,为深化从而使实战化教学改革,完善"教、学、练、战"一体化模式,进一步提高人才培养质量,培养党和人民的忠诚卫士夯实了基础。同时也注意到,"教、学、练、战"一体化教学改革仍处于初级阶段,仍然存在不少问题,需要广泛开展讨论,谋取解决问题的办法,争取上级组织以及各方面的支持,自力更生,开拓创新,勇于实践,提升"教、学、练、战"一体化教学水平。

三、问题与反思

问题在实践中出现,在反思中认识,在改革中消化,在新一轮的实践中再出现、再消化,形成螺旋上升态势,从而使实战化教学水平不断提升。"教、学、练、战"一体化模式的12年推进,解决了实战化教学的低级问题,思想上统一了认识,教学水平有所提高,但仍存在一些问题,主要表现在以下几个方面。

(一)师资队伍仍不能完全满足一体化模式需要

师资队伍建设是教学改革的关键。执行"教、学、练、战"一体化模式以来,各校在"双师型"教师培养方面做出了诸多努力,派教师到实战一线定期锻炼,选拔优秀的一线教官来校任教,组成教师和教官相结合的实战化教学队伍等。但教学是一门艺术,实战化主导下教学的施教者(教师/教官)不仅需要有实战经验,能独立处理各类警情,掌握各类警情处理的方法、流程、法律文书的制作等,胜任民警工作,还需要掌握教学方法,善于表达思想、传授知识、训练技能,胜任教师工作。现在的做法是将胜任民警工作的教官与胜任教师工作的教师组合在一起,实施联合教学,希望通过交流和协作达到融合为一体的效果。但总体看,目前融合效果并不理想,分段教学的现象较为普遍。教师讲理论篇,教官组织训练实战篇,形成"两张皮"。事实上,符合"教、学、练、战"一体化的教学方案应该由一人完成设计,这样知识和技能的传授才具有整体性、系统性,教师与教官的联合教学是两种思维方式、两条施教路线,合为一体实难做到。作为"教、学、练、战"一体化模式推行的初期,联合教学方式具有存在的理由,但随

---

① 王姝丽:《司法警官学院"教、学、练、战"一体化教学模式探索》,《法制博览》2019 年第 9 期。

着"教、学、练、战"一体化的深入推进,为了进一步提高一体化教学质量,需要大量高层次"双师型"教师,师资队伍建设有待进一步强化。

(二)符合"一体化"模式的教材或教学方案体系尚未形成

公安部以及各公安院校都十分重视教材建设,已经形成较为完备的公安业务教材体系,但这些教材都是理论课程的教材,目前尚没有正式出版的、具有一定影响力的实战化教材。目前的实训实战教学所使用的教学材料是主讲教师/教官自己编写的讲义或教学方案,但是教案没有经过专家讨论、缺乏严格的审核,是个人水平的体现。对于高水平的"双师型"教师,教学效果可能比较理想,但实战化教师/教官水平参差不齐,难以保证整体教学质量。高质量的实战化教学必须有高质量的实战化教材或教学方案,这是教学质量的基本保证。但统一的实战化教材或教学方案,客观上难以形成,根本原因是各院校的实战化教学条件并不相同,实战化教学需要依据现有的教学条件,而不同的教学条件难以形成统一的教学方案。

从公安工作角度分析,各省、自治区、直辖市存在地域差异,风俗习惯不尽相同,但案件类型具有相同性。教学贴近实战,实战的相同性为教材的通用性奠定了基础。教学条件的差异性可以改变,它不能作为妨碍教材通用性的障碍。实际上,执行实战化教材所规定的教学条件,是为实战化教学设置了一道入门门槛,是实战化教学质量的基本保障。当然,提高教学条件需要资金的投入,各院校的经费状况并不相同,为达到培养高质量人才的目的,应当实施"差异化办学"。[①]

(三)"教、学、练、战"一体化水平仍有提升空间

目前在"教、学、练、战"一体化模式的实践上,基本还是在传统教学体系框架下对充实实践教学内容、加强实践教学环节等进行探索。可以说,现有的对"教、学、练、战"一体化模式改革的探索和实践,仍然停留在"教、学、练、战"分割实施的层面上,尚未达到"一体化"教学的要求。"教、学、练、战"一体化的核心和关键是"一体化",即如何实现"教、学、练、战"相互融合、形成一体,并在此过程中,真正做到"在战中教,以教促战、以战辅教;在战中学,以学促战、以战辅学;在战中练,以练促战、以战辅练"。想要真正达到这一教学模式所预期的教学质量和学生素质、知识、能力跃升的目标,仍有距离。

---

① 薛宏伟、黄超:《现代公安高教特色发展战略探索》,《中国法制出版社》2016 年第 12 期。

（四）实战化教学条件仍然不佳

实战化教学需要贴近实战，但它又不能等同于实战的条件。以调解为例，实际调解有调解室，但调解室面积较小，不能容纳一个教学单位的学生。不少教师利用教室，将其中间划定区域作为"调解室"，周围是学生围坐观看调解过程。在众目睽睽之下的调解完全不同于实际调解室的环境，可能对当事人产生严重的心理影响。因此不能使观摩的学生与调解当事人同处一室，应使用多个摄像探头，全面反映调解室内的情况，传递语音、面部表情、行为动作等信息。应该设置视频墙，进行分区域显示，以满足不同的需求。学生可坐在视频墙前观摩调解过程，或作为调解员直接进行调解，学习调解技能。为了节约实战化教学成本，不少院校的调解实训用而学生扮演"当事人"，没有设立群众演员专款，不请群众演员。而学生扮演"当事人"完全是表演性质，调解过程完全由事前设定，与实际调解具有本质上的区别，这样的实训，几乎没有实际教学效果。

实战化教学条件有硬件也有软件，既要贴近实际工作的环境与条件，也要满足教学的需求，实际上，实战化教学条件要高于实际工作条件，但目前的状况仍然处于满足实际工作条件的层面上，尚不能满足实战化教学条件。

（五）"教、学、练、战"一体化教学保障体系尚需完善

实战化教学不同于传统的教学方式，需要动用较多的教学条件和资源，而公安院校的教学条件和资源有限，需要统一调配、合理安排。实训场馆不仅是让需要使用的教师在需要的时间使用，还需要保障实训场馆所有的设备在教学过程中状态良好、正常使用。由于公安院校一般规模较小，专业众多，需要实训的项目众多，因此场馆需求量较大，场馆的管理人员需求量也较大。场馆的管理人员不仅需要管理卫生、保障设备的正常运行、及时处理设备故障，还应该具备辅助教学、协助主讲教师的能力。实训教学应该"小班化"，但小班教学需要较多的主讲教师，而院校教师受编制影响，不能满足专业性很强的实训教学的需要，雇佣"编外"人员成为现实的做法。受到经费的影响，雇佣"编外"人员的数量不能满足工作需要，或受雇人员工资待遇不高，造成人员流动现象严重，影响了实战化教学质量。此外，实战化教学临时性工作较多，如教学消耗用品的准备、调试、分割、教学器材和教具的搬运等工作不能全部依靠学生完成，应该组织一支保障队伍，这支保障队伍以及管理人员应该树立"教学第一"的服务理念，真正做到随叫随到，保障有力，但现实状况不容乐观。

(六) 资源共享机制尚未形成

在全国公安本科院校中，公安专业人才培养的特色优势不明显，专业设置、教学条件出现趋同倾向，不利于实战化教学的发展。实战化教学需要投入大量资金，而公安院校规模小、专业多、实训项目多，全部高质量建设几乎不可能。各院校重点发展自己的优势项目，全国公安院校"一盘棋"，相互补充，各具特色，实施"差异化、特色化"发展。打破省际壁垒、院校间的壁垒，实现优势资源共享，才是深化"教、学、练、战"一体化改革、推动实战化教学高质量发展的必由之路。

然而，目前"差异化办学、特色化发展"的思想观念尚未得到统一，地域观念仍然严重，优质教学资源开放率低，甚至实战化教学影视资料的共享也未实现，资源共享机制尚未形成。

(七)"教、学、练、战"一体化教学质量监控评价体系尚未建立

"教、学、练、战"一体化教学质量监控评价体系不同于课堂教学质量监控体系。其一是"教、学、练、战"一体化教学有 4 个环节，课堂教学仅仅是"教"环节的一部分。其二是这 4 个环节执行的地点多，不固定于教室，而且地点受各种因素的影响，多变，监控困难。其三是"教、学、练、战"4 个环节需要在实战化主导下形成"一体化"，内容的相互衔接，方式的相互补充等，不是一个环节可以决定其质量的优劣。其四是每个环节都有若干个责任人，4 个环节有众多的责任人，所有用一个成绩或结果考核教学质量，这一简单有效的方法却不适用。其五是课堂教学历史悠久，对教学质量的认识基本达到统一，但"教、学、练、战"一体化教学是个新生事物，历史短，所以关于质量高低的认识尚未统一。

虽然"教、学、练、战"一体化教学质量监控评价体系建设困难，但质量监控评价是促进质量提升的重要措施，不可或缺。目前不少学者开展了一体化教学质量监控与评价体系的研究。上海公安高等专科学校成立专项课题组展开研究，采取多元主体测评、多维角度测评、全程导控、科技助评等方式进行教学质量监控评价。[1] 胡章记等研究了"教、学、练、战"一体化质量标准的原则，并从 4

---

[1]　上海公安高等专科学校课题组：《"教、学、练、战"一体化下教学质量监控系统的探索与实践》，《公安教育》2012 年第 7 期。

个环节出发,构建"教、学、练、战"一体化培养质量标准指标体系。[①] 但这些研究属于初步阶段,存在质量监控要素不全,观测点不细,权重系数设置不合理等情况,有待于深入研究。

可见,实战化主导下,"教、学、练、战"一体化改革仍存在许多问题,需要借鉴相关院校的经验,进一步研究实战化教学规律,不断完善"教、学、练、战"一体化教学模式,培养既能迅速适应和胜任公安实际工作,又具有发展潜力的公安机关需要的专业应用型人才。

第四节　相关院校实践性教学比较与借鉴

境外警察教育在坚持以在职培训为主、突出实践教学的同时,积极开展警察高等学历教育。发展警察高等学历教育已成为趋势,警察高等教育覆盖了学士、硕士、博士三个层面。据统计,除中国外,警察有学士学位授予权的国家还有:韩国、老挝、泰国、俄罗斯、荷兰、比利时、土耳其、希腊、瑞士、芬兰、斯洛伐克、乌克兰和克罗地亚13个国家;有警察硕士学位授予权的有俄罗斯、瑞士、芬兰、斯洛伐克、乌克兰和克罗地亚6个国家。有警察博士学位授予权的有中国、俄罗斯、瑞士、芬兰、斯洛伐克和乌克兰6个国家。以下内容仅阐述国内警察教育的对比研究。[②]

一、军事院校实战化教学的启示

(一)军事院校的实战化教学的特点

1.突出实战性

军事院校的教育目的是打赢战争、保卫国家,因此对学员的培养更强调实战性,不仅教学内容贴近实战,而且大量采用场景再现、模拟训练、实兵操练等教学训练方法,加强对学员实战能力的培养。

2.管理军事化

军事院校与部队一样实行严格的军事化管理,学员的行为有严格的纪律规范约束,着力培养学员令行禁止的纪律作风。学员的管理机构也是按部队的模

---

① 胡章记、冯巧丹、吴闻:《"教、学、练、战"一体化培养模式的质量标准初探:以公安招录培养体制改革专科教育层次为背景》,《公安教育》2012年第11期。

② 夏芝绚,于群:《培外学历教育与在职培训相结合的警察教育培训体制及其启示:以韩国、俄罗斯以及我国台湾地区为视角》,《云南警官学院学报》2016年第5期。

式设置,这样学员在学校就有了与部队一样的氛围,为学员毕业后适应部队工作打下了基础。

3. 入学即入伍

军事院校实行入学即入伍的招生就业模式,学员入校前要进行严格的政审和体检,取得学籍即参军入伍。由于毕业后的职业确定,学员进校后,对自己有清晰的角色定位,便于进行自我规划、自我约束。

4. 阶段性淘汰

军事院校均实行严格的淘汰机制,因此学生在学习过程中,由于身体、体能、学业、纪律等方面的原因,都有可能按规定被淘汰。淘汰机制确保军事院校毕业的学生符合部队的要求,也增强了学生学习的主动性和自觉性。当然,为了保证不适应军事院校要求的学生能够完成学业,军事院校与地方院校实现了学生转学衔接机制,被军事院校淘汰又符合地方院校要求的学生可以在地方院校继续完成学业。

(二)实战化的区别

2021年3月9日,习近平总书记在出席十三届全国人大四次会议解放军和武警部队代表团全体会议上就做好"十四五"期间国防和军队建设开局起步工作做出战略部署的一系列要求中,提及四个关键词,即坚持以战领建、强化创新驱动、加强战略管理以及巩固和发展军政军民团结。第一个关键词是"以战领建",党的十九大报告明确指出:"军队是要准备打仗的,一切工作都必须坚持战斗力标准,向能打仗、打胜仗聚焦。"抵御外侵和维护领土完整是基本任务,而《中华人民共和国人民警察法》第二条规定:人民警察的任务是维护国家安全,维护社会治安秩序,保护公民的人身安全、人身自由,保护公共财产,预防、制止和惩治违法犯罪活动。基本任务不同,实战化训练的目标就不同,具体做法和训练内容就不同,这是其一。其二是手段不同,军队是通过战争达到目的,而公安是通过执法达到目的;战争是彻底的对抗形式,而执法活动性质宽泛,有对抗的形式,也有教育的形式,更有服务的形式。其三是训练的方式不同,军队只能是模拟的方式,无论是平台模拟、"红蓝军"的对抗训练,还是演习等都是模拟方式;而公安实战化训练可以是受训人员在指导教官的指导下直接参与实际工作,即采取"战中练"的训练手段。

(三)军队院校实战化启示

首先是军队院校一切为"能打仗、打胜仗"的训练指向值得借鉴。面对违法犯罪行为,公安干警必须迅速出警,快速制止违法犯罪行为,控制违法犯罪分子,迅速恢复正常的生活和工作秩序,工作性质的一致性决定训练方法的一致性。但军队思想认识高度统一,在"人、财、物、资源和信息"等调配上,仅仅只围绕"打胜仗"这一中心开展,而对公安实战化训练的认识仍然存在不明确、不统一的情况,理论与训练的关系并未恰当处理,对行动产生消极的影响。其次是公安专业实训分为流程化操作和案件类处置。案件具有偶发性,无法还原案件当时的全部场景以开展针对性的训练,应该借鉴军队训练中的平台模拟化和对抗性训练模式,大力发展模拟化平台,以数字信息方式还原案发现场的真实情况,最大限度地进行仿真训练。

二、医学院校实战化教学的启示

(一)医学院校实战化教学特点

在全球社会老龄化加剧及市场经济从"买方市场转向卖方市场"的背景下,医疗服务的理念发生了转变,由坐等病人上门就医到主动出诊寻医,形成了以社区和个人为中心的医疗服务模式,催生了"全科医生"行业,形成医学教育新特点。

全科医学教育主要由基础理论课程教学、临床和社区实习三部分,以及预防、保健、医疗、康复于一体的综合卫生服务组成。由于将人才培养的目标定位在基层、社区,所以对传统专业性的医学教育模式做了重大改革,打破了专业的界限,更加重视对学生进行全方位的培养和训练,以及基本理论知识和专业技能的教育与培养。

全科医学教育有以下基本特征:在理念上以健康为中心,这是全科医学的重要特征,它不是以疾病为中心,体现的是"预防为主"方针,注重自身免疫能力的提升,关注亚健康状态,及时医治小病,谨防小病的发展和恶化。在服务对象上以人为中心、以家庭为单位、以社区为基础。走出医院,深入基层,就近服务、上门服务。在病情诊断上打破了精细分科、分科诊断的局限,实施综合性诊断,采取分科医治、层层缩进的方案,强调团队合作的工作方式,在必要时协调利用社区内外其他资源,实施全方位照顾。在医疗周期上实施连续性、不间断的服务和管理。无病定期巡访,有问题及时到位,实施全面关注和重点照顾模式。及时发现非健康状态,对当事人"长期负责、个体化照顾"。

（二）实战化的区别

医生是一个救死扶伤的职业，医德和医术非常重要，因此，医学院在教育过程中非常重视学生职业道德和专业能力的培养。在职业道德教育方面，注重通过多种形式帮助学生树立人文关怀精神，遵守职业操守。在专业能力培养方面，强化学生实践能力培养。医学院校都建有各种实验室，在理论教学的过程中让学生开展各种实验，提高他们的动手能力。同时，在教学过程中适时到医院进行临床观摩教学，安排一年以上时间到附属医院、实习医院实习。实习期间学生轮流到各主要科室学习实践，医院安排经验丰富的医生进行实习指导并组织临床教学。使学生真正融入医院的氛围之中，在实践中经受锻炼，提高医术。

从职业道德和专业能力培养方面看，医学院校与公安院校形式上有所相似，医生注重医德，警察强调"忠诚警魂"；救死扶伤需要专业知识和技能，维护一方安宁更需要专业知识和技能。但两者存在本质的区别，医德属于道德层面，而忠诚属于政治层面。道德的影响范围较小，影响程度不深，而忠诚涉及国家安全和社会安宁，涉及面广泛，影响力极大。救死扶伤涉及个人的专业知识和技能的优劣，其关乎生命，但是生老病死是自然规律，在世界范围内很多疾病仍然无法医治。国家安全和社会安宁则不然，专业知识和技能的优劣有可能危及国家安全和社会正常秩序，甚至对民众的生命财产安全产生影响。因此，医学院校实战化与公安院校实战化在形式上有所相似，但本质上存在区别。

在实战化教学的方法和模式上，医学院校与公安院校也存在区别。医学院校的临床训练时间长、要求高，规范化、程序化。病情、发展规律、病理检验与测定方法等操作具有一致性，虽然医疗方案有所不同，但由当事人经济状况、治疗理念而定，主要分为保守治疗和常规治疗等，并相应制定操作规程或标准，易于规范管理和监控。但公安院校的实战化教学不同，案情的发生受政治、经济、文化、习俗、社会状况、个人生理和心理状况等因素影响，而且这些因素不能量化。因此公安院校的实战化教学无法制定具体的操作规程或标准，给质量监控带来困难。

（三）医学院校实战化启示

医学院校的"校－医"一体化教学模式值得借鉴。虽然公安院校的"校局合作"实施多年，也取得了显著的成效，但并未真正做到"一体化"。社会问题比医学病理检验、治疗操作更加复杂，但只要教学与训练紧贴实际工作，并提供专项工作所需的能力基础,以及适当的时间和交通工具等,"校局合作""一体化培养"可以实现。

多数公安专业毕业生的第一岗位是派出所,派出所是综合战斗实体,专业界限模糊,相当于医疗领域的全科医生。全科医生的培养模式和运行模式完全可以借鉴和效仿,形成"诊断—确诊—治疗—养护"工作链和组织机构,使每一环节得到结构化、层次化处理,既能避免"误诊",又能及时解决问题。

三、行业院校实践性教学的启示

公安高等教育的首要任务是培养现代警务人才,服务于公安工作,具有明显的职业教育特点,公安高等教育将培养政治素质高、专业知识丰富、专业能力强的新型警务人才作为中心任务,走内涵发展之路。关于行业院校实践性教学的启示有以下几个方面。

(一)遵循教育规律

行业性院校的属性是高校,应遵守高等教育的一般发展规律。高等教育有其基本要求,在思想观念、文化素养、道德品质、思维方式等方面,都与初等教育存在一定的区别。高等教育是一个教育层次,行业性院校也需要遵循高等教育的规律和要求。

(二)完善法律政策

行为必须受法律约束。行业院校的实战化教学必须以法律政策为准绳,才能健康发展。近些年行业院校的迅速发展,得益于政策的遵循和支持,为了加快其发展,应不断完善相关的法律政策。公安院校是公安机关的一个部门,公安机关对公安院校的发展负有责任。首先,公安院校人才培养的目标指向于公安机关,公安机关应将自身的发展战略规划与公安院校相融合,把公安高等教育的发展纳入总发展战略规划中;其次,公安机关应全方位关心和支持公安专业人才的培养,提供财力、物力和人力的支援;再次,树立"全警育人"理念,营造"全警育人"氛围,落实"全警育人"措施,尤其在校局共建、联合办学方面深化改革,勇于探索;最后,树立"全国公安院校一盘棋"理念,引导"差异化发展",实施"错位发展"战略,促进公安院校保特色、显优势。[①]

---

① 展万程:《美国警务研究概况及其对我国警察教育的启示》,《公安理论与实践:上海公安高等专科学校学报》2017年第12期。

（三）围绕行业需求

行业需求是行业院校生存和发展的基石，地方行业性院校在围绕行业需求方面为公安院校树立了榜样，公安院校应牢牢把握行业需求办学育人，拒绝兴办非公安类专业的想法，认准办好公安专业一条路，集中人力、物力、财力，推动公安专业的发展。由于我国警察比例较低，境外敌对势力颠覆、破坏活动不断。所以在警力缺乏、社会形势复杂的状况下，只有办好公安教育，培养高质量的专业人才，提高执法效率，才能更好地担当起"护国安民"的重任。

（四）突出院校特色

发展特色是行业院校生存与发展的根本，公安院校也不例外。公安院校的同质化、低层次重复已经显现出诸多的不利因素。按照地方行业性院校"地缘经济"的办学指向，公安院校也应当根据国情、省情以及地域警情特色办学。尤其在实战化方面，地域特色应更加明显，抹杀特色的同质化办学会降低人才培养的针对性和削弱专业化素质的培养。由于教育资源和培养时间具有有限性，而地域警情具有特殊性，因此解决二者矛盾的办法只有一个，就是特色化发展，尤其是实战化教学的特色化发展。

实战化教学的特色化发展不能"闭关锁国"，应走联合发展之路，省际界限不应成为教师交流、学生流动培养的障碍。实战化教学需要投入较大的物力，低层次重复建设必然是事倍功半，因此应畅通交流渠道，发展联合培养，以促进院校特色的形成与发展，促进各所公安院校实战化教学特色发展。

第二章 "教、学、练、战"一体化改革

"教、学、练、战"一体化模式有狭义与广义之分,实战化主导下"教、学、练、战"一体化改革是广义的模式、深度的变革,它对课程设置、教学内容、训练方式等都提出了新要求,并随着变革的深入和发展增添新内容。

第一节 实战化主导下"教、学、练、战"一体化改革的理论依据

一、实战化主导下"教、学、练、战"一体化理念

"教、学、练、战"一体化模式有狭义和广义之分。狭义的"教、学、练、战"一体化是以"练"为核心,"教"为练,教师讲授训练所需的理论知识和相关知识点,使学生理解训练的目的、依据、程序与流程、技术要点与注意事项等;"学"为练,学生通过学习掌握训练的相关知识,做到知其然,更知其所以然;"战"是训练教学实际效果的检验,同时也是训练的提升,是以实战的形式进行的训练。广义的则是以实战化为主线,在基础课程、专业基础课程、专业课程、专业核心课程中贯穿实战化理念,以实战为导向,在校期间的所有教育环节中,实施全员、全程、全方位实战化管理、运作,以实战化育人的方式培养专业化公安应用型人才。

目前,部分公安院校的"教、学、练、战"一体化尚处于"狭义"层面,并没有体现"战"这一核心。实战化教学的观念、方法、措施主要体现在"训练"环节。在通识、基础、课外等教学教育模块中,"教、学、练、战"分割,没有体现"一体化"教学的性质,即使参与公安"实战"行动,"教、学、练、战"也处于分割状态。对于公安院校上级主管部门分配的大型活动安全保卫任务,多数公安院校由学生处统一组织,仅仅把"大型活动安全保卫"作为任务,而不作为学生训练和学习的机会。没有教师的事前教导、事中指导、事后评价等,似乎与教师无关。实习基本也是如此,实习过程中几乎没有教师的参与,实习前的动员中缺乏教师的"要点"讲授,实习过程中缺乏教师随队指导,实习结束后没有教师参与总结。部分公安院校安排了实习论文,但评阅实习论文的教师并不知道学生的实习地

点和实习内容,甚至对实习的具体情况了解甚少,把实习论文当作课程论文进行评价。由于学生没有接受过实习论文的写作指导,不知如何写实习论文,又因为实习论文的地位不高,没有"查重"检验,因此,部分学生抄袭网上的论文,实际与自身的实习内容毫无关系。以上情况导致"战"与"教、学、练"分割,未成为教学目标,只是作为一种检验手段。

实战化主导下"教、学、练、战"一体化教学模式是广义一体化模式,它不仅体现在课堂上,也体现在校内各项活动中。

1. 体现在"教、学、练、战"4个环节中

在校的人才培养中教师占主导地位,贯穿于整个培养过程中,涉及所有的环节。在"教"的环节中,无论是通识课程、专业课程,还是其他培养环节都可以与实战相联系,因为公安是对社会的管理,具有广泛性和复杂性特征,知识体系涉及所有的学科门类,和大多数一级学科类似,公安院校的专业都是公安业务,所有课程的设置为公安应用型人才培养服务,都有条件联系公安实战。这些课程或培养环节理应以培养目标为指向,针对公安工作中所应用的知识讲授,并以实战化为主导。课程的实战化主导分为两个层次,一是知识体系沿用主流教材中的铺展顺序,理论的应用方面以公安实际工作为例进行讲授,如高等数学中的微积分方程求解,以灰色理论预测犯罪趋势为例。二是打破现有的知识体系铺展顺序,以公安实际案例中涉及本课程的内容为基础,按照由浅入深等教学规律,编排知识讲授顺序,逐一解决案例中所必须解决的问题,构成该案例的知识体系。虽然每个案例涉及本课程的知识未必全面,但可以选择多个案例,尽量能够覆盖本课程的知识体系,最终构建本课程的知识体系。

2. 体现在课外活动中

习近平总书记在2019年3月18日学校思想政治理论课教师座谈会上发表重要讲话时指出:要坚持显性教育和隐性教育相统一,挖掘其他课程和教学方式中蕴含的思想政治教育资源,实现全员、全程、全方位育人。思想政治教育需要"三全育人",实战化教学同样也需要"三全育人",将"显性教育和隐性教育相统一"。课外活动是人才培养的重要阵地,理应以公安应用型培养目标为指向设置活动项目。如体能训练,组织跑步、篮球、足球的比赛等。以江苏警官学院为例,围绕公安工作需求,设立学生兴趣小组。为挖掘学生的潜能,提供个性化培养渠道,组织各中层部门中有特长的教师、干部牵头成立学生兴趣小组,每个小组10人左右(每个年级安排学生2~3人),以科研型为主,学生参与教师的科研项目,参加调研、统计数据、处理数据,进行研究性实验和实训等,培养公安研究人才。学生在从事科研的过程中,踏实的工作作风、严谨的工作态度自

然形成,综合分析问题的能力得到提高,公安从业素质得到提升。江苏警官学院开展学生兴趣小组活动的成效显著,每年省级"大学生自主创新创业训练计划项目"的立项项目主持人均出自学生兴趣小组,项目内容就是平时学生兴趣小组开展的研究内容。在每年公安部的"公安院校学生科技创新大赛"中,参赛学生成绩突出,多次获得金、银、铜奖,在江苏省教育厅举办的"大学生自主创新创业训练计划项目"评选中也有出色的表现。

3.体现在校园文化中

其一是政治氛围,全国公安院校内随处可见习近平总书记提出的"政治建警、改革强警、科技兴警、从严治警"新时代公安工作十六字方针,以及对全国公安机关和广大公安民警提出的"对党忠诚、服务人民、执法公正、纪律严明"总要求的语录牌。其二是学术氛围,公安领域的报告、讲座、研讨、沙龙等经常开展。其三是文化氛围,开展警营文化相关的活动。以江苏警官学院为例,校训是"无私奉献",校风是"政治坚定、学习勤奋、作风踏实、警纪严明"。每年一度的"我的警院生活"vlog大赛,吸引了众多的参赛者,由于参赛作品太多,学院学生会要求只有院级社团推荐的作品才能参赛,并分配了院级社团参赛作品名额。为了选拔优秀作品,每个院级社团又开展社团内部的评选,规定参赛作品须由学生大队级社团推荐。经过层层遴选,最后获奖的一等奖作品在学院宣传大屏幕上公开播放。虽然是学生自导自演,但播放作品从不同视角鲜活地反映了学生对学习和生活的态度、价值取向、喜怒哀乐以及取得的学业成果,其思想性、艺术性均达到专业制作的水平,感染力很强。"文艺社团"是江苏警官学院的又一张"名片",每年举办多场学生群体的文艺演出,每次学院文艺会演中都有多个优秀学生作品参加。参加全国大学生或全国公安院校文艺会演,"文艺社团"每次都能取得好成绩。作品艺术再现学生的警院生活,宣传优秀事迹,实际上起到树立榜样、宣传榜样的作用,促进了学生"争先创优"良好风气的形成。每天晚上都会传来悠扬的社团成员练习的乐曲声,与警体训练场上的喊杀声交相辉映,伴随学生警体训练、锻炼的身影,以及教室、图书馆学生学习的身影,组成了特有的警营文化氛围。

广义"教、学、练、战"一体化是对狭义"教、学、练、战"一体化的改进。狭义"教、学、练、战"一体化以"训练"为中心,局限了实战化教育的实施范围,割裂了"教、学、练、战"四个环节的广义内涵。实战化教育不是少数教师和教官的工作,应成为全体教职人员和学生的工作。"没有数量,很难提升质量",少数教师和教官从事实战化教学,不利于调动实战化教师以及全体教师的实战化教研工作的积极性,不利于提升实战化教案、教材等教学资源的质量,不利于高水平实战化教学师资队伍的形成。可以说,目前"教、学、练、战"一体化教学模式运行中所出现的诸多弊端和问题或多或少地与狭义的"教、学、练、战"一体化理念相关。

区分广义"教、学、练、战"一体化与狭义"教、学、练、战"一体化,对深化其认识意义重大,指明了"教、学、练、战"一体化改革的方向。可以看出,实战化主导下"教、学、练、战"一体化改革是人才培养理念、培养方法、教育组织体系、师资队伍建设、教材建设、课程设置、教学资源与环境建设等方面的深刻变革。

二、广义"教、学、练、战"一体化教学模式的特征

(一)融合式

公安专业"教、学、练、战"一体化教学模式的核心是"一体化",它要求"教、学、练、战"四个环节的融合和渗透,"教为战""学为战""练为战""战中学"。"战"是目标,它将"教、学、练"联系在了一起,成为融合的纽带。

(二)体系化

"一体化"教学的另一要求是系统性,这一系统性不是局部的,而是全面的,是贯穿于学生在读期间的所有教育环节中。为战而教,"战"是主线,教学理念、课程安排、教学内容、讲解次序等都应该围绕"战"这条主线。每门课程、每个环节都从各自的领域或侧面体现"战"的内涵,形成体系。

(三)真实性

所有教学课程和环节中引用的公安案例都应该是真实的案例。教师为讲解理论和知识点的需要而设计的案例,与现实脱节,动摇了实战化教学的根基,使问题的提出发现、分析、解决等虚拟化,偏离了实战化教学的初衷。真实的案例可以查阅发生的背景材料,在分析与关键信息的提取时不能没有复杂的社会背景,否则难以培养分析和解决问题的能力。[1]

(四)仿真性

由于公安事件具有偶发性,训练教学不可能直接使用实际公安事件,因此仿真训练是实训中常用的方法。实战化主导下"教、学、练、战"一体化模式要求

---

[1]　周章琪:《论公安专业"教、学、练、战"一体化教学模式》,《湖北警官学院学报》2016年第2期。

实训具有仿真性,以真实的公安操作流程、处理过程为样板,在教学场所再现。仿真不是"表演",实训不是"作秀"。执法主体与客体不应有事前的协商,事态的发展受训者应完全不知,过程由教师把控。

(五)全景式

实战化主导下"教、学、练、战"一体化模式是"全员、全程、全方位、全景"教学模式,是"显性教育和隐性教育的统一"。学生在读期间的所有时间是实战化教学的时段,课堂、实训场馆、实训实习基地、实战场所等是实战化教学的空间;课程与项目的主讲教师(教官),以及学生管理教师承担显性教育的职责,公安院校全体员工和公安民警承担隐性教育的职责,形成"全浸没式"的实战化氛围。

三、广义"教、学、练、战"一体化教学的理论依据

(一)现代认知学习理论

现代认知学习理论的主要代表人物奥苏贝尔认为:新知识的学习必须以已有的认知结构为基础。学习新知识的过程,就是学习者积极主动地从自己已有的认知结构中,提取与新知识最有联系的旧知识,并且加以"固定"或者"归属"的一种动态的过程。过程的结果导致原有的认知结构不断地分化和整合,从而使得学习者能够获得新知识或者清晰稳定的意识经验,同时原有知识的意义也在这个同化过程中发生了变化。他还强调,直观的感性认识是基础。这为案例引导、现场教学、情境教学等以形象化为特征的实战化教学奠定了认识论基础。

(二)建构主义理论

建构主义理论也称作结构主义,是认知心理学派中的一个分支。建构主义理论一个重要概念是图式,图式是指个体对世界的知觉理解和思考的方式,是认知结构的起点或者说是人类认识事物的基础。因此,图式的形成和变化是认知发展的实质,认知发展受三个过程的影响:同化、顺应和平衡。同化是指学习个体对刺激输入的过滤或改变过程。也就是说个体在感受刺激时,把它们纳入头脑中原有的图式之内,使其成为自身的一部分。顺应是指外部环境发生变化,而原有认知结构无法同化新环境提供的信息时所引起的学习者认知结构发生重组与改造的过程,即个体的认知结构因外部刺激的影响而发生改变的过程。平衡是指学习者个体通过自我调节机制使认知发展从一个平衡状态向另一个平衡状态过渡的过

程。建构主义理论的核心是学生对所学知识意义的主动建构。

建构主义进一步强调:教学应通过设计一项重大任务或提供一个真实问题,来支撑学习者积极的学习活动,帮助学习者成为学习活动的主体;设计真实、复杂、具有挑战性的开放的学习环境与问题情境,诱发、驱动并支撑学习者的探索、思考与问题解决活动 。[①] 可见,实战化主导下"教、学、练、战"一体化模式的设计理念与建构主义理论相吻合。

(三)情境学习理论

情境学习理论的代表人物莱夫在对手工业学徒的实地调研中提出了情境学习的观点,他认为:学习是情境性活动,没有一种活动不是情境性的。学习是整体的不可分的社会实践,是现实世界创造性社会实践活动中完整的一部分。并进一步提出:学习是实践共同体中合法的边缘性参与。在实践共同体中,情境是真实的,是与日常生活和实践紧密相连的。在情境学习理论框架中,学习被看作一种特殊社会实践类型,学习者将不可避免地参与到实践共同体中去,并沿着旁观者、参与者到成熟实践的示范者的轨迹前进。

情境学习理论认为,学习不仅仅是为了获得事实性的知识,学习还要求思维与行动,要求将学习置于知识产生的特定物理或社会情境中,学习更要求学习者参与真正的社会实践。莱夫强调指出:参与基于社会情境的一般文化实践是个人知识结构形成的源泉。情境学习理论指出:知与行是交互的,知识是情境化的。并强调学习的设计要以学习者为主体,内容与活动的安排要与社会的具体实践相联通,最好在真实的情景中。

因此,情境学习理论在学习方式选择、教学系统设计与学习情境开发等方面的教育理念,为实战化教学的情境化提供了理论依据。

(四)"做中学"教育理论

美国教育家杜威提出"做中学"教育理论,强调以活动为中心,从实践中培养学生的能力。杜威针对传统教学仅仅以学习前人知识为中心、以课堂系统讲授为中心、以教师主导作用为中心,提出了以活动教学代替课堂讲授、以儿童亲身经历代替书本知识、以学生的主动活动代替教师主导的现代教育新的"三中心",强调了"从活动中学的重要性"。他明确提出:从做中学是比从听中学更好的一种方法。并主张教学应当遵循"真实—情境—发现问题—占有资料—提出

---

① 高文:《教学模式论》,上海教育出版社,2002 年,第 71 页。

假设—检验想法"五个步骤,强调要善于利用日常生活创设教育情境,在情境活动中促使学生主动发现问题,强调活动和实践在教学过程中的地位。他的这种"做中学"理论,充分体现了学与做的结合,也就是知与行的结合,它使得学校里知识的获得与生活过程中的活动联系了起来。

"做中学"教育理论使人们意识到,知识与技能的获取,是通过"做中学"的方式在完成工作任务中形成的,而不是仅靠理论的口头传授就能完成的。这种强调以活动为中心,强调"学与做"相结合的理论,为实战化教学的"融合式""真实性"等特征提供了理论依据。

(五)行动学习法理论

行动学习法由英国管理学思想家雷吉·雷文斯提出,是一种通过小组成员的相互帮助,解决工作中存在的问题或完成某项任务的学习法。它以完成一项预定的工作为目标,在小组成员的相互影响下,每位参加者通过解决工作中遇到的实际问题,反思他们自己的经验,相互学习和提高。作为一种理念和方法系统,行动学习法强调理论探索与解决实际问题的有机结合,强调个体经验对学习的意义,不是简单地主张要在做(行动)中获得新知识和新能力,而是更关注对以往经验的总结和反思,从而获得经验的提升,使个人通过反思与体验过程获得发展。其特点是"以实践活动为重点,以学习团队为单位,以真实案例为对象,以角色扮演为手段"。

行动学习法强调通过行动来学习,让学习者参与一些实际工作项目或解决一些实际问题来发展能力。强调体验式学习,注重反思性、行动性与合作性。这为实战化教学"体系化""仿真性"特征提供了理论依据。①

第二节　实战化主导下"教、学、练、战"一体化人才培养的路径

实战化主导下"教、学、练、战"一体化改革是全方位的改革,首先是在教学理念上,应对全体教职人员进行教育,树立实战化教育理念,固化实战化教育意识,并将其落实在所有教学环节和过程中。其次是改革教学模块,调整教辅组

---

① 刘瑞榕、杜育群:《"教、学、练、战"一体化教学模式的新探索》,《公安教育》2017年第9期。

织架构,改善教学条件,建设实战化师资队伍,保障实战化教育的进行。

一、教育模块构建

教育模块是指为了某一教学目标,把内在联系紧密、具有共同属性的主体内容、方法、手段、形式等整合为一体教育单元。[①]

模块化教育在 20 世纪 70 年代初由国际劳工组织提出,是以现场教学为主、以技能培训为核心的一种教学模式。它是以岗位任务为依据确定模块,以从事某种职业的实际岗位工作的完成程序为主线,可称之为"任务模块"。随后加拿大和美国的教育家提出以从事某种职业应当具备的认知能力和活动能力为主线的"能力模块"。我国 20 世纪 90 年代开始研究模块化教育,并随着职业教育的发展而迅猛发展,形成了"宽基础、活模块"教育模式。就是从以人为本、全面育人的教育理念出发,根据正规全日制职业教育的培养要求,通过模块课程间灵活合理的搭配,在宽泛的基础人文素质、基础从业能力之上,培养学生合格的专门职业能力。

对于公安教育,本书认为其教育模块可以表述为为了培养公安专门人才,实施以教师为主导、以学生为主体的教育理念,将培养总目标分解为若干平行的二级目标,形成若干个实施单元(二级模块),每个单元有自己的机构、人员和任务,如课内模块、课外模块和社会活动模块。二级模块进一步分为若干个三级模块。每个模块既相对独立又相互联系,分别承担一定的培养任务,共同完成培养总目标。

每一个模块都有特定的内涵、实施路径以及教育教学保障条件。实战化主导下"教、学、练、战"一体化教育教学的保障条件包括场馆、设施、设备、仪器、教学资源和学习条件等。首先是课内模块保障,应配备具有理论教学和实训两项功能的场所。配备设施以满足教学需要,包括教学设备、教具和教学资源的链接与提取、展示等。由于实训项目不同,因此这种双功能场所的空间和设施需要满足实训教学的需要,并保证一定的数量,保证不影响教学的顺序和进展进度;其次是课外模块保障,保障活动环境满足实战化教育教学需要,活动器械满足所有学生的需要,保障安全设置与条件符合要求等。最后是社会活动保障,保障培训场所和设备满足需要,保障场所转移快捷、便利,不能影响其他教学课程或项目,干扰正常的教学秩序等。此外还有组织保障、人员保障、通信保障、

---

① 谭胜、王红丽:《试论教学练战一体化本科人才培养模式的内涵:以公安大学实践探索为例》,《中国人民公安大学学报(自然科学版)》2015 年第 3 期。

交通保障等。

二、课内模块的分解与实施路径

课内模块应以教务处为牵头部门,可以将其分解为"教学模块""实训模块"等。

(一)教学模块

教学模块以课程教学为主,其一应从公安业务活动和职业需求出发,在对专业的就业岗位群和岗位工作分析后,明确岗位所需能力要求的基础上,确立专业课程的能力目标、知识目标、素质目标。合理整合教学内容,分成若干个教学模块,形成实现能力培养目标的系列教学内容。其二是按照公安业务工作的要求,分解能力培养目标,形成系列实训项目。教师指导学生完成实训项目,同时将理论渗透到每一个实训项目中,让学生练好基本功的同时确保学生掌握开展公安业务工作所必需的理论知识。其三是遵循能力本位、以学生为主体的原则设置教学环节。其四是建立科学合理的评价体系,为此,需要制定一体化课程体系,开发一体化教材,建立一体化教学设施,探索一体化教学方法,建设一体化师资队伍,探索一体化考试评价办法等。

1. 制定"教、学、练、战"一体化课程体系

实施实战化主导下"教、学、练、战"一体化教学模式,必须抓好课程体系的改革,打破传统的专业课程体系,推行模块化的课程设置。从调整课程结构入手,通过整合学术性课程与实践性课程,使理论与实践在课程结构上融为一体。将原理性的学习内容和与之对应的实践性学习内容,根据职业岗位分析,按照职业岗位职责的要求重新组合,形成项目化的课程体系,即将同一门课程的内容按照循序渐进的原则,以及公安工作的内容,分解成相对独立的若干个项目,将理论融入项目中,形成覆盖所有理论和知识点的系列项目,通过系列项目的教学完成教学目标。

2. 开发"教、学、练、战"一体化教材或讲义

一体化教学需要特色鲜明,理论和实践结合紧密的一体化教材(或讲义)。在教材研发中,立足于专业理论学习和专业实践的结合,满足学生应用工作岗位专业技能的需求,教材内容应体现先进性、通用性、实用性,紧跟公安业务工作的发展趋势。在教材内容设计中,遵循理论适度、技能为主的原则,在理论知识教学内容板块上应以"必需""够用"为度,按照职业岗位工作的需要去精选适合的专业理论知识,并配合操作示范、技能和能力训练等内容。公安工作需

要什么技能就设置什么训练项目,技能培养需要什么理论就学什么知识,以增强学生公安工作的适应能力。

3. 探索"教、学、练、战"一体化教学方法

实战化主导下"教、学、练、战"一体化教学方法改变了传统的以教师为主角的教学方法。传统的教学方法不利于理论教学和实践的融合,限制了学生学习的积极性、自主性,抑制了学生思维拓展和思维能力的提升。实战化主导下"教、学、练、战"一体化教学模式强调实践是理论的延伸和应用,强调理论为实践服务的属性,强调教学内容和教学方法的应用性、综合性、实践性。教师的作用是组织、引导、启发和评价,按照教学内容选择授课形式,将单纯的知识讲授变为设疑、提问、会商、讨论、辩论、点评、学生自主学习、相互协作学习等,增强学生学习的兴趣;充分发挥学生的主体作用,促使全体学生的积极参与,允许学生在学习目标选择、学习内容取舍、学习时间、学习组合上有一定的自由度,体现学生的主体性,发挥学生的主观能动性;采用灵活多样且有机结合的教学方法,如案例教学法、任务驱动法、情景模拟法、合作学习法等,将理论传授、现场观摩与实战实训融合为一体。

4. 探索"教、学、练、战"一体化考核评价方法

实战化主导下"教、学、练、战"一体化应采用多种形式、从多个维度进行考核评价。传统教学的考核评价,只考学生,不考教师;只考知识,不考技能;重视理论的理解和掌握,轻视实际问题的分析能力考核;重视卷面试题形式,忽视手脑并用能力的考核。实战化主导下"教、学、练、战"一体化教学模式的考核评价,应分为学生考核和教师评价两部分。

学生考核采用融理论知识、专项能力、综合能力为一体的考核体系,不但重视结果考核,还应重视过程考核;不但重视文字知识的考核,还应重视操作技能的考核;不但重视专业能力的考核,还应重视职业素质的考核。把学习期间的上课表现、平时表现、学习训练项目的参与度、作用发挥情况,以及理论知识考核成绩、综合应用能力考核成绩、综合技能考核成绩等相结合,分指标、定指标权重,形成考核评价指标体系,对一门课程或整个学习阶段进行考核评价。

教师评价应分为专家评价、同行评价、学生评价,以及教研考核和科研考核等方面,着重评价教师在"教、学、练、战"一体化培养链条中发挥的作用,是否按照培养任务的要求,在本课程或项目培养中落实了实战化主导下"教、学、练、战"一体化培养理念,是否落实了以公安工作实际带动理论知识讲解的既定方针,理论知识讲解是否覆盖了主要公安工作的需要,学生各项技能的培养是否有方案、有落实、有效果,学生提出问题、分析问题、解决问题的综合能力是否有

所提高,学生独立思考和创新意识是否得到加强等。对教师的评价也应当按照指标体系的方式进行评价,避免采用分项独立评价的传统模式。

5.建设"教、学、练、战"一体化师资队伍

实战化主导下"教、学、练、战"一体化教学模式中的每位教师都应该在不同程度上是理论讲授能力和技能传授能力的结合体。传统的教师队伍管理中,常常将理论教师与实训教师人为分开,使得理论教师注重理论知识的系统性和完整性,忽视公安实践的针对性和应用性;而实训教师在进行实训教学时,又缺乏应有的理论指导,单纯操作,割裂了两者的联系。实战化主导下"教、学、练、战"一体化教学是以团队教学的组织模式实施教学,高水平的"双师型"教师是团队的核心,其吸收具有公安实战经验的理论教师和具有一定理论水平的实战教官参加,吸收双师型教师培养人员等参加的教学团体[①]。详见本书第四章第三节。

(二)实训模块

根据不同的分类方法,实训有不同的类别。按照课程性质划分,分为辅助性实训和专项性实训。辅助性实训主要是知识理论课中,为验证知识理论的正确性开展的实验,以及难以通过知识掌握和思维训练而达到的能力,需要通过实际操练提高的能力等;专项性实训是单独开设的实训课程或专门为特定实训而开设的训练项目。

按照与公安实际工作的关系以及要求,实训可分为"基础、专业、综合、创新"四类模块。基础实训与专业无关,是作为警察必须具备的技能训练;专业实训是按专业、分项目,为具备特定技能而进行的训练;综合实训是为完成一项公安实际工作,将多种专业技能有机地组合在一起而进行的训练;创新实训是为了培养学生的创新能力而进行的训练。

1.警务技能需求调研与分类

通过调研,从民警自身情况来看,普遍存在以下十个共同点:一是对相关法律法规、区别鉴定标准的理解和掌握不够全面、深入;二是对处置场景的预判不准确,警用器械装备准备不到位;三是随着现场形势的变化,对是否采取武力升级以及应该使用何种武力最为恰当把握不准;四是警械武器使用不熟练,甚至不敢用;五是战术配合能力差;六是现场防、控、带离等技战术能力较弱;七是警

---

① 彭知辉:《论公安院校"教、学、练、战"一体化教学模式》,《武汉公安干部学院学报》2012 年第 4 期。

用装备配套性能掌握能力差,维护能力差,装备故障率高;八是语言交流因人因地因时的应变能力较弱;九是部分仪器设备的操作能力较弱;十是综合运用各种技能完成特定任务的能力较弱。

警务技能的不足可分为三大类,一类是基本技能欠佳,二是专业技能常规化训练不足,三是综合运用各项技能进行有效组合的能力欠佳。

2. 基础实训模块

基础实训模块分为语言表达交流类、物质性质验证类和公安理论验证类等。以语言表达交流类为例,分为单向观点输出的"陈述与说明";双向互动的"交流与建议";多向信息碰撞的"讨论与说服"三个阶段。

在陈述与说明阶段,以公安工作实际案例,引导学生自主归纳个人观点。告知学生在陈述时需要注意的三个原则:第一,声音洪亮、吐字清楚、语速适中;第二,主题鲜明、逻辑清晰、详略得当;第三,大方自然、勇敢自信。一般应以"时、地、人、物、事的起因—经过—结果"为线索,引导学生掌握描述案例的方法。

交流与建议阶段是双向的交流互动阶段,目的是了解交流对象对自己陈述的观点的看法。教师设定不同的交流场合、角色,引导学生学会改变自己的说话方式。

群众工作中常常需要群众接受民警的观点,由于每个人的世界观、价值观等存在差异,因此"讨论与说服"阶段十分关键。要让对方改变原有的观念,接受自己的观点,在很大程度上,取决于个体的话语说服力。"旁征博引"在说服中有特殊的地位,事实依据、法律依据、理论依据,名人观点以及大众观点都是旁征博引"素材",恰当的比喻有时也具有意想不到的作用。说服力的训练是个长期的过程,不能期望一次训练达到目标,关键是提供训练方法,提出训练要求,引导学生开展经常性的交流训练[①]。

3. 专业实训模块

专业实训种类繁多,出现了多种训练方法,济南警察培训机构的具体做法是:"五四三二一"法,其中"五"指五种情形,即消极对抗、语言攻击、行为阻碍、行为攻击、暴力对抗;"四"指警察执法的四个武力层级,即语言控制、徒手控制、使用警械控制、使用武器控制;"三"指三个安全,即人民群众的安全、人民警察的安全、被控制对象或嫌疑人的相对安全,这个尤为重要;"二"指两个原则和两

---

① 柳冰:《"三梯级"语文口语训练模块的设计与实施:"口语实践:KKS 开口说"教学为例》,《基础教育》2019 年第 4 期。

个优势,这是现场控制的制胜关键,"两个原则"即武力最小原则和武力压制原则,"两个优势"即警力优势和装备优势;"一"指一个必须,这是指现场执法的基本原则,即必须依法进行现场处置和控制。

消极对抗控制模块主要针对民警在接处警或巡逻盘查等现场执法活动中,行为人以消极态度不予配合,但尚无言语或人身攻击的行为(多表现为不作为、慢作为等),重点训练民警运用法言法语、现场沟通、化解矛盾、避免事态扩大的能力。情景模拟训练重点围绕长途汽车站或火车站例行安检,行为人不配合出示证件、案发现场穿越隔离带、聚众围观不听劝离等情形进行设计。语言攻击控制模块主要针对执法现场行为人非但不配合执法,还采取谩骂、言语侮辱、威胁等方式阻碍执法的行为。模块内容包括警告语的使用、徒手控制、带离的基本技术、非直接接触性警械(催泪喷射器)的使用等,重点训练民警口头警告、相对温和的徒手控制、带离技术等快速有效处置现场的能力。情景模拟训练重点围绕治安纠纷现场处置、交通违法现场处置等进行设计。行为阻碍控制模块针对执法对象不断向民警恶意靠近,伴有语言攻击、拉拽等,有可能升级为行为攻击或者采取自伤、煽动、设置障碍阻碍执法等情形。模块内容主要包括以合理的徒手动作配合语言制止、制造安全距离且保持戒备、利用警械破除障碍,并做好随时采取进一步控制手段的准备,重点训练民警在抗拒行为发展过程中保持冷静、充分预判形势的能力,利用推、拉、转等合理技术拉开距离,为下一步行动争取时间和空间的能力以及依法使用警械的能力。情景模拟训练重点围绕采用抱推、拦车、设置路障等方式阻碍执法的现场处置等进行设计。行为攻击控制模块针对执法对象抗拒执法,无视民警语言警告,徒手对民警进行推、搡、拉、扯等攻击行为。这种情形是现场处置中最难也是最危险的阶段,一旦处理不及时,民警人身安全受到威胁的可能性就会迅速增加,现场局面失控的概率也会加大,因此,与前三个模块相比,本模块涉及的控制技术最多,内容更加侧重解脱及控制的快速有效,不仅要制造安全距离,更重要的是及时完成相应的武力转换(如由徒手转换为警械),有效控制对方,抢占主动,尽快带离。情景模拟训练重点围绕执法对象以抓腕、抓握衣领、缠抱、拳打脚踢等行为对民警实施攻击等进行设计。暴力对抗控制模块针对个人极端暴力事件,即执法对象持有攻击器械,暴力袭击民警或人民群众,严重危及人身安全的行为。本模块主要内容包括警棍、盾牌、防暴警棍等警械及武器等的实战应用,重点训练紧急情况下,民警果断判断警情、正确使用警械或武器进行现场处置的能力。情景模拟训练重点围绕个人极端暴力事件或执法过程中遇到警情激化、对抗升级导致暴力伤人行为等进行设计①。

4. 综合、创新实训模块

它是在基础训练模块和专业训练模块的基础上,根据警情的不同发展阶段,综合运用各种控制方法,增加小组协同配合,对执法现场进行处置。在实战中根据抗拒行为判明适用武力,采取有效措施确保三个安全,运用最小动武原则和武力压制原则,在警力优势和装备优势条件下控制事态发展,依法进行现场处置的能力。情景模拟训练则按照不同场景,设定一个执法对象从初期消极不配合渐次演进至暴力对抗的完整案件,将参训学生分为红蓝两队进行对抗训练。训练中注意各队动作意向及其变化的保密,使其具有突然性,以训练学生的应变能力和综合运用技战法的能力。

创新实训是综合训练的延伸,主要培养学生的研究能力。开放性实验实训是创新实训的重要形式之一,通过学生自行设计实验实训方案,阐述研究的前期预备、研究思路、理论依据、技术路线、实施步骤,以及所使用的设施、设备、仪器等,经教师/教官审核批准,教师/教官重点考查安全性,避免人身伤害和财产损失,以及可能引发伤害的可能性;考查实施方案的可行性,考查技术路线的科学性和合理性,实施条件的符合度,人员配置情况的合理性,以及在设计的实施周期内完成计划的可能性;考查研究目标的现实意义、理论价值和应用前景。学生的研究以应用价值和现实意义为主,主要针对现实问题、技术难题,应该具有"短、平、快"项目的特征。

三、课外模块的分类与实施路径

课外训练分为校方组织和学生组织两大类,公安院校校方组织的课外训练有警体训练类、导师制活动类和校园文化类(图2-1),它们在育人与素质、能力培养方面发挥着重要的作用。

课外实践训练模式通过"一个目标,两种关系,三类形式,四大平台,五种能力"的五位一体集合化人才培养思路进行合理安排,使高校课外实践活动形成一个完善科学的整体,与校内实践实训一起,构建警务专业应用人才的培养模式。

---

① 陈峰、马金谥:《警察现场执法遇抗控制模块化训练体系的研究与应用》,《公安教育》2020年第11期。

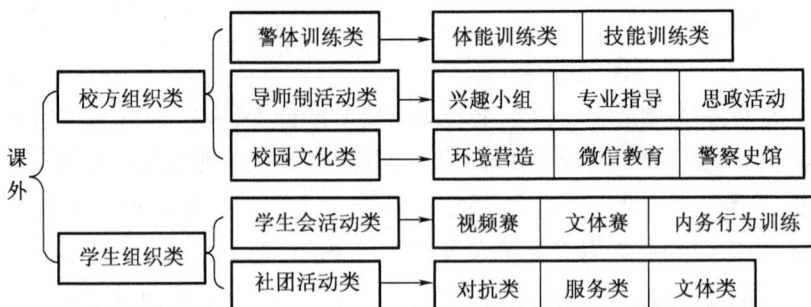

图 2 - 1 课外实践训练类别

1. 一个目标

公安院校课外实践训练模式按照第一课堂课程设置的理念和规范构建实践训练模式，以实践为主要内容和形式，注重技能、素质、能力培养，培养公安机关满意的应用型专业人才。

2. 两种关系

应处理好教师引导与学生自主、精品塑造与全员普及两种关系。目前高校教育主要以"灌输式"进行教学，除了上课外，学生与老师交流的机会少之又少。通过丰富多彩的活动，高水平的科学研究等，使同学们在平时的课余生活中与教师进行更好地沟通与交流。同时，各式各样的活动形式也使得同学们能根据自身兴趣选择自己喜欢的活动并参与其中，实现了一举两得的效果。各式各样活动的开展虽然能满足同学们的需求，但精品课程的塑造则是课外训练的亮点，所谓精品塑造，即将每类课外实践活动做出精品典型，如开展系列研讨会、技能赛、体能赛、小视频大赛、科技学术竞赛等，辐射全体、层层选拔，从而达到训练全员的目的。

3. 三种形式

校方组织形式是实战化教学的重要补充，一是针对课程教学中训练时间长、培养周期长和需要反复训练的项目，组织学生开展课外活动，完成或达到课程训练目标。二是实现个性化警务技能的培养和研究能力的培育，课程教学训练具有同一性，是基础技能的培养，忽略了个性化潜能的培养。课外的分散式、小型化训练有助于发现学生的潜能，进而培养和塑造专才。

学生组织形式是对警务基础技能的训练，尤其是学生的警务化行为管理，是学生由散漫的社会人转变为警纪严明的人民警察的重要举措。校园内，学生们朝夕相处，相互影响无处不在，以警务化规范为准绳，互相帮助、相互监督、共同提高，共同完成行为举止的警务化转变。

校园文化建设塑造警营文化氛围,从意识层面育人。思想意识的塑造与培育有自身的规律,语言教育、行为训练是一个方面,环境培养是另一方面,而且是十分重要的方面,在潜移默化中达到"润物细无声"的警务化培养效果。

4.四大平台

四大平台有警体训练平台、导师制活动平台、学生会活动平台和学生社团活动平台。面对这些活动平台,学生具有较大的自主选择性,可以根据自身特点和目标指向选择其中的个别项目。警体训练平台是由校方组织的,在教师的指导下,以体能和警务技能为主要指向的训练平台,包括跑步、球类活动、障碍攀越、泅渡训练等。导师制活动平台采取小组式活动形式,学生人数少,导师个别指导性强,重点进行个性化培养,学生跟随导师开展调查研究、科研课题研究以及与公安业务相关的活动,如绘画、书法、音乐、摄影、影视制作等。学生会活动平台以组织竞赛和评比为主,为了竞赛和评比,首先需要开展广泛的基础训练,在此基础上,层层选拔,树立样板、典型,提高其水平。学生社团活动平台是学生会组织竞赛和评比的基础,具有广泛性和自愿性,从而提高了普及面和参与度。为达到"说得过"目标,学生有意识地参与辩论,宿舍经常成为他们的辩论场,睡前成为辩论时段。

5.五种能力

五种能力指是非辨识能力、警务专业能力、文体能力、协调合作能力和创新研究能力,针对上述五种能力的培养,训练模块的设计需要对应实践项目。

(1)德育实践。是非辨识能力的基础是社会主义核心价值观的树立,是忠诚警魂的确立。没有正确的观念,无以辨别是非。寓德于实践中,通过论坛、征文等德育实践活动拓展和丰富德育工作的途径和载体。通过结合最新党团精神制定活动主题,采用室内外相结合的开展方式,以"支部辩论赛""交流会""生涯规划座谈会"等多种多样的开展模式,不仅可以极大提高学生参与积极性,同时增强学生思想道德水平,提高学生自身素养;通过创办"心灵加油站"寝室书屋,学生的自由借阅,不仅可以方便学生学习,而且可以营造良好的学习氛围;通过精品论坛"警务讲堂",分期开办讲座,拓宽了学生的专业视野,增进师生交流,拉近师生距离,便于导师了解学生内心的想法与需求,增强辅导和教育的针对性。

(2)专业实践。理论与实践相结合的培养模式,是当今各高校的核心思想,而通过系统的课程化课外实践模式,消化吸收理论所学,开阔眼界,培养科学精神和创新意识,从而巩固课堂所学,激发探索新知的欲望。课外专业实践训练的形式主要是"兴趣小组互动",也包括课内实训延伸至课外的部分,培养了学生实训的主观能动性。

（3）文体实践。坚定的意志品质和健康的体魄是推动社会进步和发展的重要因素，也是完成各项工作的基础条件，通过搭建稳定的文化活动载体开展相关文体活动，例如晨跑、下午课后活动、体育比赛、趣味运动会、篮球对抗赛、内务竞赛、警务摄影比赛、小视频竞赛、文艺比赛、辩论赛、演讲比赛等，不仅丰富了学生的课余生活，而且使学生在参加活动之余懂得了团结协作、磨炼了意志、增强了体魄、提高了警务技能。

（4）合作实践。合作实践应该成为公安院校课外训练必选项目。公安工作是群体性工作，各司其职，分工合作是公安常态化工作方式。虽然个人会有突出的表现，对整体工作项目具有重要的作用，但不能离开民警和人民群众的协助，否则会一事无成。从合作视角考量，学生社团活动的方式与公安工作存在相似之处，通过社团活动培养分工协作的工作作风、团结合作的思想意识，为以后公安实际工作的顺利开展奠定基础。

（5）科技实践。研究能力不仅仅是知识创新，更是思维方式的训练。面对千变万化的社会形势，面对形形色色的案件，照搬书本、硬套法条都不能理想地解决问题。通过科学研究使学生了解科研、走进科研，充实完善自己，训练敏锐的观察力，以及分析问题和解决问题的能力。学生兴趣小组、省级和校级"大学生创新训练实践项目"为学生科研建立了平台。通过现状研究，资料研究，归纳分类，分析问题出现的表象原因和深层原因，提出解决方案，小心论证或验证，得出结论，撰写论文、专利或研究报告等，以培养学生创新意识和能力。

四、社会模块的分解与实施路径

社会模块是在校外进行的实践训练活动，主要有：见习、实习；社会调查、送教支教；帮扶、重点人口教育等志愿者服务；参与"大型活动安全保卫"等公安实际工作；等等。

见习、实习是学校教学课程的延续，在警察"师傅"的带领下，在教师和教官的指导下，在符合教学条件的"实践基地"，从事公安实际工作，体现"做中学"的过程。尤其是"实习"，是在校学习的理论知识的综合运用，是校内实验实训项目的综合运用，是校内素质培育、个性化技能培养、研究创新能力训练成果展示的时机，也是发现自我不足，完善自我，适应实际工作环境的过程。

社会调查、送教支教，帮扶、重点人口教育等志愿者服务活动，可以培养学生与人交流的能力，培养学生发现问题、分析问题和解决问题的实际工作能力，培养学生的协同合作能力，也是学生接触社会、了解社会的重要途径。可以根据学生年级、专业的不同特点,针对不同工作项目,进行组合,选择适合的学生群体开展工作。重点人口教育是一项长期、复杂而艰苦的工作,他们常常有抵触情绪,存在侵害性,应从其家庭入手,以帮助解决其生活困难为切入点,以感化的方式提高其思想认识。应发挥学生的集体智慧,以帮教小组的形式开展重点人口个体的教育活动。在持续的帮教过程中,学生的合作精神、交流能力、个性化才艺等都能得到充分的发挥和提高。

学生参与"大型活动安全保卫"等公安实际工作经常是工作性质单一、重复性较强的工作,但不能有差错和失误。虽然在严密安全保卫体系下,出现失误的可能性很低,但根据"墨菲理论"推断:安全事件的发生,无论发生概率如何小,只要在安全系统中存在漏洞或欠缺,安全事件就会在漏洞或欠缺处发生。"墨菲理论"在安全防范领域,推翻了数学中"小概率事件在现实中不会发生"的论断。因此,"大型活动安全保卫"工作锻炼学生的耐心、洞察力等,这些能力和素养是公安实际工作必须具备的职业能力。

第三节 实战化主导下"教、学、练、战"一体化改革趋势

目前,实战化主导下"教、学、练、战"一体化改革仍处在初级阶段,存在不少问题。深化实战化主导的"教、学、练、战"一体化改革首先需要确定方向,本节着重阐述主要发展方向。

一、深化"校局合作"改革

"校局合作"开展多年,取得了可喜的成果,促进了实战化教学的开展,但也存在不少问题。一是合作不深入。形式上,多停留在合作年会、协议签订仪式、人员互派、表层考察等;实质上限于提供场所和指定实习"师傅"等。二是内容较单一。开展讲座为主要形式;工作中学生顶岗实习为主要形式;教师的实践锻炼参与度低。三是实践教学体系不完整。仅停留在顶岗实习和课程实验实训方面,尚没有形成完整的体系。四是合作基础不牢固。实际运行中,"校局"双方常通过"感情"加以联络和推动,显得"随意",没有上级的考核,合作基础并不牢靠,合作驱动机制不够明确,使得"校局合作"缺乏稳定性。

(一)"育人共同体"培养模式

共同体是由认识、目标、行动和利益相同的个体而组成共识、共建、共享的

联合体。共识,即共同体成员就共同关心的问题达成共同认识、共同观念、共同情感或共同意志等,这是共同体存在的基础;共建,即共同体内成员为共同的利益、共同的价值取向,积极地参与共同体的建设;共享,即共同体的目标是共同成长、共享资源、提高资源利用效率。

培养有用的人才是共同体成员共同的"利益",为了共同的"利益",校局双方均是"育人主体",应各自承担主体的责任和义务,忠实践行"双主体"育人策略。公安机关自身的工作任务相当繁重,而警务应用型人才培养也是为了自身可持续发展,这是处理眼前和长远利益关系的问题。公安机关应妥善处理日常工作与人才培养间的关系,积极参与育人事业,勇于承担"校局合作育人共同体"中的主体责任。

首先是确定原则。一是"育用衔接"原则,按照"实战有所需,教学有所应"的原则,依照警务应用型人才培养规律,合理设置、调整学科专业方向,确定课程体系,突出人才培养的针对性和有效性,实现"育人"与"用"的无缝对接。二是全程参与原则,共同制订人才培养方案、共同管理制度;共同实施理论教学、实践教学;共同营造育人氛围等。三是各展优势原则,应发挥各自"育人优势",实现"优势相长"。学校偏重对学生进行通识教育、基本素质教育,以及基本技能、创新能力、可持续发展能力的培养,公安机关更擅长对学生的实践能力、专业技能训练,可以实训为主。四是资源共享原则,学校可积极提供人力、教学、技术资源,公安机关可提供案例、实践教学场地、设施、平台、设备,甚至执法办案现场,教师和民警可组成教学团队,形成人才培养"双导师制""双重管理"机制,特别是当前信息技术快速发展,在保证安全的前提下,要善用大数据平台和技术,共建、共享、共治数字资源,提高人才培养质量。

其次是联合课堂教学。坚持对接实战,合作加强课程建设。专业由课程组合,警务应用型人才能力的培养需要通过相应的课程来实现,校局双方要大力合作,加强对接实战的课程建设;根据公安队伍建设实际,共同加强先锋模范进校园、英勇事迹入课堂等政治育警课程建设;根据公安实战基本需求,科学开设法学、社会学、犯罪学等专业基础课,优化设置侦查学、治安学、刑事科学技术、情报学等公安通识课;开发公安实战前沿课程,引导学生了解公安实战机关正在推广运用的新型警务实战技能、技术等;开设实战无缝对接课程,将各个专业中部分实践性很强的课程直接放到合作基地现场教学;加强实战化课程资源建设,持续加大投入,合作共建紧贴实战的实验实训场地、设施,甄选一定数量优秀案例、视频选教学资源库,竭力提升实战化效果。

再次是共建师资队伍。"教、学、练、战"一体化,要求真正意义上的"双师型"教师。教师是最重要的教学资源,师资队伍直接关乎人才培养的质量。校局双方应通过共同研发项目、破解实战难题、提供技术咨询、直接参与办案等方式,让教师在实战化的教学、研究、服务中锤炼能力,提升水平。教官具有丰富的实战经验,但教学理论和教学经验缺乏。公安机关应选派经验丰富、具有一定理论功底的教官,全程跟踪一门课程,或主讲一门课程,或与授课教师分段主讲、互换角色。教师与教官每次课后必定进行交流,探讨实战化联系的不足或理论讲解的不足,相互学习,共同提高,是师资队伍共建的关键和核心,长期有效坚持必然能够造就一批合格的"双师型"教师。

最后是实训共同执教。实训实验项目的设定、内容的设定、实施方案的设定应经过教师与教官充分的商议,教师和教官参加项目实施全过程,及时交流完善方案。在学生参加校外合作基地(公安机关)实训、大型活动安全保卫、专项演练、春运及节假日执勤等工作任务中,教师应全程参与,在不影响公安实际工作的情况下,对学生实战过程中的优异表现予以肯定和表扬,对于不足之处予以指明,尤其是对学生实战操作过程中的做法、处理程度的依据进行提问,使其懂得原理和原因,或提出问题由学生自行解决,引导自学。共同执教也应一起管理,教师跟随学生参加公安机关的工作,并不负责学生管理,公安机关应主要负责在其基地和项目的实践教学过程中的培养、指导与管理①。

(二)"校局室队融合"培养模式

如果说"育人共同体"培养模式主要是"责任"模式,则"校局室队融合"培养模式主要是工作模式。

2015年,公安部提出"校局合作、系局对接、室队一体"的人才培养总要求。校局合作指公安院校与市级公安局的合作,系局对接指公安院校二级单位(系部)与公安分局的对接,室队一体指公安院校教研室与公安分局下设的大队融为一体。在这三层关系中,室队一体是核心,对于公安院校,"室"是人才培养的最直接责任单位,是最为紧密联系学生和最能准确掌握学生情况的单位,同时也是专业建设和人才培养的主力军;对于公安机关,"队"是承办各类具体犯罪案件的直接责任人,也是一线公安实务工作人员,拥有丰富的办案经验。由分属不同专业的各个教研室的专(兼)职教师和分属各个大队的一线民警作为校局合作的直接对接人员,才能够使校局合作真正走向有效对接、融合一体。

---

① 李先波:《"校局合作育人共同体":新时代警务应用型人才培养模式探讨》,《公安教育》2020年第5期。

目前多数公安院校的"校局合作"浮于上层,签个协议,办个仪式,真正实施教学的教师和从事一线警务工作的民警没有或者接触较少,没有将"校局合作"落到实处。"校局室队融合"模式意图改变合作不深入的现状,它是在上级部门的支持和协助下,教研室与公安机关对应业务大队签署协议,建立合作共赢关系。共赢是合作的基础,如果没有共赢,合作便不会长久。合作要求教研室派工作人员常(轮流)驻大队,随时了解大队的警务活动,适时联系相关业务教师参加大队的警务活动,获取第一手资料,并结合公安院校正在进行的公安业务课程或项目,联系对应民警骨干参与教学活动。另一方面,民警的实际工作有时需要理论指导,在业务教师参与实际警务活动的过程中,可为警队出谋划策,提出建议。公安基层所队迫切需要工作总结的理论化,将感性认识上升至理性认识,尤其需要通过论文的形式总结实际工作,在各级公安内网上发表,而这方面是教师的强项。

室队的融合程度取决于双方互相帮助的深度和效果,警队的工作通常较为忙碌,思维状态留存于警务工作中,很少能顾及公安院校的教学工作,因此,教师积极参与警队的工作是一体化融合的关键。积极参与要求教师放下架子,与民警交朋友,成为民警群体的一员,成为他们的"兄弟姐妹"。关系的亲近,易于挖掘出警务工作深层次的内容,这对于解释警务工作规律,理论化警务实践有着十分重要的作用①。

此外,不少院校同样探索了深化"校局合作"的模式,如浙江警察学院"3 + 1"模式,以及铁道警察学院的"2 + 2"模式等,这里不再一一介绍和分析。

"校局合作"是实战化主导下"教、学、练、战"一体化改革的基础,没有公安局的支持和参与,实战化教学难以深入,"教、学、练、战"一体化改革不可能有效实现。对于公安院校,"校局合作"是一个长期的课题,在不同阶段、不同技术条件下,合作形式、内容存在差异。"校局合作"的改革方向,在某种程度上决定了实战化主导下"教、学、练、战"一体化的改革趋势。

二、信息化发展趋势

每一次重大技术革新都会影响到社会形态的变化,蒸汽机的发明引发了工业革命,数字化传播技术催生了信息化时代。尤其是 21 世纪以来,智能移动终

---

① 李祯:《公安院校校局合作协同育人的新路径:以"校局合作、系局对接、室队一体"为视角》,《湖南警察学院学报》2020 年第 2 期。

端、数据处理、物联网和智能技术等日新月异,极大地改变了人们的生活、学习和工作方式。

传统的公安实战化教学中很多仪器设备损耗大、成本高、存在危险性。而运用信息传输处理技术,加工经典案例,使其成为虚拟实验实训,有利于教育资源线上教学。可以开设(虚拟)仿真课堂、微课等教学形式,实现实战化教学的开放化、多元化、个性化、立体化,引导学生自主学习训练,多元促进学生实战能力的发展与提升,形成又一实战化教学发展趋势。

公安实战化教学的虚拟化,可按照实战化教学的内容分项目逐一处理,形成一个个实战化主导下的虚拟化实训项目。

以监督检查类的虚拟化实训项目为例。制作开始前,应对项目进行调研分析,了解此项目的背景、特色,学生应掌握的学习内容、重点和难点。针对项目分析得到的结果进行方案设计,包括场景的设计、虚拟空间的建立、物体的摆放、人物的关系、知识点的穿插等。在虚拟监督检查项目设计过程中,注重人机交互,以设问的形式,引导学生进入训练虚拟平台后应该做什么?看什么?查什么?将整个监督检查过程分为若干个段落,对每个段落学生监督检查的情况进行评价,指出正确、错误和遗漏之处。正确之处设置"对话"按钮,请学生陈述理由、依据等并录音,最后跳出正确的答案,以供学生比对;对于错误和遗漏之处,先请学生思考,进行提示,请学生陈述理由、依据等并录音,最后跳出正确的答案。对于提出的问题,需要背景介绍的,应设置"背景模块数据库",方便资料调取。每一项虚拟实训,都应有考核或评价模块,对学生的实训情况进行评价,给出评价分值,并允许学生重新进行实训,但需要设定可重复实训的次数。项目还应设计成绩汇总反馈以及结果分析模块,以区队为单位,对学生的成绩进行实时排名,激励学生争先。同时将学生的错误进行汇总、分析,以供教师改进教学。

虚拟化实训项目,一是提供观察性学习。虚拟现实技术通过三维空间的模拟和展示,使学生们身临其境地感受不同场景。例如在爆破现场,可以使学生看到真实的"点炮"过程,炸药爆炸、乱石横飞的震撼场面;在实弹射击现场,使学生真实地感受到子弹出膛、后坐力震动手臂的感觉。这样可以很好地锻炼学生们的心理素质,这种"脱敏疗法"非常奏效。二是进行技能训练。现在很多驾驶训练采用了模拟先导性实训,主要是训练身体的协调能力,减少实际训练的时间。在虚拟的现实环境下,学生不会发生车毁人亡事故,安全性有保障。激光射击训练是另一项技能训练,高级的训练用激光枪,设计了弹道飞行路线,与真枪实弹飞行击中点的位置相同,用这种激光枪训练的效果尤佳。三是探索性训练。在程序设计中可以让学生自主选择仪器、设备、装备、器械、耗材与检材,学生自行设计实验方案,在虚拟实验室平台上开展实验和实训,培养学生的探索精神。四是交流能力训练。在虚拟实验室平台上设置"讨论区",学生在完全不知道对方的情况下自由发言,消除了害羞、胆怯心理,完全是真实情感和思想的流露,通过学生之间的交流,纠正错误。必要时教师介入,引导交流的走向,引发正确的思路 ①。

虚拟化实训项目也可以用于"对战"训练中,如擒拿格斗训练,受训者在手、拳、肘、膝、腿、脚等处安装感应器,感应速度和力度,与电视屏幕中的"罪犯"进行"交手"。将虚拟"罪犯"的常见逃脱、反抗行为设计成模块,随机出现,训练受训者的反应能力、擒拿格斗能力,等等。

三、基于大数据分析的发展趋势

"大数据"指以多元形式,将许多来源搜集而来的数据组成的庞大数据组,往往具有实时性。"大数据"的作用是通过分析庞大数据组获取深入的、有价值的信息,尤其在预测研究和管理质量方面意义重大。

公安院校的大数据条件下实战化教学改革,是充分利用大数据,特别是公安机关大数据的战略思维、工作模式、运行方法、条件资源等来推进实战化教学过程的体系性、创新性和操作性的变革。它是一项完整的人才培养体系和教学工作体系改革,既包括教学内容体系、能力提升体系的改革,也涵盖教学过程体系、教学方法体系的改革。

公安院校大数据条件下实战化教学改革,以党中央国家战略政策为依据,以《关于加快建设高水平本科教育全面提高人才培养能力的意见》为政策支撑,符合警务大数据分析发展方向。公安院校应充分挖掘公安业务课程中的实战因素、大数据因素和信息技术因素,推动课程教学内容重构,增加包含大数据内容的课程和实训项目、增加应用大数据手段开展教学的课程和实训项目等,以

---

① 刘彬:《虚拟现实技术在公安实战化教学中的应用探索》,《云南警官学院学报》2017年第3期。

适应新时代公安工作 [①]。构建大数据分析实战化教学体系,应从以下三方面入手。

(一)目标体系

改革的总体目标是坚持以实战需求为导向,主动适应科技发展趋势,着力培养学生的数据理念、数据思维和数据应用能力,推进人才培养模式和制度机制创新,构建高水平人才培养体系,提高人才培养质量,为公安工作发展提供人才支撑和智力支持。具体目标包括:一是调整实战化课程设置,科学设定实验、实训、实习的课时占比,强化学生实战能力培养;二是调整实战化教学内容,突显大数据分析应用于公安实战的地位;三是调整实战教学机制,建立校局一体化运作、资源互通机制,充分应用公安大数据建设成果,推动实现学院与公安机关协同育人;四是强化大数据条件下实战化教学师资的培养,提高大数据应用能力;五是进一步提升学生自学能力。新技术的不断出现,公安工作方式变化增速,自学能力显得尤其重要。以大数据警务实战应用能力训练改革为契机,在培养学生过硬的政治素质、厚实的理论基础的同时,不断强化大数据应用能力训练,强化自学能力,着力培养应变力强的预备警察。

(二)行动体系

推动形成改革综合效应,必须完善与改革目标协调配套的改革行动与实现路径,架构多维立体、合理高效的行动体系。一是专业化培养方案完善行动。以大数据分析应用为背景,以实战化为主线,以适应实战需要为导向,以公安机关满意为目标,完善专业化人才培养方案。二是实战化课程体系构建行动。按照教育规律优化课程排序进程,重点解决课程内容与大数据应用融合的问题。三是实战化教学方法创新行动。突出大数据应用的预测功能,以预测结果确定行动方案,确定实训组织机构、行动警力、携带装备、出警路线和地点。四是实战化师资队伍打造行动。培养教师的大数据应用能力,实战化教学资源库、警用数据库的应用能力,以及与教学内容的结合能力。五是高效化科研成果转化行动。立足科研与教学互馈、科研反哺教学,激发教师教官用研究成果服务人才培养、服务公安实战能力的热情。六是品牌发展行动。打造、提升一批教学

---

① 夏存喜:《公安院校大数据条件下实战化教学改革:内涵、依据及行动体系》,《江苏警官学院学报》2019 年第 1 期。

品牌,发挥其在全日制教学、在职民警培训等教学工作中的作用,以点带面提高整体实战化教学水平。

(三)保障体系

深化大数据条件下实战化教学改革是一项系统工程,必须以资源条件、基础保障为支撑,确保改革顺利推进,尤其要建立完善的信息资源、实训条件和动力机制的教学体系。在信息资源保障方面,要实现"校局"数据资源的交流畅通,保障教学内容与实战一线的即时性、同步性。在实训条件保障方面,建设智能化平台,优化教学设施和教学环境,保证教学过程与实战情境的吻合度、仿真度。在动力机制保障方面,要建立健全工作推进机制、校局合作机制、质量管理机制,保证改革效果与培养目标的耦合度、达成度[①]。

---

① 夏存喜:《深化公安院校大数据条件下实战化教学改革的实践与思考》,《公安教育》2019 年第 11 期。

第三章 "教、学、练、战"一体化之"教"法研究

　　教师的"教"、学生的"学"、模拟实战的"练"、警察一线岗位的"战",四个环节既联系密切,又存在差异。"教"是基础,是贯穿于各环节的主线,在不同的教学环节与形式中蕴含不同的"教"的内容和方法。

第一节　立 德 树 人

　　习近平总书记在全国教育大会上指出:"要把立德树人融入思想道德教育、文化知识教育、社会实践教育各环节,贯穿基础教育、职业教育、高等教育各领域,学科体系、教学体系、教材体系、管理体系要围绕这个目标来设计,教师要围绕这个目标来教,学生要围绕这个目标来学。凡是不利于实现这个目标的做法都要坚决改过来。"立德树人为教育之本,它是中华民族永恒的教育价值追求,从古至今绵延不断,源远流长。《礼记·大学》有"大学之道,在明明德,在亲民,在止于至善!"《左传》有言:"太上有立德",说的是把培育高尚品德作为人的最高价值追求。《孟子》有言:"人之所以异于禽兽者几希;庶民去之,君子存之",说的是人和动物最根本的区别在于人有道德追求。在传统的价值观念里,不重视道德培养的教育不是成功的教育。立德是基础,树人是目的,立德和树人是矛盾的统一体,互相影响、相互促进。

一、新时代立德树人的内涵

　　立德树人,首先需明确"立何德""树何人",这是每个教育工作者,甚至是每个中国人都必须明确的教育基本问题。鉴往知来,回顾历史重温立德树人的内涵,在此基础上,澄清新时代条件下我们的教育究竟要"立何德""树何人"这样的根本问题。教育的对象是人,教育的目的是成人,教育的过程是人与人之间的交往和精神的交流。因此,开展教育工作首先而且最迫切的问题就是要深刻认识人,马克思说:"人的本质不是单个人所固有的抽象物,在其现实性上,它是一切社会关系的总和",也就是说,人不但具有自然属性,其更为本质的是社会属性。

人的自然属性是指人的肉体存在及其特性,社会属性是指在实践活动的基础上人与人之间发生的各种关系。自然属性是人存在的基础,但人之所以为人,不在于人的自然性,而在于人的社会性。人的自然与社会属性的相互作用形成了人特有的思维和行为方式。人的思维和行为方式不是先天固有的,而是在后天社会生活和社会实践中,在人与人、人与环境的相互影响下形成的。唯物主义者认为,人的"善"与"恶"不是抽象的、天赋的、不变的,教育的本质就是"去恶扬善,立德树人"。

2014 年 5 月 4 日,习近平总书记在北京大学师生座谈会上的讲话指出:"人类社会发展的历史表明,对一个民族、一个国家来说,最持久、最深层的力量是全社会共同认可的核心价值观。核心价值观,承载着一个民族、一个国家的精神追求,体现着一个社会评判是非曲直的价值标准。"

立德树人,即必须坚持正确的政治方向,明确中国特色社会主义教育必须培养合格的社会主义建设者和接班人。我国是社会主义国家,人民大众是国家的主人,人民选择了中国共产党作为领导者,这些成为我国的基本国情,国情决定了公安教育事业必须为社会主义建设培养合格的护航者。这一目标,决定了坚定理想信念和爱国情怀是立德的基本内涵。共产主义远大理想和中国特色社会主义共同理想,是共产党人精神上的"钙",也是所有共产主义事业护航者的"钙",只有把理想信念作为道德的最高内涵贯穿教育全过程,才能塑造有信仰、有力量的民族未来。爱国主义是中华民族绵延千年的民族精神,"天下兴亡,匹夫有责"素来是中国人最认可的大爱大德,只有厚植爱国情怀,引导学生立志扎根祖国,报效人民,教育才能实现百年树人、一树百获的实效。

立德树人,必须明确人才培养是教育事业的根本使命。教育以育人为本,但是不够科学的机制体制却使得教育偏离了育人这个本质目标。在中小学基础教育中长期存在唯分数、唯排名、唯升学的"指标导向",素质教育、综合教育、价值教育往往流于空谈;唯论文、唯帽子、唯职称、唯学历、唯奖项的五唯倾向,致使教学作为高等教育的中心环节被严重弱化。以立德树人为教育事业的核心,就是要把育人的中心任务融入教育政策的顶层设计和具体执行之中,贯彻到学生管理、课程设置、教材编写、师德建设、教学改革等各个环节。

立德树人,要求培养德才兼备、德智体美劳全面发展的人。实现人的全面发展是马克思主义的基本立场,也是社会主义教育的根本目标。激烈的国际竞争和技术创新决定了人才培养的极端重要性,人才是科技创新的关键,科技是第一生产力。国家发展需要的人才不仅要具备丰富的知识、优秀的技能,更要拥有坚定的理想信念、高尚的道德修养、健康的人格品质。当前中国教育也存在着倚重知识传授而轻视道德价值培植的现象,导致虚无主义、功利主义思潮蔓延。我们应该认识到,家国情怀淡薄、责任担当缺失、德行操守败坏的"人才",就算知识再多、技能再强,也绝不是社会主义教育培养的目标。

二、思想政治理论课教师的重要地位

教师是人类灵魂的工程师,是人类文明的传承者,承载着传播知识、传播思想、传播真理,塑造灵魂、塑造生命、塑造新人的时代重任。习近平总书记代表党中央,在向全国广大教师和教育工作者致以第三十六个教师节的祝贺和慰问时说:"希望广大教师不忘立德树人初心,牢记为党育人、为国育才使命,积极探索新时代教育教学方法,不断提升教书育人本领,为培养德智体美劳全面发展的社会主义建设者和接班人作出新的更大贡献。""立德"是"树人"的根基,全体教师责无旁贷,思想政治理论课教师更是责任重大。

在学校思想政治理论课教师座谈会上的重要讲话中,习近平总书记强调,办好思想政治理论课关键在教师,关键在发挥教师的段极性、主动性、创造性。思政课教师,要给学生心灵埋下真善美的种子,引导学生扣好人生第一粒扣子。第一,政治要强,让有信仰的人讲信仰,善于从政治上看问题,在大是大非面前保持清醒。第二,情怀要深,保持国家情怀,心里装着国家和民族,在党和人民的伟大实践中关注时代、关注社会,汲取养分、丰富思想。第三,思维要新,学会辩证唯物主义和历史唯物主义,创新课堂教学,给学生深刻的学习体验,引导学生树立正确的理想信念、学会正确的思维方法。第四,视野要广,有知识视野、国际视野、历史视野,通过生动、深入、具体的纵横比较,把一些道理讲明、讲清楚。第五,自律要严,做到课上课下一致、网上网下一致,自觉弘扬旋律,积极传递正能量。第六,人格要正,有人格,才有吸引力。亲其师,才能信其道。要有堂堂正正的人格,用高尚的人格感染学生、赢得学生,用真理的力量感召学生,以深厚的理论功底赢得学生,自觉做为学为人的表率,做让学生喜爱的人。

三、落实"三全育人"方略

2018 年 9 月 10 日,习近平总书记在全国教育大会上强调:"培养什么人,是教育的首要问题。我国是中国共产党领导的社会主义国家,这就决定了我们的教育必须把培养社会主义建设者和接班人作为根本任务,培养一代又一代拥护中国共产党领导和我国社会主义制度、立志为中国特色社会主义奋斗终身的有用人才。这是教育工作的根本任务,也是教育现代化的方向目标。"教育之核心是育人。"育人",不仅是知识的传授,更包含思想启迪、道德养成和文化传承等。思想政治教育是首位,作为公安院校更应该把德育教育、"忠诚警魂"教育放在首位,落实习近平总书记教育重要论述,实施"三全育人"方略[1]。

(一)"全员育人"教育模式及缺陷

1993 年湖南农业大学开始试行"全员育人"教育模式,制定了一系列制度和措施,取得了良好的效果[2]。该校的"全员育人"基于内部教育,不局限于思政课教师的教育,也不局限于业务课教师的教育,而是包括全体教师、行政管理人员、宿舍管理员、食堂工作人员、商店工作人员、清洁工、水电工、门卫等,学校大门内的所有人,都是教育的主体,都有育人责任。

习近平总书记指出:"办好教育事业,家庭、学校、政府、社会都有责任"。[3]湖南农业大学的"全员育人"是狭义上的"全员育人"。对于"育人",学校有责任,家庭、社会以及学生自己也有责任,"全员育人"不仅是高校内部的"全员",而是全社会的"全员"。

"全员育人"工作的成效取决于制度的落实,1999 年之后不少院校在制度落实上下功夫,建立了"全员育人导师制",具体管理方法不断完善更新。广东外语外贸大学成人教育学院建立了"学分导师制"[4],湖南省株洲职业技术学院建立了"综合导师制"[5],安阳市职业技术学校建立了"分层次育人导师制"等[6]。

"全员育人"是以人的施教为主体的教育方式,人是最为复杂的生物,"在有人群的地方就存在左中右",施教的群体首先应该符合新时代社会主义核心价值观,充满"正能量",能够引导受教育者走向正确的政治方向。但社会群体符合施教者要求的数量很难把握,不确定因素较多。首先,校园内部也存在不确定因素,并非所有人员都符合施教者的品德、素质和能力的要求;其次,正确观念的形成和固化需要一个长期的过程,不是一朝一夕的事,在校期间的所有时段都应该成为思政教育时段;最后,思政教育应该是全方位的教育,心理学认

---

① 中共中央、国务院印发《关于加强和改进新形势下高校思想政治工作的意见》。

② 彭希林:《发挥全员育人作用加强高校德育工作》,《高等农业教育》1995 年第 5 期。

③ 张润杰、齐成龙:《实现全员全程全方位育人》,《人民日报》2020 年 2 月 20 日。

④ 李和民:《学分制下学生思想政治工作的新思路》,《云南师范大学学报(哲学社会科学版)》1999 年第 6 期。

⑤ 刘平国:《高职院校建立综合导师制的实践与思考》,《成功(教育)》2007 年第 3 期。

⑥ 郭志勇:《职业学校实施"分层次全员育人"的内涵及策略探析》,《职教与经济研究》2013 年第 2 期。

为,单调重复的教育形式不利于被教育者接受教育内容,多样化的教育形式往往可以起到奇效,多元化、多视角、多领域的施教将增强教育效果。可见,"全员教育"存在缺陷。

(二)"三全育人"教育模式

习近平总书记在 2019 年 3 月 18 日学校思想政治理论课教师座谈会上发表重要讲话时指出,"要坚持显性教育和隐性教育相统一,挖掘其他课程和教学方式中蕴含的思想政治教育资源,实现全员、全程、全方位育人。"习近平总书记关于"显性教育和隐性教育相统一"的论述揭示了思政教育的客观规律,全员、全程、全方位结合与促进的育人方式奠定了新时代思政教育的基础,确定了"三全育人"的基本方略。

作为价值观显性教育的思想政治理论课程,应具有较高的答疑解惑能力,应具有较强的时代感、理论性、亲和力和针对性,努力达到"知、情、意、行"的统一。显性教育重在阐扬马克思主义理论之"道",彰显马克思主义真理的逻辑之"学",以及体现因材施教教育方法之"术"。而隐性教育则应拓展立德树人的维度和功能,把学生思想培育融入每门课程,融入学校生活的每个方面、每个角落,贯穿于培养周期的始终,渗透到学生综合测评和奖学金评比、贫困生资助与勤工助学、学生组织建设与管理、校园文化建设、学风建设、诚信教育、社会实践等各种教育载体之中 [1]。显性教育和隐性教育应相互促进、有机结合,形成统一体,才能发挥更好的作用。

习近平总书记肯定的"三全育人",是"用新时代中国特色社会主义思想铸魂育人,引导学生增强中国特色社会主义道路自信、理论自信、制度自信、文化自信,厚植爱国主义情怀,把爱国情、强国志、报国行自觉融入坚持和发展中国特色社会主义事业、建设社会主义现代化强国、实现中华民族伟大复兴的奋斗之中"。[2] "三全育人"中的施教者是第一位的,他们必须首先具有正确的信念高尚的品德、报国的志向和自觉的行动。教师是施教群体的中坚力量,他们不但在培育学生上负有责任,还必须承担其他"全员育人"施教群体的教育责任。牢牢把握教师群体是实施"三全育人"方略的关键。

---

[1] 高国希:《坚持显性教育和隐性教育相统一》,《中国高等教育》2019 年第 11 期。
[2] 2019 年 3 月 18 日,习近平总书记在学校思想政治理论课教师座谈会上的讲话。

(三)"三全育人"方略的实践

江苏警官学院是培养江苏公安民警的主阵地。学院坚持政治建警、政治建校方针,推进公安教育贴近实战,融入实战,培育"无私奉献"校训和"政治坚定、学习勤奋、作风踏实、警纪严明"校风,培养忠诚可靠、纪律严明、基础扎实、文武兼备的高素质应用型专门人才。

在"三全育人"的实践中,江苏警官学院以习近平新时代中国特色社会主义思想为指导,坚持和加强党对高校的全面领导,紧紧围绕立德树人根本任务,充分发挥中国特色社会主义教育的育人优势,以理想信念教育为核心,以社会主义核心价值观为引领,以全面提高人才培养能力为关键,不断提高工作亲和力和针对性,强化基础、突出重点、建立规范、落实责任,构建内容完善、标准健全、运行科学、保障有力、成效显著的一体化高校思想政治工作体系,使思想政治工作体系贯通学科体系、教学体系、教材体系、管理体系,初步形成全员、全程、全方位育人格局。为实施"三全育人"方略,江苏警官学院以三项重点工程为具体载体,促进"三全育人"工作的开展。

1.思政教育渗透业务教学

教材编写中,遵循习近平总书记提出的"政治建警、改革强警、科技兴警、从严治警"新时代公安工作十六字方针,遵循习近平总书记对全国公安机关和广大公安民警明确提出的"对党忠诚、服务人民、执法公正、纪律严明"总要求,以习近平总书记关于教育的重要论述为指导,将习近平总书记的哲学意蕴、教育重要论述、方法观念贯彻到教材中,为知识的综合运用奠定基础。

业务课教学是习近平总书记关于教育的重要论述的方法与知识点融合的具体体现。以"公共安全管理"课程的教学为例,在公共安全管理意义的教学中直接引用习近平总书记的重要指示:"公共安全连着千家万户,确保公共安全事关人民群众生命财产安全,事关改革发展稳定大局。要牢固树立安全发展理念,自觉把维护公共安全放在维护最广大人民根本利益中来认识,扎实做好公共安全工作,努力为人民安居乐业、社会安定有序、国家长治久安编织全方位、立体化的公共安全网"①,"把人民群众对平安中国建设的要求作为努力方向,坚持源头治理、系统治理、综合治理,依法治理,努力解决深层次问题,着力建设平安中国,确保人民安居乐业、社会安定有序、国家长治久安"②。2019 年 4 月

---

① 2015 年 5 月 30 日,习近平主持中共中央政治局第二十三次集体学习时的讲话。
② 2013 年 5 月 31 日,习近平在深化平安中国建设工作会议上的重要指示。

15 日至 17 日,习近平总书记在重庆考察时指出:"要着力抓好安全生产、食品药品安全、防范重大自然灾害、维护社会稳定工作……"①点明了公共安全管理工作的重点,并成为"公共安全管理范畴"的教学内容。2018 年 1 月 5 日,习近平总书记在《增强忧患意识、防范风险挑战要一以贯之》一文中指出:"我们面临的风险也是多方面的,有外部风险,也有内部风险,有一般风险,也有重大风险。"②习近平总书记强调"相互交织、相互作用"哲学观点,为"风险源辨识知识点"的教学提供了安全防范方向和思路等。习近平总书记的重要论述提升了对专业知识认识的高度,深化了对公共安全防范规律的认识深度,提升了教学效果。

2. 加强学生社团的建设与管理

学生社团是学校推进素质教育的重要补充,是校园文化建设的重要载体,是"全方位育人"的重要渠道。江苏警官学院执行准军事化管理,强调"整齐划一、令行禁止"。在严明的纪律要求下,学生社团活动为丰富校园文化生活提供了良好的路径,学生参加踊跃,热情极高。学院制定了《江苏警官学院学生社团管理办法》,规范社团的活动。每个社团指定一名教师或干部作为指导员,指导学生活动,提高活动质量。例如学院每年一度的"我的警院生活"vlog 大赛,学院"文艺社团"每年举办多场学生群体的文艺演出。

3. 优化学生兴趣小组的活动

从表面上看,学生兴趣小组的活动主要属于学术活动,与思想政治教育无关,但警院的教师和干部都经过多年的校训、校风熏陶,具备"无私奉献"的精神,具有坚定的政治立场、踏实的工作作风、勤奋的工作态度、严明的警纪作风,指导教师的"身教"就是"立德树人"最好的"教材",这是其一。其二,公安需要科技,"科技兴警"是习近平总书记提出的公安工作方针之一,成立学生科研兴趣小组是学院落实"科技兴警"方针的重要举措。培养科研人才本身也是公安院校的基本职责。其三,学术育人是全方位育人的一个方面。在学生从事科研的过程中,其踏实的工作作风、严谨的工作态度自然形成,并对提高学生综合分析问题的能力有所帮助,提升了学生的能力素质。

江苏警官学院深入学习、深刻领会习近平总书记关于教育的重要论述精神,在多年"全员育人"实施经验的基础上,落实全员、全程、全方位育人的"三全

---

① 2019 年 4 月 15 日至 17 日,习近平在重庆考察并主持召开解决"两不愁三保障"突出问题座谈会时的讲话。

② 中共中央党史和文献研究院、中央"不忘初心、牢记使命"主题教育领导小组办公室编《习近平关于"不忘初心、牢记使命"重要论述选编》,中央文献出版社、党建读物出版社,2019 年第 320 页。

育人"方略,采取多项措施,努力提高"三全育人"的质量,为江苏公安培养了大批"对党忠诚、服务人民、执法公正、纪律严明"的高质量专业人才。

第二节　课程教材

教材是教师开展教学活动的依据,也是教学质量的重要保证;是学生获得知识、进行学习的主要材料,尤其是进行自学的重要指导书;是实现培养目标的基本教学构建。教材虽然具有相对稳定性,但也要随时代发展、科技进步,以及教学要求、教学手段等因素的变化而调整。实战化主导下"教、学、练、战"一体化模式是以实战化为主线和目标的教学模式,所以其教材具有特殊性。修订教材内容,适应实战化主线需求,必要而紧迫。

一、实战化主导下公安专业教材体系建设

公安专业教材体系建设时间虽然较短,但发展迅速,已经初步建立了一套品种基本齐全的教材体系。教材需要伴随培养目标、教育理念、教学手段、实际工作状况、法律法规等的变化而变化,不断更新,因此教材建设是一项长期的工作。

在实战化主导下"教、学、练、战"一体化理念中,现行教材不能适应其需要,需要重新审视、规划、构建、研发、完善适合于"教、学、练、战"一体化理念的教材体系,奠定实战化教学"教"的基础。

(一)现行公安专业教材的缺陷

1.实战化教学内容少

实战化教学对教学器材、设备、设施等教学条件要求较高,需要投入大量的人力、物力和财力,而公安院校普遍存在资金相对紧张现象。美化校园、建设现代化教室是实战化教学基础条件建设,但对于实战化教学需要的器材、设备、设施等,却存在"等靠要"观念。一是存在实战部门淘汰设备充实教学器材的错误观念,实战化教学只有与实际公安工作同步,才能贴近实战,使用淘汰设备教学必然形成教学落后实战的局面;二是等待实战部门帮助建设或等待中央财政支持实验室建设等,这使得实战化教学条件建设速度缓慢。缺乏实战化教学条件,实战化教学便难以开展,实战化教学也就难以进教材。

2.理论与实战内容分割

公安院校教学状况调查显示,各所院校领导都十分重视实战化教学,都对

本校教师提出了实战化教学的要求,但迫于简陋的实战化教学条件,部分院校没有硬性规定,实际开展的实战化课程内容较少。而且实战化教学主要由教官担任主讲教师,教官一般不是教材编者,而教材编者主讲实战化教学的又较少,他们不够了解实战化教学的内容。教官虽然实践经验丰富,但理论基础较为薄弱,所以理论与实战内容分割在所难免。即使教官撰写实战化教学内容,也存在单纯参考在职公安民警训练材料等现象,使实战教学脱离理论指导。

3.实战教学内容未形成体系

现有教材的编写,是主编负责制。同一专业的教材由各院校教师承担主编,教材编写组织部门没有制定协调机制,各主编分头组织本教材的编写,没有召开实战化教学内容主编分配协调会,实战内容未形成体系。综合性实战化教学内容往往涉及多个学科领域,涉及不同课程的教材,未召开实战化教学内容主编分配协调会,忽略了综合性实战化教学项目,会使实战化教学体系不完整。公安教材编写组织部门未组织专门的实战化教材的编写,缺乏实战化教学系统教材。少数院校组织编写了本校实战化教学讲义,但质量不尽如人意。

(二)构建"教、学、练、战"一体化教材的重要意义

优秀的公安专业教材体系,能够高屋建瓴地展示公安学科的范式、逻辑链条和知识构架,能够深入浅出地阐释理论体系和理论间的联系,能够准确简单地叙述法律体系及其操作流程,能够生动贴切地表达管理的精要。所以,公安教材是教师执教的依据、教学管理的依据、质量考核的依据,也是学生掌握公安管理理论和学习管理方法的向导,是学生步入公安工作的阶梯。没有教材的教学,会失去内涵,失去方向,质量得不到保障,没有了根基,因此构建公安实战化教材体系意义重大。

构建公安专业实战化教材体系,有助于把握公安教学工作的脉搏。同时我们也应该认识到,教材的功能是潜在的,教材的作用只能通过人的努力,通过师生共同挖掘方能实现预期目标。

(三)实战化主导下公安专业教材体系架构

公安专业教材应适应公安机关各层级、警种、地方对人才培养的需求。根据课程设置分为基础课教材、专业课教材、理论课教材、实践课教材;学历制专科、本科、研究生教材;在职民警初级、中级和高级教育训练教材,以及特殊教育训练教材。以上教材形成理论与实践配置合理、普遍与特殊兼顾并重、高层与基层全面覆盖的教材体系。

公安专业教材应遵循通才培养与专才培养兼顾的原则。通才培养注重忠诚教育、为民服务思想教育、法律体系教育、规范化执法教育、警务专门知识和基础技能训练等符合人才培养目标的教学内容。专才培养是在通才培养的基础上,注重教材涉及知识技能面的广与深,设置"必读知识""拓展知识"和"探索知识"。"必读知识""拓展知识"为扩大知识面而设置,适应多样、多层次、多行业,满足管理人员的交流与工作需要。"探索知识"为研究者而设置,提供研究思路、方法和路径,为加强学生的个性化发展,挖掘学生潜质,落实差异化培养策略,使教育效率最大化[①]。

二、实战化主导下公安专业教材的要求

(一)政治性要求

公安机关是党和人民手中掌握的"刀把子",在政治建设上必然有更高标准。要始终坚持把加强党的政治建设摆在首位,毫不动摇地坚持和加强党对公安工作的绝对领导、全面领导,毫不动摇地坚持党要管党、全面从严治党,不断提高党的建设的质量和水平,树牢"四个意识",坚定"四个自信",做到"两个维护",自觉践行"一个带头,三个表率",不断强化忠诚核心、拥戴核心、维护核心、捍卫核心的高度自觉,切实做到对党忠诚、服务人民、执法公正、纪律严明,着力锻造一支绝对忠诚于以习近平同志为核心的党中央、让党中央放心、让人民群众满意的高素质公安队伍。

为了培养党和人民手中掌握的"刀把子",教材应体现政治性要求,让思想政治教育内容进教材、进课堂。教师应掌握思想政治教育内容,并将其与业务知识相融合,引导专业知识的阐述。

(二)时代性要求

教材是实际工作的经验总结和升华,是科技成果和工作创新的结晶,是现实工作的理论化反映。教材是一个相对稳定又不断推陈出新的结果,是一个时代的系列长期课题,它是由时代的知识经济和信息社会两大特征所决定的[②]。中国共产党第十九次全国代表大会上,习近平总书记强调:"中国特色社会主义进入新时代,我国社会主要矛盾已经转化为人民日益增长的美好生活需要和不

---

① 王哲:《简论公安教育训练教材体系建设》,《净月学刊》2014 年第 2 期。
② 毛志斌:《公安高校教材建设之我见》,《公安教育》2013 年第 1 期。

平衡不充分的发展之间的矛盾。"人民警察担负着为中国特色社会主义经济建设保驾护航的责任,教材编写应因地制宜地符合社会管理的需求。信息社会出现了两个层面,一个是现实社会,一个是虚拟社会,正常社会秩序的维护和管理出现多维度现象,针对新情况,符合社会管理需求是教材编写的时代性要求。

(三)实战化要求

教材应符合公安工作的客观实际,能够反映警察工作的本质特征。教材所阐述的概念、定义、论点等要准确,所运用的论据、数据、案例等都要可靠,能经受住时间和实践的检验。在教材编写过程中,应坚持问题导向,找出、找准当前公安民警在执法办案、应急处突、社会管理、服务群众等执法实践中存在的突出问题,保证教材内容的针对性、适用性。注重实践依据,坚持贴近实战、贴近基层、贴近一线,把实践中的成功经验提炼出来并将其理论化。特别是要注重对实战案例的应用,大力开发案例教材,便于民警借鉴经验、吸取教训。

(四)规范性要求

在教材的编写过程中,我们应坚持精益求精、精耕细作、精雕细琢,并做到严格审核、严格把关、符合规范、表述准确、执行大纲、广度适当、深度适宜、语言流畅、表达清晰、逻辑清楚。同时要明确责任,"文责自负",实行责任倒查。

(五)确保质量要求

公安教材的编者应是从全国公安系统中精挑细选的,是各自领域的权威专家。各推荐单位应慎重推荐编者,教材编写组织部门或单位应严格把关,不看行政地位,只认学术水平。教材编写应坚持高定位、高起点、高标准,做到精益求精;素材应选择时代性强、示范性强的内容;应有超前眼光,把握公安工作的开展方向;吸收借鉴最新的研究成果,随时关注、完善动态、及时更新、适时修订,始终保证教材适应形势任务发展的需要。

(六)体系性要求

公安专业教材体系建设是一项基础性工程,应着眼于全局、立足全警,加强整体研究、系统谋划,努力构建种类齐全、内容完备、配套完整、衔接紧密的大纲和教材体系,做到全覆盖、多元化、实战化。实训项目注重综合性实战化,避免单纯操作化,应注重理论对实践的指导作用,理解操作的依据,把握行为分寸。

三、实战化主导下的公安专业教材的编写

(一)思政进教材

忠诚是人民警察的"警魂"。公安院校培养"对党忠诚、服务人民、执法公正、纪律严明"的公安专业人才,践行"坚持政治建警、改革强警、科技兴警、从严治警",把忠于中国共产党、忠于人民、忠于法律放在公安人才培养的首要位置,将思想政治教育渗透到教育的各个环节,使"思政进课堂"成为必然。

公安专业课程,就是要将思想政治教育与业务教学内容有机结合,要以习近平总书记的指示精神作为引领业务知识的主线,专业知识的讲授作为贯彻落实习近平总书记指示精神的具体行动。以江苏警官学院治安学专业核心课程"公共安全管理"的教学为例,在意义、范畴、原则、方法等知识点的教学中均涉及到思政教育元素。

1. 公共安全管理意义的教学

党中央、习近平总书记十分重视公共安全,多次在讲话中强调公共安全的重要性。这些讲话针对性很强,可以直接应用到"公共安全管理意义"的教学中,如"公共安全连着千家万户,确保公共安全事关人民群众生命财产安全,事关改革发展稳定大局。要牢固树立安全发展理念,自觉把维护公共安全放在维护最广大人民根本利益中来认识,扎实做好公共安全工作,努力为人民安居乐业、社会安定有序、国家长治久安编织全方位、立体化的公共安全网"。[①]

公共安全管理的目的是保障人民群众的生命财产安全,生命安全是第一位的,要"树立安全发展理念,弘扬生命至上、安全第一的思想,健全公共安全体系,完善安全生产责任制,坚决遏制重特大安全事故,提升防灾减灾救灾能力"[②]。"平安"是更广泛、更全面的安全,公安机关不仅要保安全,也要促平安,要"把人民群众对平安中国建设的要求作为努力方向,坚持源头治理、系统治理、综合治理、依法治理,努力解决深层次问题,着力建设平安中国,确保人民安居乐业、社会安定有序、国家长治久安"。[③] "平安是老百姓解决温饱后的第一需求,是极重要的民生,也是最基本的发展环境"。[④] 平安建设是公安机关始终不

[①] 2015 年 5 月 30 日,习近平主持中共中央政治局第二十三次集体学习时的讲话。

[②] 习近平总书记在党的十九大报告中的讲话。

[③] 2013 年 5 月 31 日,习近平在深化平安中国建设工作会议上的重要指示。

[④] 民生周刊编辑部:《平安是老百姓解决温饱后的第一需求:学习习近平总书记关于民生工作重要论述体会之十四》,《民生周刊》2019 年第 3 期。

渝的努力方向,运用好《公共安全管理》的专业知识,发挥其在保障公众安全方面的作用,进而发挥在平安建设中的作用,达到"公共安全管理"课程的教学目的。

2.公共安全管理范畴的教学

公共安全管理的范畴十分广泛,分为灾害、事故、案件和事件4类,主要是自然灾害的预测、预报和防灾减灾,危险源预测、监管,危及人民生命财产安全事件的预警、防范以及善后处理等。每一项工作都很重要,如何抓住重点,体现"重点防护"理论的精要并非易事。2019年4月15日至17日,习近平总书记在重庆考察时指出:"要着力抓好安全生产、食品药品安全、防范重大自然灾害、维护社会稳定工作……"①点明了公共安全管理的重点工作。生产安全不仅涉及面广且易发生重大安全事故,8.12天津滨海新区爆炸事故、3.12响水化工企业爆炸事故等都是典型案例;食品药品安全涉及面虽然很广,但重大事故/案件的发生概率较低;重大自然灾害虽然危害巨大,但发生概率很小;维稳工作属于"平安建设"方面的工作,对社会安宁作用巨大,在各级政府积极努力下,目前对人民生命财产的危害程度低于前三者,位列第四,符合现实情况。这四方面的实际工作是公共安全管理的重中之重,也是公共安全管理教学的重点。

3.依法管理原则的教学

习近平总书记指出:"全面推进依法治国总目标是建设中国特色社会主义法治体系、建设社会主义法治国家。"②公共安全管理是管理更是执法,必须依法管理,而依法管理的核心是公平正义。公安机关作为政法系统中的一员,"促进社会公平正义是政法工作的核心价值追求。从一定意义上说,公平正义是政法工作的生命线,司法机关是维护社会公平正义的最后一道防线。政法战线要肩扛公正天平、手持正义之剑,以实际行动维护社会公平正义,让人民群众切实感受到公平正义就在身边"③。习近平总书记的讲话揭示了公共安全依法管理的核心,即"公平正义","公平正义"体现了为广大人民服务的宗旨,它不是服务部分人民。更不是服务少数人民,只有牢固树立"广大人民利益至上"的信念,才能做到"公平正义"。

---

① 2019年4月15日至17日,习近平在重庆考察并主持召开解决"两不愁三保障"突出问题座谈会时的讲话。

② 中共中央宣传部:《习近平新时代中国特色社会主义思想学习纲要》,学习出版社、人民出版社,2019年第95页。

③ 2014年1月7日,习近平总书记在中央政法工作会议上的讲话。

4. 风险源辨识知识点的教学

习近平总书记指出,"当前,我国公共安全形势总体是好的;同时,我们要安而不忘危、治而不忘乱,增强忧患意识和责任意识,始终保持高度警觉,任何时候都不能麻痹大意"①,"必须清醒地看到,新形势下我国国家安全和社会安定面临的威胁和挑战增多,特别是各种威胁和挑战联动效应明显"②。《增强忧患意识、防范风险挑战要一以贯之》一文也指出,"我们面临的风险也是多方面的,有外部风险,也有内部风险,有一般风险,也有重大风险"③。

威胁和挑战来自风险源,风险源不是孤立的。"各种矛盾风险挑战源、各类矛盾风险挑战点是相互交织、相互作用的。如果防范不及、应对不力,就会传导、叠加、演变、升级,使小的矛盾风险挑战发展成大的矛盾风险挑战,局部的矛盾风险挑战发展成系统的矛盾风险挑战,国际上的矛盾风险挑战演变为国内的矛盾风险挑战,经济、社会、文化、生态领域的矛盾风险挑战转化为政治矛盾风险挑战,最终危及党的执政地位、危及国家安全"。④ 因此,风险源的发现与辨识十分重要,我们要掌握风险源的辨识方法,及时发现风险源,为防范风险、保障安全奠定基础。"相互交织、相互作用"的哲学观点,告诫我们,事物的运行与发展不是孤立的,在教学中、在学习中应当重视"事物普遍联系的规律",把握事物发展的脉络,防范或避免事物向不利方向发展。

5. 预测方法的教学

"见兔顾犬、亡羊补牢,是为下策;积谷防饥、曲突徙薪,方为上策。"⑤"预防为主"是公安工作的基本方针,在公共安全管理中格外重要。危及公共安全的事件一旦发生,不仅仅是生命的陨落,还必然会造成不良的社会影响。防范公共安全事件的发生才是上策,而预测为公共安全事件的预防指明防范方向。准确的预测有利于把握重点,集中各方力量,有效防范公共安全事件的发生。

---

① 2015年5月29日,习近平在主持十八届中央政治局第二十三次集体学习时的讲话。

② 2014年4月25日,习近平在主持十八届中央政治局就切实维护国家安全和社会安定第十四次集体学习会上的讲话。

③ 中共中央党史和文献研究院、中央"不忘初心、牢记使命"主题教育领导小组办公室编:《习近平关于"不忘初心、牢记使命"重要论述选编》,中央文献出版社、党建读物出版社,2019年第320页。

④ 2016年1月18日,习近平在省部级主要领导干部学习贯彻党的十八届五中全会精神专题研讨班开班式上的讲话。

⑤ 中共中央党史和文献研究院、中央"不忘初心、牢记使命"主题教育领导小组办公室编:《习近平关于"不忘初心、牢记使命"重要论述选编》,中央文献出版社、党建读物出版社,2019年第318页。

习近平总书记指出,"改革开放是前无古人的崭新事业,必须坚持正确的方法论,在不断实践探索中推进"①。风险源及其变化发展的预测也是崭新的事业,中国国情不同于其他国家,中国的风险源预测,不能照搬其他国家的预测方法。虽然基本原理可以借鉴其他学科的预测方法,但着眼点,或者说问题基点完全不同,所以考虑问题以及过程发展的模式也必定完全不同。公共安全管理中对风险源的预测,必须坚持在实践中探索、总结,提升到理论层面,再在实践中检验方法。虽然我们介绍了"大数据分析"方法,采用了"故障树分析法""灰色系统理论模型"等,但我们必须以调查研究为依据,正确发现引发风险的基本因素,同时利用"神经网络模型"处理各基本因素之间的联系,得出其变化趋势的预测结论。

6. 炸药精确管控的教学

由于炸药属于消耗物品,每个炮眼的用量又各不相同,公安机关对民用炸药消耗量的管控十分困难;爆破作业工地区域广阔,多个工作面往往同时操作,且时间分布宽泛,全面的现场监管难以做到;正常施工爆炸后的现场痕迹常被后续施工所破坏,从而难以鉴定炸药品种与用量;炸药的购买管控十分严格,众多的"黑矿"为获取生产原料又不惜血本,故而,公办民用炸药流失现象较为严重,私自制造民用炸药的现象更是普遍,严重威胁公共安全。面对这一难题,我们应该"敢于啃硬骨头,敢于涉险滩"②。按照"科技兴警"的要求,大胆采用高科技手段,对民用炸药实施精确管控,采用"标记物"标记的方法监视炸药存在的方位和地点以及辨识炸药的来源渠道,揭示私制炸药爆破作业工地,并以此为线索追踪私自制造民用炸药的生产窝点;采用"电子标签"的方法,监视炸药流向和所处的环节等。

7. 制度管理的教学

习近平总书记指出,"真正实现社会和谐稳定、国家长治久安,还是要靠制度"③。首先,安全具有广泛性。每个人既可能是事故的制造者,也是安全的维护者。对于大众行为的管理,要求人必须遵守准则,以约束或规范其行为。制度虽然不是法律,但它是依据法律而制定的,在单位内部,行业内部,制度是人

---

① 中共中央宣传部:《习近平新时代中国特色社会主义思想学习纲要》,学习出版社、人民出版社,2019年第88页。

② 中共中央宣传部:《习近平新时代中国特色社会主义思想学习纲要》,学习出版社、人民出版社,2019年第90页。

③ 中共中央宣传部:《习近平新时代中国特色社会主义思想学习纲要》,学习出版社、人民出版社,2019年第87页。

人必须遵守的"法律"。其次,安全管理具有长期性。无论国家还是企业单位,安全始终放在第一位,是长期坚持的方针。建立制度,规范行为,形成习惯,固化习惯,确保安全。最后,安全具有周密性,安全制度具有完整性。由于安全涉及面广,不是一个岗位的安全制度就可以确保整体的安全,所以需要全面制定,形成体系。

制度的制定是一个渐进的过程,及时吸取经验教训,不断研究改进完善制度,才能提高单位的安全性。因此,要注重制度建设,花钱买制度,而不是简单花钱买稳定,着力解决地区差异大、制度碎片化问题。①

改革重在落实,也难在落实。② 制度也是一样,要注重制度建设,更要注重制度的落实。制度不落实就如同一纸空文,仅仅是摆设。制度落实的关键在于监督,要健全权力运行制约和监督体系,有权必有责,用权受监督,失职要问责,违法要追究,③用有效的监督保障制度予以落实。

8.实践性教学

恩格斯说:"一个民族要想站在科学的最高峰,就一刻也不能没有理论思维。"科学理论,是对事物发展内在或本质规律的揭示,是指导实践的行动指南。习近平总书记指出,"必须高度重视理论的作用,增强理论自信和战略定力,对经过反复实践和比较得出的正确理论,要坚定不移坚持。"④理论固然重要,但只有经过实践验证的理论才是正确的理论,才具有指导作用,实践是检验真理的唯一标准。实践性教学既是对理论的验证,也是加深对理论理解和掌握的方法和手段,更是理论创新的动力。时代是思想之母,实践是理论之源,社会实践是不断发展的,科学理论也要随之不断发展和创新。正因为实践之路常新,才能使理论之树常青,离开社会实践的不断发展,就不可能有理论创新的成果⑤。

习近平总书记的指示对于"公共安全管理"课程的教学具有十分重要的作用,这些指示既是指导思想,引导正确的方向,又是公共安全内在规律的揭示,成为公共安全管理理论体系的一部分,更是警魂教育的重要内容。

---

① 2013 年 12 月 10 日,习近平在中央经济工作会议上的讲话。
② 中共中央宣传部:《习近平新时代中国特色社会主义思想学习纲要》,学习出版社、人民出版社,2019 年第 91 页。
③ 2012 年 2 月 14 日,习近平在首都各界纪念现行宪法公布实施 30 周年大会上的讲话。
④ 汪玉明、古琳晖:《必须高度重视理论的作用》,《解放军报》2017 年 8 月 25 日。
⑤ 中共中央宣传部:《习近平新时代中国特色社会主义思想学习纲要》,学习出版社、人民出版社,2019,第 1 页。

(二)实战化主线

实战主导下教材的编写,应该以实战化元素为主线,打破以知识体系为主线的惯用表述,将理论阐述、知识点阐述作为实战元素的引申或支撑,达到知其然,更知其所以然的目的。教学的目的是使学生掌握实际工作的知识和技能,实战化元素来源于公安实际工作,以实战化元素为主线符合专业培养目标。实战化元素种类繁多,通过认真筛选,仔细编排,完全可以达到覆盖所有应讲授的知识点的目的。

实战化主线的编写方式与认知规律并不矛盾。首先,公安社会科学类课程属于文科类课程,知识的承接关系并不显著,尤其是知识模块之间的承接关系可以忽略,改变知识模块的表述先后次序不影响知识的掌握。其次,在实战化元素的顺序安排上,可以考虑相关知识点的由浅入深,循序渐进。浅显易懂的知识点,靠前阐述,深奥难懂的知识点靠后阐述。最后,每章结束时进行本章小结,增加知识点归纳整理内容,将原理、理论、知识点按照类别进行归类,形成脉络。以"枪弹仓库防盗"为例,涉及预防为主原则、依法管理原则、专群结合原则、以人为本原则、周密性防护原则等;涉及破窗理论、事件树分析法、故障树分析法等;涉及枪械原理、枪弹库布局、盗窃分子行为、规章制度等。

(三)课内实训与实验

课内实训与实验具有复习、深化、验证理论知识的作用,使文字描述的理论形象化,帮助学生理解知识和掌握实现工作目标的技能。

实训是指在校方掌控下,按照人才培养方案和规律的要求,对学生进行职业技术和应用能力训练的教学过程。实训的最终目的是全面提高学生的从业素质,以达到用人单位满意的目的。实践技能培养应是大学教育的重要组成部分,并非单位内部训练的责任。

实验是根据教学或科学研究的目的,尽可能地排除外界的影响,突出主要因素,并利用一些专门的仪器设备,人为地变革、控制或模拟研究对象,使某一些事物(或过程)发生或再现,从而去认识自然现象、自然性质、自然规律的教学和研究过程。

课内实训或实验都有内容讲解和实训/实验两个过程。内容讲解除讲解实训/实验项目的目的、内容、步骤、组织、实训/实验报告和小结外,重点讲解的内容是实训/实验原理或理论。就教材表述而言,其原理或理论是理论讲解的具体化、形象化,是将前述抽象的原理或理论落实到具体的实训/实验项目上,使学生知道每一个受训动作和实验步骤的理论依据,便于学生把握分寸,通过传授实例、理论对实践起指导作用。

(四)综合类实训与开放性实验

综合类实训是针对一项实际工作而设计的实训项目,它涉及多门课程内容,需要统筹协调,是各门课程主讲教师/教官通力合作完成的实训项目。例如,大型活动安全保卫实训,它包括活动场馆周边社会治安秩序整治、活动前的消防和安全检查、进入活动场馆的车辆和人员的安全检查、活动期间的交通管制和人员疏导、活动期间场内的消防和安全监控、活动期间周边的安全监控、活动结束时人员离场过程中的安全监控等。涉及课程有治安秩序管理、治安案件查处、安全技术防范、消防与安全监督检查、交通控制工程、道路交通管理等课程。涉及的实训项目有大型活动安全保卫方案设计、治安盘查、治安巡逻、询问与讯问、指挥通信、消防监督检查、设备安全性检查、查缉战术、交通手势指挥、交通流量设计、人员及随身物品安检、车辆安检、活动场馆安检、活动现场监控设备操作、人员疏散演练等。

综合类实训项目通常按照专业设计,每个专业一般只能设计一个。训练内容尽量涵盖本专业重要的实训内容,常常在毕业前作为考查专业培养质量的检查项目。

开放性实验分为实验场所的开放性和实验内容的开放性。实验场所的开放指任何人在设定的时间内都有可能进入指定的实验室进行实验研究,这是实验内容开放的基本条件。内容开放是指实验者自行设计实验方案,包括内容、步骤、所用设备、实验材料等。经实验室管理人员的审批并接受管理员的监督指导,方可进入实验室进行实验。

为培养大学生的创新能力,不少省份教育部门对本科生设置了"大学生创新实践项目",该项目是在具备辅导"大学生创新实践项目"资质的教师指导下,由大学生自主设计实验,开展研究,因此,开放性实验为"大学生创新实践项目"提供基本条件。开放性实验不需编写教材,但应该编写《大学生创新训练指导书》,介绍本校实验研究条件、各个实验室的基本要求,以及进入实验室开展研究的申报程序等,形成规范机制。

第三节 师资建设

教师是学生的引导者,在教育过程中处于主导地位,实战化师资队伍的质量与水平决定实战化教学的质量与水平。"唯有知晓实战,方能传道授业解惑也"①,师资队伍建设十分重要。

一、实战化教学教师的基本要求

实战化教学的教师应该是"既具有较高的理论水平又具有较强的实践能力",即"双师型"教师。②公安院校的"双师型"教师应该是本专业理论功底扎实,熟悉大学教学教法,具有一定的教学与教改研究能力;能胜任公安某个岗位的工作,了解多数公安业务实践工作,能够将理论与实践相结合,并落实到实战化教学中的教师③。为保障实战化教学的质量,不断提高实战化教学水平,公安院校"双师型"师资队伍具体应包含以下三种组合。

(一)"双师素质型"教师

就教师个体而言,"双师素质型"教师应具备教学和实战两项素质,并能将教与战有机结合。即在政治过硬基础上,能够胜任公安院校的教学工作,有着较高的教学能力和教学水平;能够胜任至少一项公安实际岗位的工作,或取得了相应的公安或非公安行业的特许从业资格证书,具备总结工作经验的基本能力;具备将理论知识与公安实际工作相结合的能力,具备指导学生警务实战操作的能力;具备较强的洞察力,善于发现问题、思考问题,拥有较强教学改革研究和公安工作科学研究能力等。④

(二)"双师组合型"教学团队

作为教师,由于公安院校规模普遍较小,教师少、课程多,一名教师教授多门课程的现象普遍存在,胜任一门课程需要长期的知识积累和潜心研究教学教法,胜任多门课程就要求更高。作为教官,公安实际工作同样需要付出艰辛的

---

① 赵富斌:《论公安现役院校实战化师资队伍建设》,《安徽警官职业学院学报》2017年第6期。
② 2013年教育部《关于地方本科高校转型发展的指导意见》。
③ 王守忠:《公安院校"双师型"师资队伍建设研究》,《云南警官学院学报》2015年第4期。
④ 杨世伟、陈尚西:《公安院校"双师型"师资队伍建设研究》,《公安教育》2019年第11期。

努力才能胜任。由于公安案件/事故/事件的发生具有偶然性，没有较长时间的公安一线工作经历和亲自经历、处理这些事件，很难掌握第一手资料，发现其中内在的形成、变化规律，也就很难将其知识化、理论化。而"双师素质型"教师需要这两种经历，这两种素质同时具备，难上加难，故而，公安院校中具备"双师素质型"条件的教师并不多见。实战化教学需要大量"双师素质型"教师，而现实中"双师素质型"教师的数量不能满足实战化教学工作的需要，最为实际的办法就是将两者进行组合，形成"双师组合型"教学团队，教师与教官共同担任一门课程的实战化教学任务。团队讲究合作，教官提供实战化案例、教学流程，教师补充理论基础和知识点，共同讨论教学方案，共同完成教学任务。

(三)"双师培养型"教学团队

"双师组合型"教学团队通过教师和教官相互弥补知识与能力的缺陷，从而形成"双师素质型"教学团队，但教学的整体过程具有系统性和整体性，两人或多人的组合在教学主线的设置、知识网络的搭建、教学手段的运用等方面容易产生分歧，很难形成体系完整、结构合理、知识点覆盖全面的课程教学。"双师组合型"教学团队应该是过渡形式，课程教学的理想状态应该是由一人主导的课程教学团队执教，为达到这一目标，应组建"双师培养型"教学团队。

"双师培养型"教学团队应该由"双师素质型"教师，高水平理论内容教师，高水平教官及助教、助理教官组成，重点是培养"双师素质型"教师。"双师素质型"教师在"双师培养型"教学团队中起到核心和指导作用。合作需要有"交集"，教师与教官要能够相互理解对方的教学思路、方法、措施等，这样才能在一个"频道"上交流，才会有共同的语言，才能谈到一处。过去的教师、教官合作，经常出现各讲各的情况，成为"两条线"，没有"共线"，只是存在"交点"，这种合作仅仅是为了完成任务，很难提高教学质量。遇到此类情形，"双师素质型"教师的作用则需要充分展示，他应将"两条线"合并为"一条线"，并以此提供示范，传授给年轻的助教、助理，形成"传、帮、带"格局。

(四)"校际合作型"教师团队

高水平的"双师素质型"教师较少，为培养高质量实战化应用人才，各校"单打独斗"式教学团队难以满足人才培养的需求，组建"校际合作型"教师团队势在必行。组建"校际合作型"教师团队的重点工作内容是由高水平"双师素质型"教师进行跨校、跨区域指导实战化教学，并担任"双师培养型"教学团队的指导教师，切实履行指导职责。

　　由于各省的省情存在差异,犯罪类型的结构组成有所不同,因此实战化教学须有针对性,针对本省高发、频发案件类型展开教学。从实际情况看,犯罪类型的结构具有区域性,在全国范围内,华东各省犯罪类型的结构具有相似性,华南、华北、东北、华中、西南、西北等其他区块各省的犯罪类型的结构也具有相似性,区块内各省地域相近,省情相近,交流便利,具备组建"校际合作型"教师团队的条件。放眼全国,公安院校是一家,同在公安部人事训练局的领导下,具备组建"校际合作型"教师团队的组织基础。

二、公安院校实战化师资队伍存在的问题

(一)客观问题

1. 规模小

　　除中国人民公安大学外,其他公安院校都具有行业性或地域性,为本行业或地域培养人民警察。受到行业或省市自治区警察编制的限制,公安类专业招生规模有严格的限制,院校普遍规模较小。警察是面对社会的职业,而社会十分复杂,犯罪类型众多,为有效打击犯罪,维护社会的安宁,必须建设专业化的队伍。犯罪类型的多样化,造成警察专业的多样化,每个专业的课程体系既要满足高等教育人才培养的要求,设置基础课、素质课、拓展知识的选修课,还要求有专业基础课和专业课,课程体系复杂且门数较多。所以,客观上需要较多的主讲教师,但在规模的限制下,人员编制数量受到限制,导致专业课中难以存在多位教师承担一门课程的状况,普遍是由一位教师承担一门或多门课程的教学任务。这种状况引发以下问题:一是业务交流难以实现。没有承担相同一课程的其他教师,一人讲一门,没有同课程教师进行研讨。老教师的"传、帮、带"无法实现,年轻教师成长速度慢,教学质量普遍偏低。二是基层实践经验不足。虽然公安院校都有周期性到基层一线部门锻炼实践的制度,但派出人员以非公安业务课教师为主,公安类教师"一个萝卜一个坑",参加公安实践则意味着没人上课,造成公安业务教师多数在公安一线的实践经历很少或时间很短,难以成为"双师素质型"教师。三是一名教师教授多门课程,教学质量低。每门课程是一个学科领域,有自己的知识体系和逻辑脉络。一人承担多门课程的教学任务势必需要熟知多个学科领域,而每个学科领域都有庞大的知识内容,需要深入地挖掘深层次规律和理论,并使学生掌握。所以要求教师首先自己要全方位地认知这些规律和理论,自己没有"一潭水",难以给学生"一滴水";其次是要研究如何使这些深层次规律和理论能够让学生接受,这两方面都需要花费大量

时间和精力。如果一名教师承担多门课程教学任务,那么便没有更多的时间和精力去深入研究每门课程内容,从而影响教学效果。

2.行政化办学

公安院校属于行业性院校,行业工作作风和管理习惯对公安院校影响极大。警察是纪律部队,讲究"令行禁止""整齐划一",施行准军事化管理。警察需要严明的纪律,需要雷厉风行。在处理紧急事件的过程中,时间就是人民的生命和财产,就是国家的利益和资源。长期的准军事化行动,使学生形成了"服从""执行"的作风。作为行业性的公安院校,在思想意识、行为作风等方面也必须与警察所在的实际部门保持一致,公安院校的管理方式与行政作风自然同样受到影响,行政化办学的倾向严重。

警察工作强调整体性,强调合作,"令行禁止""整齐划一"是警察队伍的基本要求。强调共性意味着警察必须"循规蹈矩",强调纪律意味着警察不能"越雷池一步",这是警察工作的性质所决定的,执法者必须严格守法,按章办事。在这种氛围影响下,公安院校势必存在行政化办学的倾向。

3.公务员体制

不少公安院校的教职员工施行"参公管理"。教师的公务员身份有利于打破教师到基层一线执法实践的壁垒,虽有诸多益处,但也存在一些弊端。首先是"大锅饭"现象。公务员工资级差较小,工作年限长短对工资级别的影响较大,与工作研究成果的联系较小,只要不犯错误,正常工作,工资总会提升。较小的级差,较为稳定的职级提升,便容易产生"大锅饭"现象。其次是工资按照行政级别确定。参公管理的公安院校,技术职称与工资脱钩,按照行政级别发放工资。技术职称是教师业务水平的衡量标准,是对教师个人工作业绩和能力的肯定。社会主义的分配原则是"多劳多得",政治经济学关于劳作收入的基本原理是"复杂劳动是简单劳动的倍数"。技术职称与工资的脱钩,便意味着教师的教学研究和科学研究与行政管理工作的复杂程度与强度一致,它将会影响教师潜心钻研、晋升职称的积极性。更有少数公安院校取消了职称晋升制度,即便保留职称晋升的院校,也采取粗线条划分的办法,只评定教授,不再评定一级、二级、三级、四级教授,于是教授"封顶",便没必要继续奋斗。教授在学术引领方面是"优质资源",不充分利用教授的"优质资源"是对组织和个人前期"投资"的极大浪费,同时也弱化了技术级别的作用。当然,不少院校领导注意到公务员体制对教师钻研业务积极性的消极影响,采取了多种措施,鼓励教师多上课、上好课,鼓励教师研究业务,提高能力,应用于教书育人,但也只能在公务员相关规定的范围内进行微调,由于力度不大,所以效果不显著。

4.实战化教学考核

实战化教学主要是技能培养,技能考核是考核中的难点,因为它难以形成纸质材料,所以难以用正确与错误进行评判。好与坏的评判标准具有模糊性,"到位""不到位"的评判标准也存在难以区分性。在实战化教学条件不够充分的现实状态下,对实战化教学质量提出较高的要求并不现实。各种因素造成目前对实战化教学的考核处于低级阶段,通常只论"有"与"无"。这种考核方式必然导致教师只追求实战化教学的课时数量,不重视课堂质量,由此导致实战化教师敷衍了事心态的滋生。一旦教师不再需要钻研业务,提升自我,也不需要到基层实践锻炼,凭感觉、搞形式,以完成任务的心态从事实战化教学,那么教学质量将难以提高。

(二)主观问题

1.理念

公安院校重理论、轻实践的陈旧教育观念由来已久,使得一些教师仍然认为只有理论基础较差的教师才会去从事实践教学工作,不愿到公安基层一线去锻炼,缺乏主动提高实践技能的积极性。一些教师对实战化教学的重要性认识不足,对"双师型"教师的地位认识不清,从而把实战化教学理解为单纯的行为操作,认为是专科层次的内容,本科教学应该是系统理论教学和研究能力培养,混淆了专科、本科、研究生阶段的教学目标和教学方法。

2.机制

实战化教学不同于理论教学,理论教学可以上大课,只要能听得见教师讲课的声音,看得见黑板或 PPT 即可,而实战化教学需要场地、教具、器材和设备等,这些教学资源需要保持良好的工作状态,需要有专人看管、维护,但目前多数是教师本人在维护和操作,增加了教师工作量;实战化教学必须实施小班化教学,小班化教学需要更多的师资力量,但往往因为师资匮乏而难以实现小班化。分班实施教学没有对应的课酬、或者申报程序复杂,影响教师工作积极性,实际上还是以大班教学为主,所以教学效果不佳。

教师从事实战化教学的积极性不高,另外一个原因是激励机制不得力。市场经济体制下实行按劳分配原则,因此可以将适当提高教师的经济收入作为激励手段。除此之外,教师也十分重视名誉和荣誉,所以可以尝试从名利两方面设置激励机制。

3.措施

公安院校普遍出台了《关于公安院校教师参加公安业务实践和选聘公安机关业务骨干到公安院校任教的暂行办法》,其中规定了业务教师5年一周期的基层公安业务实践,但在实际执行中大打折扣,不少公安院校公安业务教师多年没有参加公安实践。即使参加公安实践的教师也多因为课时工作量不多,拿不到超课时奖,教研室内部商量轮流到基层实践,以保证在校教师有超课时奖。多数院校要求公安各教师参加公安实践的时间为半年,但由于实践时间短,公安实践部门难以安排实际工作,所以对教师的作息时间、工作内容等都没有硬性规定,教师实际上处于"放任自流"的状态,实践效果可想而知。部分公安院校针对公安业务教师实践经验不足的缺陷,开展了公安实践培训,邀请公安实践经验丰富的老民警讲公安工作,但这种纸上谈兵的做法收效甚微。

4.方法

高校主要分为教学和行政两大岗位,行政岗位难以量化考核,而教师岗位却易于量化考核。量化考核指标都是"硬"任务,达不到指标就会影响考核指标或级别,而考核档次或级别又与收入和评优有关,使教师产生压力。通常压力可以转化为动力,但行政岗位没有硬性考核指标,一般工作人员没有压力。考核方法与重视程度的差异,击垮了事业心不强、能力一般的教师,产生了争先挤入行政岗位的状况。久而久之,一线教学人员越来越少,教辅人员越来越多,教师与教辅等行政人员比例倒挂,导致教师教学任务加重,形成恶性循环。教师争先挤入行政岗位的现象严重打击了一线教师的工作积极性,使得实战化教学研究难以深入,质量难以提高。

教学与科研相比,科研成果易于量化而教学质量难以衡量。目前对教学质量的评判方法主要是"学生评教",由于公安院校一般没有就业压力,对真知识、真能力的渴求度不高,只求顺利毕业的倾向较为严重,教师讲得好坏不重要,考试成绩及格最重要,因此,评价教师教学质量高低的标准就是考试能否"过关"。教师上课经常讲讲趣事,考试轻松通过,这样的教师,不少学生认为就是好教师,使"学生评教"的结果具有片面性。科研成果衡量标准刚性,可以通过自己的努力达到,因此,部分教师的精力主要用于科研方面,对教学不求进取,敷衍了事心态较为普遍,严重影响教学质量的提升。

三、公安院校实战化师资队伍的建设路径

师资队伍建设是提高实战化教学质量的关键,只要主管部门领导重视,办

法和措施有力,无论客观因素还是主观因素都可以改变。

(一)提高实战化教学地位

公安院校是行业性院校,培养应用型人才,实战化教学地位十分重要。《国务院关于大力推进职业教育改革与发展的决定》(国发〔2002〕16号),《国务院关于大力发展职业化教育的决定》(国发〔2005〕35号),中华人民共和国教育部、国家发改委、财政部印发的《关于引导部分地方普通本科高校向应用型转型的指导意见》,《国务院关于加快发展现代职业教育的决定》(国发〔2014〕19号),《国家中长期教育改革和发展规划纲要(2010—2020年)》等文件反复重申职业教育和应用型人才培养的重要性。地方院校应用型人才的培养离不开实践性教学,公安院校应用型人才的培养离不开实战化教学。国务院和教育部的文件是统一认识,提高实战化教学地位的重要依据。

提高实战化教学地位不仅仅依靠思想教育,更需要措施的推进。"顶层设计"是指导院校发展的纲领性文件,实战化教学应该作为一项重要工作,制定发展规划,设置实战化教学人员编制,给予足够的政策倾斜,吸引优秀教师/教官从事实战化教学,保障实战化教学师资队伍的长期稳定和发展。扭转以行政为中心的办学理念,切实提高教师的地位,做到在教学准备过程中"教师动嘴,教辅人员跑腿"的以教学为中心的良好氛围。

教学中心地位的树立不能仅凭口号,缺乏实际措施等于空谈。公安系统重视"行政职级"的现象由来已久,尤其是"参公院校"更是如此。利用"行政职级"晋升导向,大力向实战化教师倾斜,让优秀的实战化教师走上实职领导岗位,并配以助手使他们从繁重的行政事务中解脱出来,专心指导,提高实战化教学质量。提高优秀实战化教师晋升非领导职务职级的数量,拓宽优秀实战化教师行政职级晋升的空间。同时在奖励政策方面,大力向实战化教师倾斜,提高课酬,定期组织竞赛,重奖获胜者等,使教师从事实战化教学有奔头、有干劲,增强实战化教师的工作动力。

(二)培训、督导、考核

实战化教师提高教学质量,自身的动力必不可少,但公安院校"培训、督导、考核"不可或缺。

首先公安院校是合理制定教师职业生涯规划,帮助教师找准自我定位。实战化教学团队由"理论和实战双优、擅长理论、擅长实战"三类教师组成,实战化教学需要思想政治理论、高等教育通识理论、专业基础理论和专业理论等方面知识,也需要身体素质训练、体能训练、公安基本技能训练和公安专业技能训练等内容,应该说,实战化教学所需要的教育、训练工作者涉及公安院校的所有教职员工。

其二是分类培训,提高认识水平。应彻底摒弃重理论、轻实践的陈旧观念,纠正没有精湛学术水平的教师才会去进行实践教学的错误认识,充分认识到理论与实践的逻辑辩证关系,掌握理论与实战教学相结合的方法,采取专家课堂培训、参观与见习感受、基层实际锻炼等多种形式进行培训。

其三是加强督导,监督和指导实战化教学过程。应组织多级督导组,开展多层次具体的实战化教学过程的督导。公安部级督导组开展示范性实战化教学过程的督导,树立样板、优化样板,促进公安院校实战化教学条件的完善。院校级督导组开展日常性实战化教学过程的督导,敦促实战化教学的实施,规范实战化教学环节和流程,消除不正确的做法,提高模拟实战化教学的仿真效果等。督导应该具有双向性,上级的指定督导、随机督导和下级的邀请督导相结合,督导还应该具有经常性,增加督导频次是提高实战化教学质量的重要手段。

最后是严格考核,奠定奖优罚劣的基础。激励机制是促进实战化教学质量提升的有效措施,但激励机制必须以严格考核制度为基础。通过严格的考核,突显在实战化教学中成绩突出、教学效果优异的教师或团队,予以奖励,形成对比,以先进带动后进,营造竞争的氛围。对于末位教师,实施培训、指导、教育、批评,直至调换岗位。对于实战化教学团队给予优惠的政策,在物质和精神两个层面予以鼓励。实战化教学团队实施动态化管理,保障骨干教师的稳定,流动责任心不强、能力不足的教师,以保持整个团队积极向上的状态和活力。

(三)改善教学条件

实战化教学需要一定的教学条件,目前实战化教学不理想的重要原因是受制于教学条件。实战化教学紧贴实战,不但需要有实战经验的教师、教官,也需要配备能够模拟实战的教学设施和条件。没有模拟实战的条件,难以培养教师的教学能力,何谈教师对学生的培养。以箱包安检为例,没有X射线安检仪,教师无法反复研究立体物品与平面影像之间的关系,因为平面影像不仅显示物体的截面外形,也存在黑白深浅的差异,二者的关系需要长期观察、对比,积累获得,实训基地没有安检仪设备,实战化教师不能经常观察去获取此类经验,难以胜任安检实训,影响教师安检实训指导能力的提高。

(四)维持合理的师生比

数量是质量的前提。实战化教师数量的不足,必然产生教学任务繁重的情况,不但小班化教学难以实现,教师的进修与"充电"也难以完成。实战化教学需要紧贴公安实战,公安一线的工作方式、处置流程等,随政策、技术的变化而变化。紧贴实战需要经常深入公安实际部门调查研究,提炼经验,给自己"充电"。"充电"需要时间和精力,繁重的教学任务将影响教师的进修与"充电"。因此,实战化教师与学生之间有合理的师生比例是提高教学质量的保证。目前,实战化教师数量不足,增加实战化教师数量迫在眉睫。实战化教师队伍不仅包括主讲教师,也包括一定数量的教辅人员,以及后勤保障队伍等。因此,建设一支结构合理的教辅、后勤保障队伍,同样重要。

(五)培养"双师素质型"教师

实战化教学团队中的理论教师是了解实战的理论教师,实战教官是了解理论的教官,相互了解利于交流与探讨,制定完整、系统的教学方案。"双师素质型"教师是实战化教学团队的核心,有助于系统性、完整性教学方案的形成,尤其在教师与教官的磨合时期,"双师素质型"教师地位极其重要;"双师素质型"教师也是年轻教师教官培养的指导者,是实战化教学团队的带头人,对整个团队的业务提高、教学任务的执行、工作安排等负责。

名副其实的"双师素质型"教师的数量不多,但每一门实战课程又需要有至少一位"双师素质型"教师。学院培养是途径之一,是可以通过选派年轻且教学优秀的教师到公安一线部门长期锻炼,熟悉公安业务;也可以选择公安一线优秀的教官,进行教学教法等教育理论培训。公安部树立"双师素质型"教师典型,各院校选派优秀教师教官参与其团队的教学,进行系统的培训是"双师素质型"教师培养的另一途径。或者"双管齐下",培养高质量的"双师素质型"教师。

(六)校局合作培养教官

目前多数公安院校实施了"教官聘任制",不仅实训课程或项目聘请了教官,而且以理论内容为主的课程也聘请了教官。从现实情况看,实训教官传授实际工作中的做法,理论课程教官介绍实际工作经历和做法,但二者很少能结合相关理论进行讲解,知识结构的系统性较差,难成体系,学生难以全面掌握。

中华人民共和国教育部(以下简称教育部)十分重视校企合作,教育部等六部门印发的《职业学校校企合作促进办法》(教职成〔2018〕1号)(简称《办法》)。《办法》意在促进企业参与职业教育,并规定了合作的形式、措施及监督办法等。

校局合作是校企合作的形式之一。为了培养优秀的教官进入公安院校的师资队伍,公安机关应该完善教官培养体系。按照"逢升必训"原则,初、中级警衔晋升需要公安局进行培训。此外公安局也开展定期或不定期岗位培训。公安部门的内部培训,需要一支教官队伍,但他们的教学目的和内容与公安院校实战化教学的要求不同,公安部门内部教官不能直接成为公安院校实战教官。这些内部教官具有一定的教学经验,是公安院校实战教官培养的优良人选。建立教官输送制度,选择优秀的内部教官参加公安院校实战化教学团队,建立稳定的教官输送渠道,深化校局合作,对公安院校实战化教学团队质量的提升有着重要的作用。

第四节　教　学　方　法

教学方法种类繁多,不同的层次,不同的行业,不同的培养目标有不同的教学方法。这里提出的教学方法是在参考世界范围内主流方法的基础上,根据公安高等教育的行业性特点和中国公安教育长期的实践,提炼出的教学方法。

一、教学方法分类

(一)国外教学分类

1.巴班斯基的教学方法分类

巴班斯基是苏联教育家,他把现代控制论、系统论观点用于教学论研究,提出教学过程最优化的理论。巴班斯基依据对人的活动的认识,认为教学活动包括了这样的三种成分,即知识信息活动的组织、个人活动的调整、活动过程的随机检查。把教学划分为三大类:第一大类,组织和自我组织学习认识活动的方法;第二大类,激发学习和形成学习动机的方法;第三大类,检查和自我检查教学效果的方法。

2. 拉斯卡的教学方法分类

拉斯卡是美国的著名教育学家,他依据新行为主义的学习理论,提出了刺激——反应联结教学理论。他将教学方法分为四类,即呈现、实践、发现、强化。依据在实现预期学习结果中的作用,对学生学习刺激可分为 A、B、C、D 四种(表3-1)。

表3-1 四种基本教学方法比较

方法	学习过程的假设	教师作用	提供学习刺激	学生作用	运用的特定方法
呈现	基本上无意识地学习,不需要学生特别努力,大脑是容器,知识来自外部	选择并用适当顺序呈现学习刺激	A 刺激(前反应)	消极	讲授、图片、校外考察、示范等
实践	学生逐步达到预期目的,逐步完成学习任务,需要实践	确定学习题目和组织实践活动	B 刺激(前反应)	积极	朗诵、训练、笔记本作业、模仿等
发现	学生经过努力发现预期学习成果,知识来自内部	组织和参与学生的发现活动	C 刺激(前反应)	积极	苏格拉底法、讨论、实验等
强化	学生表现出对学习结果的特定行为后,给予奖励或强化	提供系统的强化	D 刺激(后反应)	积极	行为矫正、程序教学等

3. 威斯顿和格兰顿的教学方法分类

美国著名教育学家威斯顿和格兰顿,依据教师与学生交流的媒介和手段,把教学方法分为四大类:一是教师中心的方法,主要包括讲授、提问、论证等方法;二是相互作用的方法,包括全班讨论、小组讨论、同伴教学、小组设计等方法;三是个体化的方法,包括程序教学、单元教学、独立设计、计算机教学等;四是实践的方法,包括现场和临床教学、实验室学习、角色扮演、模拟和游戏、练习等方法。

(二)我国教学分类

我国的教学方法分类方法很多,不同的教育学书籍中均有分类,较为著名的是黄甫全教授提出的层次构成分类模式,他将教法分成以下三个层次。

第一层次是原理性教学方法。解决教学规律、教学思想、新教学理论观念与学校教学实践直接的联系问题,是教学意识在教学实践中方法化的结果。例如,启发式、发现式、设计教学法、注入式方法等。

第二层次是技术性教学方法。向上可以接收原理性教学方法的指导,向下可以与不同学科的教学内容相结合构成操作性教学方法,在教学方法体系中发挥着中介性作用。例如,讲授法、谈话法、演示法、参观法、实验法、练习法、讨论法、读书指导法、实习作业法等。

第三层次是操作性教学方法。指学校不同学科教学中具有特殊性的具体的方法。例如,语文课的分散识字法、外语课的听说法、美术课的写生法、音乐课的视唱法、劳动技术课的工序法等。

二、常用教学方法简介

(一)讲授法

讲授法是教师通过简明、生动的口头语言向学生传授知识、启发学生思考的方法。它是通过叙述、描绘、解释、推论来传递信息、传授知识、阐明概念、论证定律和公式,引导学生分析和认识问题。讲授法要求:既要重视科学性,也要重视思想性,还要联系学生的认知;既要注意学生学科思维能力的培养,讲授要有启发性,也要讲究语言的艺术性、形象化、感染力、准确性、简练性、通俗性,还要注意音量、语速、语调。

讲授法的优点是教师容易控制教学进程,能够使学生在较短时间内获得大量系统的科学知识。但易出现教师满堂灌、学生被动听无响应的局面。

(二)讨论法

讨论法是在教师的指导下,学生以全班或小组为单位,围绕教材中的问题,各抒己见,通过讨论或辩论活动,获得知识或巩固知识的一种教学方法。优点是全体学生参与,培养合作精神,激发学习兴趣,提高学习的独立性。讨论法要求:论题要有吸引力,要提前布置,要求学生收集资料或进行调查研究,认真准备发言提纲;讨论时,教师要善于启发和引导,围绕中心,联系实际;讨论结束时,教师要点评,概括讨论的情况,归纳正确知识。

(三)直观演示法

直观演示法是教师在课堂上通过展示各种实物、直观教具或进行示范性实验,让学生通过观察获得感性认识的教学方法。直观演示法是一种辅助性教学方法,通常与讲授法、谈话法等教学方法结合使用。

(四)练习法

练习法是学生在教师的指导下巩固知识、运用知识、形成技能技巧的方法。是广泛被采用的巩固知识和提高技能的方法。练习法常分为语言的练习、解答问题的练习、实际操作的练习三类。

(五)读书指导法

读书指导法是教师指导学生通过阅读教科书或参考书,以获得知识、巩固知识、培养学生自学能力的一种方法。

(六)任务驱动法

教师给学生布置探究性的学习任务,学生查阅资料,对知识体系进行整理,再选出代表进行讲解,最后由教师进行总结。该法适合小组或个人为单位组织进行,它要求教师布置任务要具体,学生要积极提问,以达到共同学习的目的,培养分析、解决问题的能力以及学生独立探索与合作精神。

(七)参观教学法

参观教学法是组织或指导学生到育种试验地进行实地观察、调查、研究和学习,从而获得新知识或巩固已学知识的教学方法。分为准备性参观、并行性参观、总结性参观等。

(八)现场教学法

现场教学法也称情景教学法、情境教学法等,是以现场为中心,以现场实物为对象,以学生活动为主体的教学方法。

(九)自主学习法

自主学习法是为了充分拓展学生的视野,培养学生自身良好学习习惯的养成和学习策略运用能力,基于自我认识世界能力的方法。自主学习法主要应用于课程拓展内容的教学,如拓展知识、物品制作、小论文写作等。

三、常用实战化教学方法简述

本书认为实战化教学的方法主要分为"说、做、思",以及综合能力培养的

"素质"类教学方法。实战化教学的方法依讲授对象、教学内容、教学目标而定。只要能够符合人才培养要求,互动性强,学生乐于接受,对知识、能力有培养效果的教学方法都是好方法。

(一)实战化教学方法概述

1.语言主题教学

以培养"说"的能力为主的实战化教学归为"语言主题教学"类,包括讲授教学法、辩论教学法、讨论教学法等,主要用于理论与法律系统知识的教学、群众工作、舆情引导等,以及询问、讯问等技能训练等教学课程、内容或任务中。教学要求:教学目的符合公安应用型人才培养要求;知识体系满足公安工作要求;内容联系公安实战;以公安实战化内容为知识延展主线;知识点关联网络触及公安工作各领域;重点解决"说得过"问题。

2.操作主题教学

以培养"做"的能力为主的实战化教学归为"操作主题教学"类,主要包括体能训练教学法、现场教学法、情景教学法、演示教学法、模拟教学法、实证教学法、参观教学法、实习教学法等,主要运用于查缉战术、射击技术、各类实训和实验、见习实习等课程中。

3.研究主题教学

以培养"思"的能力为主的实战化教学归为"研究主题教学"类,主要包括案例教学法、启发式教学法、开放式教学法、问题导向教学法等,主要运用于调查研究、思维训练、侦查学课程,并贯穿于所有理论课程和实践课程中。

4.素质主题教学

以培养"综合"的能力为主的实战化教学归为"素质主题教学"类,主要包括行动导向教学法、翻转课堂、项目教学法、指导教学法等,主要运用于思想政治课程、警务战术技能、案件/事件处置、自学指导,并贯穿于所有理论课程和实践课程中。

(二)问题导向教学法

问题导向教学法依照"发现问题—提出问题—理论分析—操作验证—解决问题"的逻辑方式展开,具有针对性、现实性强的优势,是在分析问题、解决问题的过程中传授知识的方法。针对学生缺乏问题意识,被动学习知识的现状,为培养学生问题意识,提高观察能力,分析问题能力和措施可行性验证能力,采用问题导向教学法具有特殊的作用①。在问题导向教学法中得到广泛应用的是"问题导向六步教学法"。

1. "问题导向六步教学法"的基本内涵的内容

问题意识的培养是"问题导向六步教学法"的核心内容,在学习过程中,学生要向案例发问、向课本发问、向作者发问、向自己发问、向同学发问、向教师发问、向权威发问、向生活发问;既在自主学习中发问,又在合作学习中发问,还在操作练习、巩固复习中发问。通过生生、师生、组组间的交流、讨论、反馈来解决问题,进而培养学生的问题意识以及提出问题、分析问题、验证设计、解决问题的能力。

(1)"问题导向六步教学法"的内容

"问题导向六步教学法"的核心内容为一个导向,即课堂教学设计以学生问题意识培养、解决问题、提出问题的能力训练为导向;其具有两条基本线,即以问题设计与提出为明线,以思维训练为暗线(图3-1):

明线:

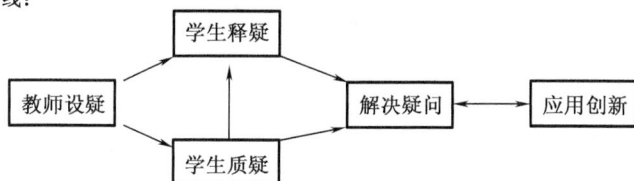

暗线:

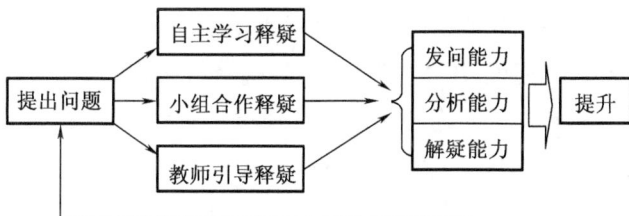

图3-1 问题设计与思维训练逻辑图

三种途径,即以"自主学习,释疑质疑""合作学习,释疑质疑""教师引导,释疑质疑"三种途径来培养学生解决问题、提出问题的能力;四维素养目标,即调动起学生的大脑,引导学生横向纵向地深入思索,培养学生多维度思考,引领学生学会运用多种思维方式进行逻辑推理,把教学过程变成培养思辨能力的过程。

① 朱荣光、刘霞:《"问题导向六步教学法"的研究与实践》,《山东教育》2013年第3期。

(2)教学流程

教学流程如图3-2所示。

图3-2　教学流程

2.实施步骤

(1)设计"问案",激情导学

"问案"是教师在认真研究教学大纲、培养方案的基础上,遴选实际案例,为引导问题的解决和理论、知识点的引出,设计的问题。它是学生学习的导向,是学生发现问题、解决问题、提出问题的根源。激情导学要立足于公安实际工作和生活实际,让学生明确这一节主要是解决什么问题,从而产生进一步学习的激情和求知欲。案例选择应新鲜或典型,问题要有思考性、启发性。

(2)自主学习,释疑"问案"

让学生根据"问案"阅读教材、查阅参考文献,立足自主学习,解决"问案"中的问题。对于个人不能解决的疑点、困惑以及学习中发现的新问题,做好记录。属于实验探究的内容,应按照科学探究的环节来进行,实验过程中,注意观察并记录实验现象和数据,分析论证得出结论;属于技能训练方面的问题,思考实训场景和操作流程,注意事项,并与教师最后实施的实训过程相对比,反思自我设计的不足。创设安静有序的自学环境,自己能解决的问题不求人,培养学生自主学习、善于质疑的良好学习习惯。

(3)合作学习,交流质疑

针对以下问题进行小组合作学习:自主学习过程中不能解决的"问案"中的题目;自主学习过程中提出的新问题,它可以是教师所提问题的延续和深化或是自主学习过程中发现的新困惑。

小组合作学习中,参照"头脑风暴"讨论法,提倡争议和思辨,"真理越辩越明"。对于分歧显著的问题,记录分歧点,汇总小组交流中提出的新问题,准备交流展示。教师应参与到学生之中,调控小组的学习状态,及时掌握搜集学生合作学习中的共性问题。对于小组合作学习中遇到的障碍,教师要适时适度地进行点拨或点评。

（4）精讲点拨，深度释疑

精讲主要有六点：①小组内进行充分交流仍未得到解决的问题和困惑，讲解知识点和相关理论；②重点知识点的拓展，难点的突破，比较易错点和易混点；③相似、相关的知识联系，不断完善知识脉络；④难点研究方法和最新前沿；⑤联系公安实际工作；⑥点评与小结。

点拨的要点在于"点"。大学生已具备一定的自学和思考能力，应强化和提升自学和思考能力。深度释疑主要针对普遍存在的难点或共性问题。

（5）应用创新，问题再生

教师的设问与讲解内容有限，主要目的是培养学生"举一反三"的能力。所以应该要求学生自行搜集相似案例，根据所训练的方法，自己提出问题、解决问题，巩固学习成果。对于学生自己寻找的案例和提出的问题，学生不能解决的且具有共性，对下一阶段的知识点和理论讲解有引导作用的，再按照前述程序、步骤进行"问题导向六步教学法"，形成良性循环。

（6）点评考核，反馈升级

完成一个周期的"问题导向六步教学法"，应进行点评和总结，按照"鼓励"的教育学原则，切莫有讽刺、打击性言语。对于漠不关心、敷衍了事的态度需要批评，树立良好的学习风气。考核分项目、阶段和课程考核，并非每一个"问题导向六步教学法"都需要考核。只要条件允许，考核反馈是必需步骤，尤其是课程考核，学生较为重视，考核内容印象深刻，反馈的效果成效明显。

（三）现场教学法

现场教学法是通过现场观察、案例介绍、现场问答、专题讨论和总结点评等内容的教学环节，观察、分析和研究现场事实，探讨解决问题的办法或总结可供借鉴的经验，从现场事实材料中提炼出新观点，依此培养学员运用理论、认识问题、研究问题和解决问题能力的教学方式和方法。现场教学以公安实战中的"单元操作"为主要教学内容，例如盘查、巡逻、设卡、守候等。它是将一线工作中经常出现的，工作内容和性质基本相同的工作进行归纳、提炼而形成的教学内容。它具有理论联系实际性强，直观、形象、互动性强等特点，易于提高学生的兴趣①。

---

①　陆俊青：《问题导向的现场教学模式实施策略研究：以公安基层社会治理课程教学为例》，《上海公安高等专科学校学报》2016 年第 26 页。

1. 突出针对性

(1) 针对培养目标或需求

全日制公安专业的学生缺乏一线工作经验,但查阅资料能力强,相互讨论、交流氛围浓,不怕"出错",敢于说真话,表现欲望强但缺乏自己的主见,易于接受教师的观点。在职干警有丰富的社会治理实践经验和对现实问题的认识和思考,学习培训过程中易于从自身的经验出发,不易接受教师的观点,尤其是灌输式的教育方式。他们常常带着许多实践中遇到的问题来培训学习,有各自关注的焦点、热点和难点问题,并迫切希望通过理论学习,找到解决问题的途径或者通过学习把平时积累的理论与实践加以梳理、思考、升华,使之系统化、逻辑化、规律化、理论化,从而拓宽视野、锻炼思维、提高认识、升华理念。全日制学生状况较为单一,容易找出共性以确定现场教学的内容、方式,但在职干警来源复杂,层次多样,基础参差不齐,关注点差异较大。为提高现场教学的针对性,在职干警培训应小班化、专题化。

(2) 针对实际工作

尽管现场教学主要针对"单元操作",但在新技术不断涌现的情况下,出现了新的"单元操作"或经典的"单元操作"被赋予了新的内容。以"盘查"为例,现实中凭经验搜索盘查对象的比例逐渐减少,技术设备的使用频次逐渐增加,"定点"与"流动"盘查的设置成为新课题;检查其随身携带物品的工作也发生了变化,手持金属探测器等便携式设备改变了过去"望闻摸掂捏"的操作;电警棍的使用改变了盘查时民警的警戒站位和人数对比;等等。

(3) 针对典型案例

实际案例常常包含若干"单元操作",以案例为切入口,进行现场教学既可以教授多个"单元操作",又可以展示"单元操作"的组合,案例选择十分重要。应从社会治理角度选择当前改革与实际生活中的某一典型案例或具有一定影响力的案例为切入口开展现场教学。尤其是失败的案例,以吸取"教训"的方式,通过讨论、相互启发、提出解决方案,进行现场演示,最终提交较为理想的解决方案,这对学生、学员帮助极大。

2. 增强实战性

现场教学属于操作层面的教学,主要应用于技能培养,例如擒拿格斗、车辆驾驶、警械使用等。警务技能不仅涉及警察资质犯罪的能力、抓捕能力,更是警察自我生存的能力,只有从实战出发,才有利于职业能力的培养。部分教师担心高强度的对抗操作训练,容易使学生受伤,"平时多流汗,战时少流血",如果降低平时训练的强度、降低训练对抗性,很可能造成实际警务工作中的伤亡。

例如现场教学电警棍的使用,目的是在犯罪嫌疑人的抓捕中能准确击中对方的四肢,不宜击中心脏部位和脸部。面对动作迅猛的犯罪嫌疑人,要敢于使用电警棍,通过各种假动作诱惑对方,击中四肢。没有经过实际训练的学生,不敢使用电警棍,以至于出警不带电警棍等非致命性警用武器,结果造成自己的伤亡,经验教训惨痛。

3. 提高研究性

现场教学不能仅作为操作训练、技能训练教学,应将动手与动脑联系在一起,并选择适当的内容提高研究性。以痕迹检验实验教学为例,检材的预处理和鉴定过程都需要观察、分析后再进入测定环节。虽然鉴定有固定的程序流程,但每一份检材都具有特殊性,缺少观察、分析,在试剂的用量、处理的力学强度、作用的时间等方面就很难达到最佳状态,这对鉴定结果将产生不利影响。

在现场教学实施中,应严格把握好"课堂教学""校外实训""实战能力""工作任务"等的关系,始终将提升学生创新思维和实战能力放在首位。教学素材的提炼、教学现场的遴选、教学环节和进程把握等贯穿思考能力和研究能力的培养,灵活运用问题设置,启发思考,鼓励受训学生探索多种选择和可能性,并得出新看法和新观点。通过发散思维引发新见解,产生多种答案或者可能性,激发创造力和创新精神。

近些年现场教学法有了新发展,打破了纯粹操作性层面的形式,出现了"情景教学法"。"情景教学法"是教师根据人才培养需要,依据课程内容需要描绘的情景,布设教学现场,使学生仿佛置身于公安工作实景之中,培养学生的综合应用能力和应变能力。例如笔录、纠纷调解、入户走访、接处警,以及社会治理中的一些场景的情景教学。

(四)案例-讨论教学法

案例教学法是一种以案例为基础的教学法。它通过案例分析,找出案例中的各类要素和关键,层层分析,每个人都可以提出案件的处理方法,再对比案例卷宗,理解卷宗的处理方法或提出改进意见,论证改进意见。通过案例教学可以培养学生为人民服务的宗旨意识;兼顾政治、社会环境状况和当地的执法环境状况的大局意识;依法治理的法治方法;依据社会主义核心价值观的德治方法与教育等,以培养学生的科学、人文、法律、警务素养等。

案例教学法起源于1920年,由美国哈佛商学院(Harvard Business School)所倡导,当时是采取一种很独特的案例型式的教学,这些案例都是来自商业管理的真实情境或事件,透过此种方式,有助于培养和发展学生主动参与课堂讨论,实施之后,颇有成绩。到了1980年,案例教学法才受到师资培育的重视,尤其是1986年美国卡内基小组(Carnegie Task Force)提出《准备就绪的国家:二十一世纪的教师》的报告书中,特别推荐案例教学法在师资培育课程的价值,并将其视为一种相当有效的教学模式,而国内教育界开始探究案例教学法,始于20世纪90年代。

1. 案例 – 讨论教学法的步骤

(1)精选案例

教师按照教学内容和目的的要求,选择案例。案例首先应该真实,应来源于公安实际,最好有正确的结论。其次是案例素材应该生动形象,图文并茂。最后是案例应具有一定的复杂性,具有思考的空间。切勿为了追求思考的空间而故意简略案例的描述细节,相反,应该尽量还原案件发生的场景。

(2)讨论预备

一般应在正式开始集中讨论前一到两周,就要把案例材料发给学生。让学员阅读案例材料,查阅指定的资料和读物,搜集必要的信息,并积极地思索,初步形成关于案例中的问题的原因分析和解决方案。教师可以在这个阶段给学生列出一些思考题,让学生有针对性地开展准备工作。

(3)讨论组织

应借鉴"头脑风暴"的讨论方法,设置小组。根据平时成绩的优劣、活跃程度、男女性别等因素,确定讨论小组的人员,小组人数宜6~8人,不设组长,只设召集人。讨论小组人员的公布时间,应在集中讨论时公布,不宜过早公布,给学生留下自由组织、讨论的时间和空间。各小组的讨论地点应该彼此分开,避免相互干扰。教师不应参与小组讨论,使学生在平等的环境中讨论,期待出现"头脑风暴"。

(4)集中讨论

集中讨论的过程是:各小组代表发言,分析案例并处理意见;其他组员质疑,本组成员作答。这一过程,教师是主持人的角色,把握讨论方向引导学生深化对案例的理解或提出意见比较集中的几个问题和处理方式,进行重点讨论。

(5)点评与总结

集中讨论完成后,教师进行点评,提炼知识、纠正错误、重申重要的知识点,加深理解、巩固知识。最后教师应该布置学生撰写书面总结,留出一定的时间让学生自己进行思考和总结,总结可以是总结收获和经验。

2. 案例 – 讨论教学法的优势与缺陷

(1)案例教学法的优点

①能够实现教学相长。教学中,教师是教师也是学生。教师既是整个教学

的主导者,掌握着教学进程,引导学员思考、组织讨论研究,进行总结、归纳;教师也是学习者,在教学中通过共同研讨,发现自己的弱点,并且从学生那里可以了解到大量感性材料。

②易于调动学生学习主动性。教学中,由于不断变换教学形式,学生大脑兴奋不断转移,注意力能够得到及时调节,有利于学生精神始终维持最佳状态。

③生动具体、直观易学。案例教学的最大特点是它的真实性。由于教学内容是具体的实例,加之采用是形象、直观、生动的形式,易于学生的学习和理解。

④能够集思广益。大学生都有一定的生活经历,经历过见习的学生还具有一定的公安工作经历,他们对问题有自己独立的思考,个人的视角差异形成了不同的思路,有助于师生开阔思路,往往有良好的效果。

(2)案例教学法的缺点

①案例教学属于"碎片化"教学,它难以使理论和知识点形成体系、形成完整的脉络。

②系列案例选择难度剧增。为了使理论和知识点系统化,客观上要求每个案例引出的理论与知识点应按照教学规律"由浅及深""由表及里",还要覆盖大纲规定的理论和知识点,实属不易。实践中,常常出现教师为了按照教学规律而生搬硬套引出"相应"的理论和知识点,案例与理论以及知识点的关联度不大,常常引起曲解使得适得其反。

③案例教学法耗时较多,一门课程中不宜多次使用,应选择关键的内容,限制了该教法使用的广泛性。

④对师生的要求较高。不但要求教师具有较高的理论水平和实践水平,也要求教师具有较强的组织能力和应变能力,还要求学生的积极配合、认真思考,才能见实效。

(3)案例–讨论教学法应注意的内容

①案例讨论中尽量摒弃主观臆想的成分,教师要把控好讨论现场,引导讨论方向并注意能力培养,不能以"作秀"为目的。

②案例教学耗时较多,因而案例选择要精准、恰当,案例教学次数要适度,办一次就办好一次,体现教学课时的价值。

③一定要充分考虑学生的实践经验,适合于学生的讨论,必要时做一些知识铺垫,既便于讨论又能够讲解知识。

(五)行动导向教学法

行动导向教学是在教学过程中充分发挥学生的主体作用和教师的主导作用,注重培养学生的分析问题、解决问题的能力。它以特定"任务"为抓手,通过引导学生完成"任务",从而实现教学目标的教学方法。它由英国的瑞恩斯(Reginad Revans)教授于20世纪60年代首先提出,随后在世界各国得到广泛的推广和应用。因翻译的不同,其称谓也有所不同,有活动导向、行动导向、行为导向、实践导向等。

1.行动导向教学法的内涵

从教学过程看,是教师为主导,学生为主体的教学过程。教师营造新颖的学习环境和氛围,提供与任务相关的信息资料和学习材料;引导组织学生"心、手、脑"并用,"教、学、做"结合,身体力行获取知识和技能,自行完成学习任务,并自行反馈和评价;激发学生的学习兴趣,培养学生主动积极,负责与创造的学习行为。实现学习效果与发现问题、解决问题等综合能力的同步提高。

从教学本质看,抓住了职业教育的本质特征。职业教育以职业活动为导向,职业活动包括四种模块,即功能模块、空间模块、时间模块、逻辑模块。职业教育的作用是将这四个模块"化合",形成"智能型"知识,所以,在教学过程中应保证学生在获取信息时,能够与已有的知识、技能相互作用,产生共鸣。它必须是学生自身参与活动,亲身体验,才能获取新知识、新理念、新技能。

从教学效果看,行动导向教学法不仅是知识信息的存储还是能力的提升。其核心是培养学生的学习行为能力,包括阅读能力、听讲能力、信息采集处理能力、组织能力和心智能力等,以具备特定职业需要的综合职业能力。能力的提升包括知识的积累和技能的提升两部分,知识的积累可以通过文字学习完成,技能的提升则需要通过训练完成,两者的完美结合是行动导向教学法追求的效果。

2.行动导向教学法的基本特点

在学习内容上,以行为活动为导向,横向综合各有关学科的知识点和技能,根据教学目的分类,形成职业能力培养的知识体系和课程体系。

在教与学的过程中,注重学生相互合作去解决问题,强调全体受训学生参加全部教学过程,激发学生的兴趣和热情。教师的地位从知识传授者变成了咨询者、指导者和主持人。淡出主讲地位,发挥控制功能,这对教师提出了更高的要求,不但需要知识,还需要实际工作技能,以及组织能力和应变能力等。

在教学方法上,行动导向教学法不是一种具体的教学方法,它因实施的"任务"或"活动"的内容、性质而定,可以是单一的教学模式,也可是组合模式。常用的模式有项目教学法教学模式、手册引导法教学模式、角色扮演法教学模式、模拟教学法教学模式等。

3.行动导向教学法的主要模式

(1)项目教学法教学模式

项目教学法是一种多元方法性的教学法,它随着社会条件的改变而变化,随着技术的更新而发展。其核心在于,它是以产品、客体、模型或者展览以及问题解决为形式而进行的。

（2）手册引导法教学模式

手册引导法又称引导教学法。手册是对教学培训步骤进行介绍,解释学习和工作过程中的规则,列出要处理的实际问题,通过引导问题对知识学习和工作计划做引导,对获取知识的可能手段加以说明或提供相应信息,指导工作的自我评价和他人评价。它包括计划、执行和测试3个阶段,以及布置任务、获取信息、计划、决策、执行、控制、评价7个步骤。

（3）角色扮演法教学模式

人每天都要经历各种不同的刺激和情境,为了用更好的行动方式来处理各种情境,人们经常要学习扮演各种不同的角色,有公开身份的显性和发挥的作用的隐性角色之分。人都在各种不同的角色中转换,利用各种角色处理日常工作与生活的各种情境。教学中使用各种角色的意识规则被称为角色扮演法,角色扮演可被归入到"发现学习"中,让学生在角色扮演的陌生环境中学会熟悉的和陌生的角色。

（4）其他教学法

①模拟/仿真法,在实战化教学中,有些环境复杂或设备昂贵等因素不利于学习训练,可采用模拟/仿真训练,避免发生不良后果。

②头脑风暴法,它是教师引导学生就某一课题自由发表意见,通过同学之间的相互激励引发连锁反应,从而获得大量的构想,经过组合和改进,达到创造性解决问题目的的方法。

③思维导图法,思维导图是用连线连接概念和命题框图,表示概念之间的意义关系,它将思维重点、思维过程以及不同思路之间的联系清晰地呈现在图中,适合于处理复杂的问题,一方面能够显示出思维的过程,另一方面可以很容易理清层次,让学生掌握住重点,能够启发联想力与创造力。

此外还有小组讨论法、案例教学法等。

四、"双体系协同推进"教学模式 [①]

（一）公安业务课教材的困惑

公安机关专政工具的性质决定公安工作的实战性,公安院校的职业性决定

---

① 黄超:《"双体系协同推进"教学模式的研究与实践:以学理型教材和实战化讲义协同使用为例》,《公安教育》2021年第5期。

教学的实战化指向,教材是教学的基本文件,实战化教学离不开实战化教材。

1. 学理型教材的知识结构

通常使用的教材属于学理型教材,它以逻辑起点、逻辑主链和支链为脉络,链接知识点,其中插入的实战案例或实训是为了印证理论和知识点,处于从属地位,教学的目的是掌握所属学科的知识体系,并非以实战为教学目标,不属于实战化教学。

知识有三种类型,学理型教材一般侧重传授"概念性知识",忽视"事实性"和"程序性"知识。"概念性知识"是较为抽象概括的、系统的知识类型,"事实性知识"是通过观察而获得的知识,"程序性知识"是做一件事的程序或步骤的知识。后两种知识需要案例的完整描述,通过影视资料和文字,让学生"观察"规范、真实的公安工作,同时展示整个工作程序,显然,学理型教材难以做到。

2. 学理型教材的单学科特征

教师通常遵照"循序渐进"的教学理念,对于学生新接触的学科领域,教师会自觉或不自觉地讲述该学科的"学科范式",以确立相对独立的知识体系。教师通常认为,只有先掌握了该学科的知识体系,才能谈及知识的学科交叉与融合。然而公安处理的案例往往是复杂的,不是单学科知识就可以解决,需要综合运用多学科知识,学理型教材单学科特性难以培养多学科知识综合运用的能力。

学理型教材没有完整的案例卷宗的描述,使得理论和知识点使用的环境不明晰,适用范围不清,给学生运用这些理论和知识带来困难;此外,以知识体系为目的的学习,泛化了学生学习目的性和针对性,削弱了学生学习主动性,影响教学效果。由于上述因素的综合影响,拉长了毕业生岗位适应期,公安用人单位为此不十分满意。

(二)实施实战化教学的基本要件

虽然学理型教材有诸多缺点,但它有知识点关联性强、覆盖面宽,易于系统掌握知识点等优势,成为教师不愿舍弃的知识传授体系。

实战化教学以实战为指向,需要改变学理型教材知识点的铺展方式,使用专属实战化教学的教材,这是实施实战化教学的基本条件,尤其公安业务课的教学更是如此。

1. 实战化教材编排主线的理论探讨

实战化教学源于实践性教学,实践性教学是现代教育学家的主流认知。科学教育学之父赫尔巴特认为"教学首先是心理对实际的感受"[①];美国著名哲学家、教育家杜威认为"教育即'经验改造'",而经验就是"实际"[②];"范例教学"是西方现代教育的主流教学模式,出现了一大批代表人物。从教育著名专家所述的教育思想可以看出:实践性教材不是"学理型教材 + 案例 + 实训"模式,而是以"范例"为主线的表述方式[③]。

按照著名教育学家的主流观点,实战化教材应以经典案例为引导,在讲授案例处理方法中引出相关理论和知识点,加以传授,尽量使其覆盖该课程的主要理论和知识点。"范例"提供事件的具体处置过程,便于读者"参照"执行,并提供理论和知识点的适用环境或条件,有助于深刻理解。而且案例教学目标指向明确,易于调动学生学习的积极性和主动性。尤其是反面典型,提供"安全警示红线",形成深刻的心理刺激,利于安全防范以及适用范围和功效的掌握。

2. 实战化教材形式的现实分析

目前的实战化教学是"学理型教材 + 案例 + 实训"模式。其中的案例教学是为了说明学理型教材中的理论和知识点,同时联系实际工作。这种案例教学具有片面性,展示的是"大象的一部分",没有展示案例的整个处理过程,弱化了"事实性知识"和"程序性知识";而实训虽能达到技能训练的教学目的,但主要是讲授内容或处理方法的形象化,验证性特征明显。这种教法不符合教育学家关于实践性教学的论述,也不是公安部所希望的实战化教学。

符合专家论述且符合公安部指向的实战化教材应是实战化教学专属教材,其中的实训教学是为了增强执行力,达到典型案例所描述的水平,使典型案例、实训、理论、知识点、处置方法与流程、社会状态、执法环境、产生影响以及善后工作等成为有机的整体。然而,创新社会,无论管理理念、方法、科技、社会状态等都在快速变化,社会治理方法随之变化,产生了教材更新慢与现实变化快的矛盾。

公安专业教材针对公安院校,由于公安院校规模普遍较小,专业多、课程多,教材用量较少,一门课程只有一种教材,教材的再版周期一般不少于 5 年,而公安工作必须紧跟法律等规定,按照党和政府的要求执法与管理,虽然法律相对稳定,但"要求"经常根据形势变化而变化,公安管理工作随之变化,使公安实际操作具有"多变性",使教材的适用周期十分短暂,常存在"新出版的教材就

---

① 许丽:《高校"课程思政"建设的理论基础与实践探析:以赫尔巴特"教育性教学"思想为视角》,《黑龙江教育(理论与实践)》2021 年第 3 期。

② 潘安:《杜威经验观与生成课堂》,《语文教学与研究》2021 年第 4 期。

③ 许志猛、李娟、陈良琴:《电子系统设计实践范例教学模式探索》,《教育教学论坛》2020 年第 37 期。

有部分内容过时的现象",使教材难以完全贴近实战,而讲义出版周期短、费用低,更适合实战化教学,这正是目前没有出现社科类实战化教材的原因。

因此,实战化教学讲义是实施实战化教学的基本条件。

(三)实战化教学的特殊方法

学理型教材存在诸多缺点,实战化讲义也存在知识点"碎片化",缺乏联系的缺陷。学理型教材适合于打基础式学习,尤其适合于学术性学习或研究性学习;实战化讲义适合于针对具体工作的学习,例如岗前培训、行业性院校专业课学习、专业硕士的学习等。两种教材各有利弊,应取长补短,协同使用,才能突显教学效果。

1."双体系"教学模式

首先它是"双教材"教学体系。学理型教材与实战化讲义,在编排方式和体系上完全不同,在讲课思路上也完全不同,前者主要解决"为什么",后者主要解决"怎么办"。教材和讲义对应两种教学方法,它们不是互为"参考书"关系。参考书有广义和狭义之分,通常课程教学的参考书是狭义概念上的参考书,其特点是撰写内容和编排方式与教材相近,这样方便查找,方便理解上下文之间的关系,以求从不同角度加深对同一知识的理解。学理型教材与实战化讲义不具备上述特点,它们都是独立的编写体系,分别在第一和第二课堂协同实施,分别是第一和第二课堂的主讲"教材"。

其次它是"线上线下"双路径教学模式。通常所说的"线上线下混合式教学"是部分内容线下教学,部分内容线上教学,形成一个完整的体系。本模式的"线上线下教学"是两套完整的教学内容体系。线下课堂教学以实战化讲义为主,按照公安部实战化教学的理念实施教学;学生课余自学以学理型教材为主,在教师的指导和要求下网上学习,教师按照线上教学模式进行教学,开展线上与微信群实时交流,参与交流情况列入成绩考核,促进自学。从教学形式看,它们是相互独立的两门课程,都有专用的教材,都有自己的授课方式,都有符合自身教学特点的辅导、监控体系。从教学内容看,它们又具有相关性,是针对统一教学目标从两个角度进行的培养,知识点和理论的掌握具有相同性,能力的培养又有所分工,线下教学重点培养实战技能,掌握事件处置方法、熟悉处置流程和法规、具备处置的技能;线上教学重点是全面掌握知识点和理论、理解知识点之间的关系、提升自学能力,因此,它们是具有关联度的两类教学体系。

2."协同推进"教学模式

实战化教学应使用实战化讲义,但其"碎片化"的知识,不利于系统掌握,影响学生发展后劲。为达到公安院校毕业生既能快速胜任岗位工作,又具有发展后劲的教学目的,就需要既使学生掌握具体事件的处置方法、流程等,又能使学生全面掌握知识体系,掌握知识点的联系,这就要求实战化教学和学理型教学同时使用,"协同推进"。

本书根据公安部指定的"教、学、练、战"一体化教学模式,尝试实战化主导的教学方法,编写了公安类《公共安全管理实战化教学讲义》,从 2015 级治安专业课程实施效果看,学生对所讲授案例的处置方法熟悉,但知识点的关联性掌握效果差,"举一反三"能力弱。对于条件等因素发生变化的事件,仍然套用相近经典案例的处置方法,不能因地、因时、因相关因素的变化而变化,处理方法和法规适用错误。总结课程考核结果较差的原因,未掌握知识点的关联性是最重要原因。反思实战化教学实践,单纯以实战化讲义实施教学既不能缩短"岗位适应期",也影响学生的发展后劲,必须重视知识点关联性的教学,学理型教学模式不能丢弃。因此,对 2016 级学生采取实战化讲义和学理型教材同时使用,"协同推进"的教学模式,即采用"线下"和"线上"两条线,线下施行实战化教学,使用实战化讲义主导课堂和实训,将思维方式聚焦真实的事件场景,按照主办民警工作过程进行讲解;课余时间执行线上自学,在教师的要求和指导下观看慕课,阅读学理型教材,参加线上平台和微信群内的讨论,完成线上教学任务。形成双教材,线上线下"双体系"协同推进教学模式,共同完成"公共安全管理"课程教学任务。

(四)"双体系协同推进"教学模式的影响因素

1. 网上慕课质量与学习条件

慕课英文简称 MOOC,是英文直译大规模开放的在线课程(Massive Open Online Course)。课程主要以视频方式进行讲解,并配有讲义和作业。由于线上教学以自学为主,教师督促,所以慕课质量至关重要。为了实施"双体系协同推进"教学模式,"公共安全管理"课程组的全体人员致力于不断提高慕课质量。2014 年"公共安全管理"线上课程被江苏警官学院确定为院级精品课程;2019 年 9 月"公共安全管理"被江苏省教育厅确定为"江苏省成人高等教育精品资源共享课程";2019 年 11 月"公共安全管理"被江苏省教育厅确定为"全日制在线精品共享资源建设课程";2020 年 4 月广州市保安公司将"公共安全管理"慕课确定为人员培训的必修课程,由课程组提供所有教学材料,并签订了《授权协议书》。

2021 年 1 月 10 日,第一个"中国人民警察节","公共安全管理"在线慕课在中共中央宣传部主管的手机版和电脑版的"学习强国"平台上同时播放,4 小时的点击、点赞次数超过 40 余万次,并被列入"学习强国"的"社会法律"频道永久展示。充分说明"公共安全管理"在线慕课的质量,可见,"公共安全管理"在线慕课完全可以胜任网络教学的任务。

自学需要利用一切可能利用的课余时间,应该提供多种上网学习的路径。进入江苏警官学院的校园网,可以在学院的"教学资源库"中查找"公共安全管理"学理型网教版课程。网教课程具有全套教学资源,进入"预习"频道,可以知道教学大纲、每节课应具备的预备知识和教学目的等;进入"课程"频道,可以观看每节微课、教案、课程设计等;进入"练习"频道,可以看优秀作业展示、做练习、提交作业;进入"教辅资料"频道,可以观看参考书、相关视频、知识拓展材料等;进入"交流空间",可以提问或回答同学的提问,接受教师的指导等;进入"考核"频道,可以分阶段自我测评、进行阶段或全课程考核;等等。不能进入校园网的地域,可进入"中国大学 MOOC"网站"爱课程"教学资源平台或进入手机"学习强国"平台,学习"公共安全管理"慕课。无论通过校园网还是外网慕课学习,都可以在微信群中交流,教师提出具体要求和指导,并实时进行讨论,记录学生参与情况,列入成绩考核,促进学生的自主学习。

教材是学生学习的基本工具,江苏警官学院在新教法实施中,人均一册学理型教材,并免费提供一册较为详细的实战化讲义提纲,4 人一册《公共安全管理实战化教学讲义》,同时上传该讲义电子版到班级微信群中,方便学生学习。

2. 主讲教师的水平与责任心

对于线下学习,主讲教师的理论知识、讲课水平、实战能力、组织和管理能力是影响教学质量的重要因素。责任心更是核心要素。为提高实战化教学水平,江苏警官学院实施教师/教官"联合负责制",教师讲解理论内容,教官讲解实战内容或开展实训。每节课中教师与教官根据各自负责主讲的内容分别授课,并进行转换。"联合负责制"的关键是默契配合,教师和教官共同编制《教学设计方案》是备课的重要内容。共同备课中,教师需要具有实战经验,能够理解实战内容的重要作用,适时介入讲解相关理论,不破坏实战化教学的主要架构;而教官需要具有一定的理论积淀,懂得理论教学的作用,适时安排出时间给教师进行理论教学。

联合负责容易产生相互推诿或一人独大的情形。有责任心的教师/教官,希望自己讲授的内容多花一点课时,讲深讲透,但课程总课时数已确定,一方过多的讲授必然削弱另一方的作用。从实战化教学看,教官具有主导地位,应由教官主导教学,但教官一般未学过教学教法等教育学理论,教学实践经验也不甚丰富,所以会存在在高校内属于"外来者",不愿"喧宾夺主"的意识,导致课堂中常常以教师的设想为主。而教师由于常年学理型教学的惯性,容易产生"驾轻就熟"倾向,使实战内容成为附属品,改变了实战化教学的指向。如果教师忙于科研、应付课程考核,很少介入实战化教学,那么将达不到相辅相成的效果。因此教学督导十分重要,应落实"促进联合备课,审核《教学设计方案》,监督方案的执行,检查实施效果"措施,促进联合教学质量的提高。

3. 实战化讲义的质量与理性化

由于讲义不需要公开出版,没有严格的审批、审核程序,所以质量难以保障。课程组负责人及其课程组成员的水平是保障实战化讲义质量的重要因素,主流学者认为构建讲义编写的"双师素质型"团队是确保讲义质量的关键。"双素质"指教学和实战两项素质,并能将教与战有机结合。"双师素质型"教师指在政治过硬的基础上,胜任公安院校的教学工作,有着较高教学能力和教学水平;能够胜任至少一项公安实际岗位的工作,或取得了相应的公安,或非公安行业的特许从业资格证书,具备总结工作经验的基本能力;具备将理论知识与公安实际工作相结合的能力,具备指导学生警务实战操作的能力;具备较强的洞察力,善于发现问题、思考问题,拥有较强教学改革研究和公安工作科学研究等能力的教师 [①]。

能教善战是"双师素质型"教师的基本要求,善于思考和总结,将感性认识上升到理性认识是保障实战化讲义质量的根本。讲义中,公安工作既需要"事实性"描述,也需要经验性总结,如果将相关理论和知识作为"事实"或"经验"的解释,则是低层次的阐述,如果能将"事实""经验"与相关理论、知识融合为一体,则是高质量的论述。以 8·12 天津滨海新区爆炸事故为例,起因是硝化纤维的自燃,其自燃温度是 180 ℃,凭经验,控制温度低于 180 ℃ 则可以防止自燃,通常暴露在空气中不会达到 180 ℃,主要原因是安全检查疏忽,但深入分析,硝化纤维的临界自燃温度是 40 ℃,达到 40 ℃ 则硝化纤维开始分解,如果通风不良,热量聚集,很快可以达到 180 ℃,因此安全防范的温度应是 40 ℃ 不是 180 ℃。为防止硝化纤维包装桶环境温度达到 40 ℃,按照《常用化学危险品贮存通则》的规定:"危险化学品仓库,应根据储存物品特性,配备通风、密封、调温、调湿、防静电等设备。"但安全检查人员并未发现这一问题,也未提出增加调温设备,致使硝化纤维包装桶在烈日下暴晒,引发自燃,引起连锁反应。论述中引出"临界自燃温度"的概念以及理论,提出解决问题的方法,提升了认识深度,转化为防范方法,完成教训向防范方法的转化,感性向理性的转化。

总之,"双体系协同推进"教学模式实施 4 年,教学成果优良,实战能力与相关知识都得到提高,同时学生知识综合运用能力、学习策略运用能力和自学等能力均得到提升。

---

① 吴跃章、薛宏伟:《现代公安高教特色发展战略探索》,中国法制出版社,2016。

第四章 "教、学、练、战"一体化之"学"法研究

"教、学、练、战"一体化中的"学"指学生的学习。公安院校的校园环境、学生管理体制以及培养目标具有特殊性。在实战化主导的教学体系下,学生学习动力的形成、学习方法的有效、自学能力的培养等都具有一定的规律性。

第一节 公安院校学生学习状况调查

人才培养需要针对培养对象的状况,按照目标要求,有针对性地采取各种措施,提高学生的各项能力。为研究实战化教学主导下"教、学、练、战"一体化中的"学",课题组采取个别访谈、调查问卷,网上资料调查等方式,针对通识课程、专业课程以及实战化教学,就"学习动机""学习策略""自主学习""学习方法"等方面进行了调查。

一、访谈调查

利用公安院校业务交流的机会,课题组先后走访过十几个公安院校,通过个别访谈的方式了解学生对实战化教学的态度和想法,以及学生的学习状况。具有共性的回答主要有以下内容。当问及"您对本院实战化教学的看法"时,所有学生都对实战化教学兴趣浓厚,希望多开展实战化教学。并认为本院实战化教学开展的项目较少,仿真性不够强,基本上是按照事先安排好的程序、流程进行,按照讲义中所阐述的内容进行演练,需要发现什么性质、行为、物证等,讲义中都已写明,仅仅是用教学道具进行展示,没什么思考性。另外,教具套数太少或教师的实战化教学课时数太少,不能所有学生均参加实际训练,更不可能尝试实训中的所有角色。当问及"贵校课堂教学中开展实战化教学的情况"时,多数学生回答:专业课程通过案例联系实际,多数的案例仅仅作为印证或引出理论内容或说明内容的重要性或介绍实际工作状况、流程等,真正用于分析、发现问题、解决问题的案例并不多。通识课程中较少有实际案例,专业基础课程中,公安方面的实际案例也不多,法律课程基本是司法领域的案例,社会学课程的案例基本不涉及公安内容,心理学课程有一些犯罪心理学方面的案例,但数量不多。当问及"贵校课堂教学中的知识讲授脉络与地方院校同课程教科书中知

识讲授的脉络是否存在显著差异"时,学生回答基本相同,都是与地方院校同课程教科书中知识讲授的脉络差不多,不是以实战化为主线讲授知识体系。当问及"贵校课外与实战化教学内容相关的项目有哪些"时,学生回答:有警体体能方面的训练,完成公安厅布置的"安保"任务等,少数学生参加了大学生创新课题的研究项目,与公安实战有关,除毕业论文和"大创课题"外没有参与过其他研究类项目或工作。

关于公安院校学生学习状况的调查主要问题和回答是,当问及"贵校学生的学习积极性或兴趣如何"时,学生回答基本是"对多数理论课不感兴趣""无论是什么性质的课程仅对风趣幽默教师的课程感兴趣"等,其主要表现为课程学习压力不大、热情不高、兴趣不高、动力不足。当问及"贵校学生对网上教学的看法和学习状况"时,回答基本是"教师没有对网上教学提出明确要求,我们也没有认真对待,有时为完成点击量而点击,没有认真看内容""线下课程教学认真对待的同学都不多,线上没人看管,认真的同学更少""我对线上的教辅材料有兴趣,经常看资源库中的材料"。

个别访谈都是选择在校园内散步的 1~3 人小群体学生,访谈较为顺利。对于自学和创新能力培养方面的问题,回答的内容很少,尽管采用启发、提示等手段但也没有回答多少内容,可以推论,不少学校在自学和创新能力培养方面的举措不多。课题组没有寻找教室和图书馆内的学生进行访谈,但外观看,教室内自习的学生数量较多,多数在看书或手机或写字,小声交流的学生不多。图书馆很安静,空座位比例约 30%,学习者都在埋头看书写字。这与个别访谈总体结果存在差异。

二、线下课程调查

(一)公安大学学生与地方高校学习状况调查 [1]

中国人民公安大学教师马丁对该校学生的学习状况以纸质调查问卷的方式进行了调查,并将其结果与北京师范大学、浙江大学、浙江师范大学等普通高校学生的学习状况进行对比研究。选择了十个对比变量:态度——考查学生对学习和完成相关的任务的态度和动机;动机——考查学生完成具体学业的责任心;时间管理——考查学生利用时间的水平;焦虑——考查学生对学习成绩的关注度以及缓解焦虑、自我调整的能力和水平;专心——考查学生排除干扰,集

① 马丁:《公安大学学生学习策略水平调查研究》,《中国人民公安大学学报(自然科学版)》2008 年第 14 期。

中注意力于学习上的能力;信息加工——考查学生运用心理表象、言语精加工、领会监控和推理等策略,促进理解和回忆的水平;选择要点——考查学生课堂聆听或自主学习策略运用,加工重要信息的能力;学习辅助——考查学生使用和创造使用助推学习的技术、方法和材料的水平;自我测试:考查学生对自我测查的认知和运用自我测查方法的能力;考试策略——考查学生复习、备考以及应试策略运用的能力。

马丁共发放调查问卷246份,收到有效问卷158份;北京师范大学收到有效问卷295份,浙江大学收到有效问卷452份,浙江师范大学收到有效问卷297份,共收到有效调查问卷1 202份。数据采用通用软件SPSS 11.5以及AMOS 4.0进行统计处理,得出以下结论:

1. 四所高校的大学生,总体的学习状况基本一致,普遍欠佳,特别是"态度"和"动机"普遍不高。学生总体学习态度不够端正,对自己的学习责任感不够强。但"时间管理"与"焦虑"水平较高,即学生对时间的管理水平和焦虑缓解能力较强,这恰是公安类专业人才所需要的基本素质。

2. 中国人民公安大学的学生在"态度""动机""专心""选择要点"和"考试策略"等参量上明显低于地方三所高校的学生,而中国人民公安大学的学生在"自我测试"参量上明显高于地方三所高校的学生。说明中国人民公安大学的学生自我测查的水平和能力比其他三所院校的学生高,具备警察自律性与自控性的素质要求。

(二)云南警官学院学生学习状况调查 ①

胡争艳系云南警官学院教师,2018年对云南警官学院297名在校公安专业(172名)和非公安专业(125名)本科学生用纸质问卷方式,针对英语学习进行了调查并分析。英语课程学分最高,是毕业和获取学位必须通过的课程,有硬性通过指标,它与警体体能项目课程类似;英语课程属于语言类课程,与大学语文同属语言类,并与公安业务中的语言交流能力相关;英语课程又是技能型课程,听说读写能力都需要反复练习才能提高。以学生英语学习的状况折射学生的学习总体状况,增强了针对性,缩小了思考和归纳范围,有利于回答的准确度。

调查问卷共分13个英语学习动机因子板块,62个提项,涉及内因、外因、教学、竞争环境、焦虑情绪等。调查问卷运用SPSS 22.0软件进行了孤立性以及相关性数据分析,问卷整体信度达到0.848,说明问卷具有较高的可靠性。

---

① 胡争艳、王飞达:《公安院校学生英语学习动机调查与分析:以云南警官学院为例》,《云南警官学院学报》2018年第3期。

统计分析结果显示,13 种学习动机类型的重要程度按照得分高低排序,得分较高的学习动机因子分别是外部动机因子、教学因素因子、学习竞争环境因子、内部动机因子、学习焦虑因子、家长鼓励动机因子。由此可知:其一,外部动机高于内部动机,学生认识到英语在以后的工作中作为工具有用或是出于某种压力被迫学习;其二,教学因素在学生英语学习中具有重要的地位,教师教学水平的优劣直接影响学生学习的动力,其责任重大;其三,竞争环境对学习也有很大的动力,"奖优罚劣"政策发挥了重要的作用。

问卷分析结果表明:非公安类学生对英语有学习的意愿,态度认真、行为勤奋且学习内部动机显著,更希望通过英语学习提升自我的语言表达能力和交流能力;非公安类学生有找工作的压力,希望通过英语学习在未来找到好工作的愿望更加迫切和强烈,表现在英语学习方面的融合型动机更加显著;家长对非公安类学生英语学习的鼓励动机更为显著,非公安类学生感受家长的期望和关爱更为强烈,不辜负家长的愿望更为强烈;与非公安类学生相对,公安类学生英语学习的学习焦虑动机更为显著,专业的相对优势,就业的相对稳定,使公安类学生对英语学习的不安和焦虑情绪反应更强烈。

三、线上课程调查

首先公安业务课程存在涉密内容,不宜通过外网进行传输和播放;其次公安网目前尚不具备海量视频数据流畅播放条件,所以公安业务课网上教学局限于本校园内,是在实体教学的同时,开展网上教学,形成线上线下混合教学的模式,这种教学模式很难单独调查线上教学的效果。

2020 年初,突如其来的新型冠状肺炎病毒疫情迫使各个学校组织各门课程按照教学计划开展网络教学。学生在家中,按照学校要求在线上听课并完成各项教学任务,学生们完全处于自主学习状态,这最能反映教师线上教学效果和学生线下学习状况。

(一)学习态度

2020 年 4 月下旬,某公安院校学生返校,开始正常教学。为了了解学生网络教学的情况和学习效果,课题组对 5 个区队的全体学生,共计 242 人,在上课前发放调查问卷,课堂作答,回收有效问卷 239 份。调查问卷针对"公共安全管理"课程的网络学习情况,分为 4 个维度,即"听课按时度""听课专心度""讨论参与度"和"学习效果自我评价",详情见表 4-1 至表 4-4。

表4-1 学生按时听课情况调查统计表

调查内容	人数	占比/%
大多数网课按时上下课人数	45	18.86
约半数网课按时上下课人数	48	20.1
少数网课按时上下课人数	146	61.1
大多数网课存在中途离席现象人数	88	36.84
约半数网课存在中途离席现象人数	117	49.0
少数网课存在中途离席现象人数	34	14.2

表4-2 学生听课专心度调查统计表

调查内容	人数	占比/%
大多数网课全程专心听课人数	54	22.6
少数网课全程专心听课人数	185	77.4
大多数网课半程专心听课人数	72	30.1
少数网课半程专心听课人数	83	34.7
大多数网课几乎未专心听课人数	26	10.9
少数网课几乎未专心听课人数	68	28.5
大多数网课进行了重复观看人数	43	18.0
少数网课进行了重复观看人数	145	60.7
所有网课均未重复观看人数	51	21.3

表4-3 学生参与问题讨论情况调查统计表

调查内容	人数	占比/%
所有讨论全程参与或观看人数	3	1.26
约60%讨论全程参与或观看人数	31	13.0
低于20%讨论全程参与或观看人数	84	35.1
参与讨论发言10次以上人数	1	0.42
参与讨论发言1次至9次人数	46	19.2
观看但未发言人数	49	20.5
所有课程发言频次基本均等人数	0	0

表 4 - 3(续)

调查内容	人数	占比/%
3门课程发言频次较高人数	5	2.09
2门课程发言频次较高人数	12	5.02
1门课程发言频次较高人数	30	12.6

表 4 - 4 学习效果自我评价调查统计表

自主学习效果	很好	较好	一般	不佳
人数	3	37	78	121
占比/%	1.26	15.5	32.6	50.6

以上问卷均采用不记名填表形式。

(二)作业完成质量

"公共安全管理"网络课程共布置两次作业,内容均较为简单,作业量也不大。第一次作业是1个论述题,网上按时提交作业人数占总人数的30.7%,第二次作业是30个选择题,网上按时提交作业人数占总人数的68.3%。

课程组教师对提交的网络作业进行了评阅。论述题中,概念部分的表述正确和完整,大多数是从网教平台资料中复制下来。论述题中的分析部分阐述的较为简单,主要局限于表象分析,不够全面,缺乏深入思考。解决问题的措施部分,只有少数学生观点鲜明、论述充分、层次清楚,逻辑关系正确。多数学生前后阐述的内容对应关系差,针对性不强,逻辑关系较为混乱。说明这些学生措施方面的表述来源于其他论文或报道,是截取了别人文章中的措施部分,未经思考便直接粘贴到作业中。由于每篇文章都有自身的逻辑关系,措施应针对前面提出的问题以及原因分析等内容,形成呼应。所以如果是不同文章的简单拼凑,必然存在逻辑关系的混乱。多数学生作业中逻辑关系的混乱,只能说明作业不是自己思想的表达,仅仅是资料的堆积,反映出学生做作业的态度不认真。态度不认真,严重影响执行效果,作业对教学内容的复习、巩固、训练思维、提高分析能力等方面的作用大打折扣,难以达到预期的效果。

选择题作业,正确率较高;而分散于不同章节内容中的答案,需要学生比较和归纳的选择题,正确率相对较低。由于作业量不大且完成时间宽裕,故出题时,综合类选择题的占比较重。出题意图是希望学生能够全面掌握教师所讲授的内容,能综合运用知识,进行分析和判断,但并未完全达到预期目标。

(三)学习效果

在学生完成调查问卷后,5 个区队统一时间,以闭卷考查方式对网络教学内容的掌握情况进行了一次考试。考查选择了"公共安全管理"课程,考查题目有单选题 5 题,每题 1 分,共 5 分;多选题 5 题,每题 2 分,共 10 分;名词解释 3 题,每题 3 分,共 9 分;简答题 2 题,每题 6 分,共 12 分;论述题 1 题,14 分;全卷共计 50 分,考查时长 50 分钟。考查卷中,基本概念、基础知识占 60%,主要存在于单选题、名词解释和简答题中;综合知识占 20%,主要存在于多选题中;知识运用占 20%,只要存在于论述题中。试题难度不高,大多数内容在网课上和学习资料中有直接表述。

试卷分析表明,单选题得分率最高,达 79%;多选题得分率最低,达 32%;其他项目得分率基本相当,分别是名词解释 54%、简答题 47%、论述题 41%,不及格率较高。

四、调查情况的综合分析

虽然三种形式的调查样本量都较小,难以全面反映公安院校学生的学习状况,且调查结果存在一定差异,但综合分析仍然可以得出以下结论。

(一)应减少居家式网上教学

首先是正常的学习秩序难以维持。如表 4 – 1 所示,学生上课秩序不佳。按时上下课的不足 20%,课程中途未离席的仅 10%,完全遵守课堂作息制度的人员十分少。居家自主学习虽然同学间没有了相互干扰,但也没有了相互监督,缺乏学习氛围,完全依靠学生自觉。公安高校在校期间实施准军事化管理,这对学生遵守教学秩序十分有利,尤其在学校教室内上课,几乎没有迟到、早退和中途离席等现象。长期的准军事化管理,形成了依赖管束的习惯,但在家中,没有监管和约束,只有少数纪律意识固化了的学生,能自觉做到按时上下课,中途不离席等。所以,网络教学作息制度的遵守情况堪忧。

其次是学生网课授课期间的专心度不够。如表 4 – 2 所示,大多数网课全程专心听课人数仅占 22.6%,即大部分的学生都没有全程专心听课,即使半程专心听课的人数也只有 30.1%,全程未专心听课的人数高达 40%。在网课授课期间离席率高达 80% 的情况下,学习态度认真的人会复看网课,完备听课内容,但重复观看网课的人数仅占 18%。对于网络教学速度较快,知识点没有重复巩固的内容,多次重复观看十分必要,不然难以掌握知识点。

其三是学生思维活跃度不高。如表4-3所示,参与问题讨论的人数不多,且积极性不高。8周的"公共安全管理"课程网上教学,网络播放频次超过20次,开展讨论的次数也超过10次,但"冒泡"人数仅占20%,总计发言102人次,人均0.4次。从发言次数看,数量少,说明学生的思维活跃度不高;从发言内容看,附和性发言数量较多,虽然也表明了自己的观点,但对知识的理解和掌握,作用甚微。

其四是学生提交的网络作业质量不高。一是数量不足,第一次按时提交作业的人数仅占30.7%,第二次虽有提高,但也只有68.3%。由于网络作业提交时间限定严格,逾期便不能上交,疫情网教第一次实施,许多学生在缺乏紧张学习氛围的情况下,很容易就错过提交时间。二是质量不高,从质量分析的结果可以看出,学生对作业的重视程度不够,敷衍了事的态度占据主导地位。网络发达的时代,资料丰富,但需要筛选、比较和加工,并通过自己的思考,转化为自己的知识。但通过作业答题反映出能够自主加工网络资料和知识,并转化为自己知识的学生,数量不多。

其五是学生网上学习的效果堪忧。返校后的网上学习效果卷面考查结果的分析反映出,学生对知识点的记忆较为模糊,单选题具有提示作用,根据印象进行比较,正确度基本符合要求,但主观题则不能完整准确地表达。名词解释和简答题主要是理解记忆,答题的正确率较低反映出学生对知识的理解不深不透;论述题是考查综合分析问题和解决问题的能力,答题正确率较低反映出学生对知识点的逻辑关系不清晰,知识点缺乏相互联系的认知,导致综合分析能力较弱。

其六是实训项目未能开展。公安业务操作性较强,实践性教学不可忽视。网上教学没有实物和可供操作的平台,缺乏针对性的操作指导。所以网上实践性教学的难度较大,在突如其来的新冠疫情面前,准备不足使实践性教学未能开展。

网上教学效果不佳主要有以下原因。一是学生不适应网上教学。长期以来,网上教学都是处于辅助地位,作为课堂教学的补充,供学生复习之用。以视频为主体的网上教学形式,学生还不适应。二是现有网上教学的主要视频是微课群,"微课"的核心组成内容是课堂教学视频(课例片段),主要针对学生难以理解的、难以掌握的内容或重点,缺乏系统性,并不适合完全没有教师引领的学生进行自主学习。三是网上教学组织不力。网上教学的组织与管理不同于传统教学的组织与管理,网上参与讨论、答疑等都是传统教学管理环节所不曾有的内容,尚无合适的管理方法与工作量计算方法,教师的工作缺乏合理公正的评价,影响教师参与的积极性。四是对学生的学习状况监督不力。由于居家网课没人直接监督,学习过程缺乏监督,所以学生在网上学习过程中没有听课压力、提问压力,且缺乏监督,影响教学质量。五是难以开展实战化教学。虽然可以有演示教学,但对于复杂的动作或操作,仅靠观看视频难以学会、做好,况且在没有实物的条件下,难以进行培养。六是学生自我评价不高。如表4-4所示,绝大多数学生认为网上教学效果一般或较差,这说明学生并不认可网上教学主体形式。由于网上教学是新鲜事物,在发展初期难免出现问题。所以它需要改变知识点的展示方式、教学方法、监督方式、考核方式、答疑讨论方式等,尤其是实战化教学在网上顺利开展仍有很长的路要走。

(二)公安院校学生学习动力不足

与地方院校相比较,公安院校的学生学习动力不足的关键是就业压力不大。为保障公安专业的毕业生少流入社会,采取了"订单式"招生方法,按照工作岗位需求确定招生人数,预先设定的淘汰率不高,竞争不是十分激烈。其次是公安专业对技能要求较高,也是学生的兴趣点,且技能涉及自身的安全和工作任务的完成,属于显性职业素质,而知识是内在的,属于隐性职业素质,通常人们对显性素质的重视程度高于隐性素质。再次是在校期间学生的各类活动较多,缺乏稳定的学习秩序和浓厚的学习氛围。

(三)公安院校学生学习方法有待调整

学生的学习效果与学习方法或学习"谋略"密切相关。公安院校学生对知识的学习兴趣不高,动力不足,直接影响到学习方法的科学性和有效性。部分学生习惯于中学做作业的学习方式,以完成作业代替研读教材和教辅材料。大学作业量较小,以作业掌握知识的方式,使知识的掌握碎片化,知识点之间缺乏联系。大学阶段的学习完全不同于中学,不属于应试教育,属于能力培养。教师在学生学习方法的引导上有责任和义务,教学不仅仅是传授知识,更重要的传授学习方法、思维方式。

(四)公安院校学生自学能力有待提高

面对知识"爆炸"时代,知识的扩充呈现指数级上升。在校期间所授知识容量小,且停留于固定时期,而学生毕业后的工作时间漫长,在校所学知识完全不足以满足毕业后的工作需要,自学能力是大学阶段重点培养的能力。自学能力的培养依赖于自身的学习动力,需要通过自主学习逐步实现。但目前部分公安院校的学生缺乏自主学习的动力,处于被动式的学习状态,自学能力有待提高。

第二节 学生警察职业素质的养成

调研中虽然没有对学生的职业素养进行直接调查,但从访谈和问卷中可以隐约感到学生的警察专业素养还有提升的空间。学生职业素质的养成涉及学习动力的激发,学习方法的掌握,自学能力的提升以及技能掌握的效果,它们都具有基础性。

一、警察职业素质的内涵

(一)核心——政治素质

公安机关是人民民主专政的重要工具,政治素质是其核心,而忠诚是政治素质的第一要义。新时代的人民警察必须具备忠于党、忠于祖国、忠于人民、忠于法律的遵循和信念,切实贯彻习近平总书记对新时代公安工作的要求,"对党忠诚,服务人民,执法公正,纪律严明",不断增强"四个意识",坚定"四个自信",做到"两个维护",始终在思想上、行动上与党中央保持高度一致,严格贯彻落实党的路线方针。牢固树立正确的理想信念是奋发学习、努力工作动力的源泉,是自觉提高业务素质、法律素质、文化素质、身体素质的力量源泉。

(二)专业要求——业务素质

业务素质是从事公安工作的专业要求。人民警察既要处理刑事案件,也要处理治安案件;既要管理常住人口,也要管理流动人口,还要管理外籍人口;既要保障人民生命财产安全,也要维护社会正常的生产生活秩序;既要打击罪犯,又要服务人民等。公安工作的触角遍布社会各领域、各行业,需要广泛的知识和特殊的技能,而每一类知识和技能的获取都需要长期的学习和训练以达到专业的水平,才能胜任某一方面的公安工作。同时,公安工作主要依靠团队协作,团队协作又需要相互了解协作方的工作性质和基本内容,即了解公安各专业的基础知识。因此,公安业务素质是"广与专"的结合,是"通识与专有"的结合。

(三)执法要求——法律素质

法律是"双刃剑",既约束别人,也约束自己。公安工作的主体是执法,必须精通各项法律,学会依法办事、合法办事。要做到执法不越界、守法不触线,学生在校期间,务必要学习好各项法律,不断提高法律素质,从法律条文中获取知识,为以后的公安工作奠定坚实的基础,维护法律的权威,做公平正义的"维护神"。

(四)交流要求——文化素质

文化素质是人们在文化方面所具有的较为稳定的,内在的基本品质,表明人们的知识与之相适应的能力行为,情感等综合发展的质量、水平和特点。文化是一种精神力量,它能感染与之接触的群体。公安队伍是一支有着光荣传统和优良作风的队伍,也是一支英雄辈出、正气浩然的队伍,是新时代奉献最大、牺牲最多的一个群体,她具有优秀而独特的文化积淀。警民是鱼水关系,人民警察的服务对象是人民,维护社会安全的主体也是人民。作为社会安全的主导者——人民警察与广大民众的联系与交流的质量是做好公安工作的关键,所以人际交流中文化素质起到十分重要的作用。

(五)行动要求——身体素质

警察是打击犯罪的利刃,是人民安全的保护神,是经济建设的保驾护航者。公安工作是一项高强度的、繁杂的、危险的、以室外警务为主的工作,它要求一名合格的人民警察要具有优良的身体素质。近几年来,冲突事件频频发生,也有不少战友因长时间的工作和过高的压力牺牲在岗位上,让我们感到痛心和惋惜。因此,预备警官应加强身体素质的锻炼,同时提高心理素质,有了好的身体素质才能应对繁杂、高强度的工作,高质量地完成任务[①]。

二、思政教育

"政治建警"是公安建设的首位要求,思想政治教育在政治建警中属于显性教育,对于学生树立正确的思想观念有着首要作用。确定正确的思想观念是警察职业素质养成的基础,但是警察职业素质的养成又是多维度的,既有高维度的理想信念,也有低维度的意识观念。低维度的思政教育需要载体,选择适当的载体,易于将思政教育落到实处,"事业教育"则是思政教育促进警察职业素质养成的良好载体。

"职业"是人在社会中所从事的作为主要生活来源的工作。"事业"是人所

---

① 胡博闻:《公安院校预备警官警察素质培养教育研究》,《科教导刊》2019 年第 7 期。

从事的具有一定目标、规模和系统,对社会发展有影响的经常性活动。事业具有终身性,职业具有阶段性。职业收益是对工作伦理规范的认同,如自己从事了某项工作,获得了一定报酬,工作伦理规范则要求其尽心尽力完成相应的职责,讲究付出与获得报酬匹配,因此,职业通常作为人的谋生手段。而事业则不然,它是自觉的,是由奋斗目标和进取心促成的,是愿为之付出毕生精力,甚至生命的一种追求。

工作是作为谋生的手段,还是作为终生奋斗的事业,其成效与结果会有天壤之别。如果把工作当成事业,则将胸怀壮志,工作中必然会渗透着一种激情,具有"想干事、会干事、干成事、干好事"的理念;具有面对机遇,敢于争先;面对艰难,敢于探索;面对落后,敢于奋起;面对竞争,敢于创新的勇气。正所谓"道虽迩,不行不至;事虽小,不为不成"。作为一名警察,不能仅凭一腔热情干工作,还要会干工作,要把想干的事干完,把会干的事干好,这才是把工作当成事业的要义所在。

当我们把工作当成为之终生奋斗的事业来做的时候,我们才会把自己的注意力全部放在工作上,这样才能最大限度地激发我们自身的潜力和才能,才会追求极致,不做表面文章;才会深入思考,找出解决工作中出现问题的最好办法;才会不断推陈出新,做出新的成绩,充分展示我们自己的能力和水平。

如果一个人把工作当成职业,他就会评价自己的付出与收益是否平衡。如果认为没有从中获得较多的好处,就会以应付的心态对付工作,只求表面上完成,暂时不会发现存在的问题,不求把工作做到最好。公安工作的性质决定其工作目标的实现不能立竿见影,它需要经过长期的努力才能实现。灾难性案件具有偶发性,存在各种各样诱发因素,有些诱发因素很难短期防范,这为推卸责任提供了借口。因此,只有将公安工作当作事业才能做好。

当一个人把公安工作当成事业,需要甘于寂寞,容忍工作中的压力与单调;需要我们加倍付出,以苦为乐,甚至放弃个人娱乐和休息的时间;需要敢于面对世俗的眼光,敢于面对别人的冷嘲热讽。心系人民,感到为人民服务无上荣光,就会时时为自己助威、呐喊和加油,就会从工作中获取使命感和成就感。事业教育是一项长期的教育工作,也需要全员、全程、全方位教育。共产党人和公安干警为了人民和国家安全奋斗牺牲的事迹不计其数、可歌可泣。弘扬身边为公安事业不懈奋斗的事例,以榜样的力量感染学生、教育学生、带动学生等,培养学生的政治素质。

三、专业教育

专业素质是从事社会职业活动所必备的专门知识、技能,主要包括三个方面:扎实的理论基础、熟练的专业技能、全面的业务能力。警察专业素质的养成首先需要"厚基础、宽口径"以夯实学生基础理论知识的根基,并全面了解职业知识和技能,为特殊专业技能的灵活运用奠定基础。其次是强化专业知识运用和技能训练,一是体现学校保障功能,完善各种设施和条件;二是发挥教师的主导作用,设置课程、项目,引导学生完成各项活动和训练;三是突出学生主体地位,使其全面掌握专业知识、熟练掌握操作要领、具备分析问题和解决问题的能力。专业素质是警察职业素质的重要方面,对于警察职业素质有其独特的地位。

法律素质教育是法学理论和法律知识的传授,是培养学生的法律素养,是对学生运用法学理论、法律知识解决实际问题能力的培养,还是思想与观念的培养。公安院校应以执法职业的特殊属性为出发点,彰显其专业的学术性和职业的实践性,其内容主要包含法律文化、法律思维、法治信仰与法律精神,法律意识、法律伦理、法律语言、法律方法、法律解释等。

公平正义是司法工作的生命线,司法机关是维护社会公平正义的最后一道防线。政法战线应以实际行动维护社会公平正义,让人民群众切实感受到公平正义就在身边,体现"促进社会公平正义"的核心价值追求。社会公平正义存在两个不同层面的理解:一是从社会层面上看,公平正义的实现要求政法工作必须始终立足于对人民群众合法权益的保护,助推社会治安综合治理、遏制严重刑事犯罪高发态势、惩治各种损害人民群众合法权益的违法犯罪行为、维护社会的和谐稳定、保障人民群众安居乐业;二是从个案层面上看,公平正义的实现要求政法工作立足于具体案件,强化自身权力监督,"打铁还需自身硬",杜绝冤假错案的发生。就警察执法或司法而言,无论社会层面还是个案层面正义的实现都很大程度依赖于警察的法律素质,个案层面更直接要求警察的专业法律素养达到一定水平,没有个案的正义也无法实现社会正义。

法的内在价值就蕴含着对公平正义的追求,警察的法律专业素养高低决定了其实现行政执法、刑事司法的公平正义程度。对于执法者的警察,法律素质是现代社会治理的基本要求,是履行警察职责必须具备的基本条件。它以法律知识、知识结构、法律观念和法律信仰为警察法律素质的基础,其中,法律观念是警察法律素质的核心,而法律信仰是法律素质的灵魂。践行能力是警察法律素质的归宿,其应围绕公安工作的现实需要,瞄准实战中最需要解决的问题,注重实战训练的运用,切实提高公安民警的实战能力。

对于即将从事执法工作的预备警官来说,法律素质是不可或缺的基本素质。公安院校大多专业与法律学科有着密不可分的联系。事实证明,只有公安专业知识和技能而缺乏足够的法律知识将无法胜任公安工作。公安院校的法学教育应有自己的侧重点和特色,特别是对公安院校非法学专业,例如刑事侦查、治安管理、经济犯罪侦查、缉毒、交通管理等专业的学生而言更是如此,这些专业与法学课程的联系极为紧密。

对于侦查学专业的法律教育,着眼于刑事案件定性、立案、审查、刑事强制措施适用条件、证据搜集和保全、移送审查起诉等内容;对于治安学专业,着眼于行政法与行政诉讼法学中的案件定性、立案、审查、证据搜集和保全、行政处罚和行政强制措施的适用、案件复议、行政诉讼、国家赔偿等内容。公安院校对民法、经济法在警察执法办案过程中尤其是涉嫌经济犯罪案件处理十分重要,不能留于浅层次。民法理论在其完善发展过程中,已显示出对警察权越来越大的制约,没有相应的民事法律知识,就无法正确理解私权,也无从理性地认识警察权的边界。民法知识与理念有助于对公安法学相关概念和制度的融会贯通,例如对《治安管理处罚法》规定的公民行为能力、监护人等概念的理解和适用。又如没收财产、追缴第三人占有的赃物的认定、处理,都涉及物权的遵守;警察对某些特殊民事活动如车辆、船舶交易、私房租赁和特业经营等享有直接的管理权,这些法定职权的正确行使,也需要相关的民法知识;警察依法有权对轻微刑事案件、治安案件和民事纠纷进行调解,而调解需要运用的法律、方法与婚姻法、合同法、物权法等民法知识直接相关,必须夯实民法、经济法等基础法律知识[①]。

四、警务化管理

2019 年 5 月 15 日实施《公安警察院校警务化管理规范》(DB33/T 2202—2019)中警务化管理的定义是:依据有关条令、条例和规定,建设符合警务特点的工作、学习、生活秩序,对全体人员实施教育、训练、规范和协调的活动过程。

警务化管理的定义可以理解为,公安警察院校围绕其培养目标,根据公安警察院校正规化、专业化、职业化建设的要求,依据人民警察的有关条令、条例的规定,遵循"对党忠诚、服务人民、执法公正、纪律严明"的总要求,实施有目

[①] 李红:《公安院校法律素质教育再思考:以非法学专业法律课程为视角》,《中国法学教育研究》2014 年第 4 期。

的、有计划、有组织的指挥、协调和控制的活动。通过这种活动,形成一种团结、规范、有序的警营校园氛围,促使学生思想警务化、作风战斗化、生活制度化、内务标准化,保证以教学为中心的各项任务的顺利完成,以达到把学生培养成为有理想信念、有道德情操、有专业知识、有严明纪律的全心全意为人民服务的公安民警的目标 ①。

学生素质教育离不开科学的管理,尤其是公安院校特殊的培养目标决定了公安专业学生素质发展的独特性,对学生个人素质的要求更加严格和专业,因而警务化管理对良好行为习惯的养成和对警察职业素质的培养十分重要。

思想意识与行为习惯是作用与反作用的关系,思想意识决定行为习惯,但有时行为习惯也可以决定思想意识。警务化管理从表面上看是对学生言行举止行为的管理,以达到警务化管理标准的要求。但无数次反复的重复行为就成了习惯,心理学研究证明,习惯左右人的思维方式、观念,成为"下意识",甚至可能成为牢不可破的信念。"习惯成自然",自然的行为实际上是意识的体现。可见,按照警务化管理的要求形成的习惯,对于警察职业素质的养成有着重要的作用。

五、人文素质

警察首先是本体的人,才是职业的人。作为本体的人应该符合新时代的要求,以及社会发展的要求;作为职业的人应具备各种职业能力,符合职业素质要求,胜任本职工作。

首先,现代人文素质在人才素质结构中具有重要的地位和价值,它是情感教育,陶冶情操,培养人文精神;它是爱国主义教育,根植对国家、对民族、对社会、对人生、对自然的高度责任感与光荣使命感;它是思想教育,牢固树立对祖国、对人民、对现实社会、对未来人生、对浩瀚自然的亲近感和高度责任感,提升精神境界;它还是孕育创新的源泉,现代科学技术发展史已经证明,人类的原创性思维来源于对自然界的灵感顿悟、恍然,来源于历史保留的灿烂的文化基础教育。大学阶段的学生处于身心成熟期,思想和认识上容易受到社会的影响,是人生观、价值观形成的重要时期,系统地进行哲史地、道德、文学、艺术等缄默性知识的体验性学习,提升审美、道德、群体和国家观念等,使人"德建名立,形端表正",人文素质的培养非常必要。学警是将来重要的社会管理者,文化陶冶

---

① 李建宁:《编制公安警察院校警务化管理标准的若干思考》,《公安学刊(浙江警察学院学报)》2019 年第 3 期。

更加重要,每一名警察都是政府形象的代表,都是"正能量"的传播者,必须帮助、促进和培养学警正确理解经历史检验的、受到人类崇尚的、无比高尚的人文理想和人文精神,增强对"负能量"的抵制能力和纠错能力,体验、享受和传承人性的美好。

其次,人民警察除应具有较强的专业技能和扎实的专业理论知识之外,还应具备较高的文化素质和人文知识储备,这是新时代社会管理的需要。警察职业与社会人打交道,必须具备社会活动、人际沟通、开拓创新、听说读写、认识理解、心理矫治、教育改造、管理指挥、语言表达、调查分析以及组织领导和管理等与人文素质相关的能力;还需掌握司法口才、形式逻辑、大学语文、大学英语、职业道德等公共基础知识,掌握心理咨询、监所管理、矫治教育、教育改造、队列指挥等职业基础知识,掌握公安学、司法学、犯罪学等职业技术知识,这些知识或多或少与人文素质有关,提升人文素质可以促进警察职业素质的养成。

第三节　学生学习动力的培植

一、树立正确的学习观

伟人无不注重学习。《论语》开篇是"学而篇",第一句话则是"学而时习之,不亦说乎?"孔子曾说:"吾尝终日不食,终夜不寝,以思无益,不如学也"①。《荀子·劝学篇》脍炙人口、《师说》"劝学解惑",《劝学》诗则发出"何不趁青春年华刻苦奋发"的呐喊;马克思说:"人只有为同时代人的完美、为他们的幸福而工作,自己才能达到完美。如果一个只为自己劳动,他也许能够成为著名的学者、伟大的哲人、卓越的诗人,然而他永远不能成为完美的、真正伟大的人物。"②列宁对青年们说:"共青团的任务,可以用一句话来表示:就是要学习。"③他在社会转折期,强调指出:"我们应当学习。我们现在刚刚有了学习的机会。我不知道这个机会能够保持多久,我不知道资本主义列强能让我们安心学习多少时候。但是,只要不打仗,没有战争,我们就应当利用每一个机会来学习,而且要

---

① 杨伯峻译注《论语译注》,中华书局,1980年第168页。
② 《马克思恩格斯全集(第40卷)》,中共中央马克思恩格斯列宁斯大林著作编译局译,人民出版社,1995。
③ 《列宁选集》第4卷,中共中央马克思恩格斯列宁斯大林编译局编,人民出版社,1972年第344页。

从头学起。"① 他在 1922 年 11 月召开的共产国际第四次代表会上的报告中又强调"我们今天最重要的任务就是学习再学习。"②

毛泽东同志常说:"我一生最大的爱好是读书。""饭可以一日不吃,觉可以一日不睡,书不可以一日不读。"他认为,"有了学问,好比站在山上,可以看到很远很多东西。没有学问,如在暗沟里走路,摸索不着,那会苦煞人。"1939 年 5 月 20 日,毛泽东在延安在职干部教育动员大会上向全党要求:学习一定要学到底,学习的最大敌人是不到"底"。毛泽东孜孜不倦地读书学习,是他成为伟人、做出丰功伟绩的先决条件之一。在数十年的读书生涯中,毛泽东积累了渊博的学识,也有着丰富的学习经验。毛泽东常常论及读书与学习,其相关思想非常丰富,主要论点概括为:一是学要胜古人,二是积学贵有恒,三是书要反复读,四是广收博览,五是系统钻研,六是勤动笔墨,七是学思结合,八是不闭门求学,九是学离不开问,十是要善于挤和钻,十一是学而不厌、诲人不倦,十二是学习的目的在于应用③。

"学者非必为仕,而仕者必为学。"(《荀子·大略》)习近平总书记强调,党员、干部学习不仅仅是自己的事情,更关乎党和国家事业发展。他说,"事业发展没有止境,学习就没有止境",强调要"坚持学习、学习、再学习""好学才能上进"。习近平总书记指出:"青年是苦练本领、增长才干的黄金时期。"④新时代的中国青年人要加强学习的紧迫感,努力学习马克思主义立场观点方法,科学文化知识和专业技能,加强对传统文化的了解,加强对国家历史的认识,树立青年学生的文化自信,刻苦学习,增长知识,提升素质,牢固学习根基,开拓才能,勤于学习,把所学的知识内化为自己的见解。要在实践中学习,在实践中形成新的知识,在实践中创造性的发展理论,承担起广大青年学生应当承担的社会责任,把自身学习与时代和社会发展联系起来。

"少而好学,如日出之阳"⑤,青年人处在学习的黄金时期,人生积累阶段,需要像海绵吸水一样汲取知识。广大青年抓学习,既要惜时如金、孜孜不倦,下

---

① 《列宁选集》第 4 卷,中共中央马克思恩格斯列宁斯大林编译局编,人民出版社,1972 年第 670 页。

② 《列宁选集》第 4 卷,中共中央马克思恩格斯列宁斯大林编译局编,人民出版社,1972 年第 670 页。

③ 姜韦:《毛泽东学习观对当代大学生"三成"实现的启示研究》硕士论文,南昌航空大学思想政治教育专业,2016。

④ 习近平:《在纪念五四运动 100 周年大会上的讲话》,《人民日报》2019 年 5 月 1 日。

⑤ 刘向:《说苑校正》向宗鲁校正,中华书局,1987 年第 124 页。

一番心无旁骛、静谧自怡的功夫，又要突出主干、择其精要，努力做到又博又专、愈博愈专。特别是要克服浮躁之气，静下来多读经典，多知其所以然[①]。把学习作为一种责任，一种精神追求，一种生活方式[②]，树立终身学习的思想。加强广大青年学生的学习，有利于帮助他们树立正确的人生观、世界观和价值观，有利于培养他们的文化自信，有利于实现中华民族伟大复兴中国梦。青年是国家的希望，民族的未来，在社会发展中起着重要的作用。青年是国家的栋梁之材，青年学生只有不断地学习，才能使自己不断地发展，提升自身的素质和本领，才能更好地推进中华民族伟大复兴中国梦的实现。在习近平总书记的心中，全面从严治党没有止境，党员、干部加强学习也永远在路上[③]。领袖与伟人的学习观念和行动是典范和榜样，对促进学生树立正确学习观有着重要的作用。

二、培养学习兴趣

兴趣也称兴致，是对事物喜好或关切的情绪。心理学认为兴趣是人们力求认识某种事物和从事某项活动的意识倾向，它表现为人们对某件事物、某项活动的选择性态度和积极的情绪反应。兴趣可以提升人的注意力，产生既愉快又紧张的心理状态还能明晰学习目标，提升其主动性，增强克服困难的能力，并体验成功的愉悦。孔子曰："知之者不如乐知者，乐知者不如好知者"。唐杜甫《西枝村寻置草堂地》诗："从来支许游，兴趣江湖迥"。《二刻拍案惊奇》卷十二："大觥连饮，兴趣愈高"。宋严羽《沧浪诗话·诗辩》："诗者，吟咏情性也。盛唐诸人惟在兴趣，羚羊挂角，无迹可求"。元辛文房《唐才子传·张志和》："自撰渔歌，便复画之，兴趣高远，人不能及"。近代物理学之父爱因斯坦说过："兴趣是最好的老师"。著名心理学家瑞典皮亚杰说："所有智力方面的工作都依赖于兴趣。"可见，成功者都将兴趣作为学习的第一要素。

学习兴趣能使学生对各种现象和问题会产生探究心理。学生会在学习过程中倾注热情，让自己兴致高涨，甚至会对所学知识迷恋不舍；在学习后，他会产生满足感，感受"书中自有颜如玉"，体验美妙的情境，觉得"书中自有黄金屋"，收获欢快、惬意的心情。书可以成为他的良师益友，启迪思维、探索未知，并由此产生人才成长的"起点"。

[①] 习近平：《在中国政法大学考察时的讲话》，《人民日报》2017年5月3日。
[②] 习近平：《2013年青年节在同各界优秀青年代表座谈时的讲话》，《人民日报》2013年5月5日。
[③] 李菲菲：《习近平的学习观研究》，硕士论文，河北大学马克思主义基本原理专业，2019。

兴趣与收获相辅相成。学生对某一学科有兴趣,就会持续地、专心致志地钻研它,在兴趣的驱使下会从不同角度思考问题,从而查阅其他书籍或资料,这非刻意的行为实际上形成了有效的学习方法。多视角、多渠道地思考有助于问题的解决,一旦问题解决,不仅强化了这种学习方法,还增强了学生的学习兴趣。所以,学习兴趣既是学习的原因,又是学习的结果。

古人云:"教人未见其趣,必不乐学"。作为教师应观察学生的学习兴趣点,调整教学方法或教学内容,提高学生的兴趣。学生对实战化教学兴趣浓厚,这是学习兴趣的培养点,在学生整体学习兴趣水平不高的情况下,发现兴趣点十分难得。把握实战化教学这个兴趣点,不仅对正在进行的教学活动有推动作用,还有可能引导学生深入钻研,开展创造性的学习,激发创新思维。

由于目前高质量实战化教学内容的课程数量不多,并且在较大程度上学生对实战化教学感兴趣是因为新鲜。兴趣的形成需要经常、反复的刺激,不断强化兴趣感,使之成为稳定的兴趣,但新鲜感不具有长期性,易于衰减,维持和增强兴趣,必须依靠精彩的内容,所以教师在培养学生学习兴趣方面的地位十分关键。

由此可知,学习兴趣是在学习、活动中发生和发展起来的,同时又是认识和从事活动的巨大动力。学生一旦对某事物有了浓厚的兴趣,就会主动地去求知、探索、实践,并在其过程中产生愉快的情绪和体验。在这一过程中,智力得到开发,知识得以丰富,眼界得到开阔,并会使人学习去适应环境,对生活充满热情,形成积极向上的品质,促进人才的形成。因此,古今中外的教育家无不重视兴趣在智力开发和人才培养中的作用。

三、化压力为动力

很多人学习时会感到压力,面对学习压力,最好的方法是积极应对压力,变压力为动力。

(一)压力变动力的意义

人无压力轻飘飘,井无压力不喷油。压力就像火箭里的燃料,推动它冲天直上云霄;压力就像催化活性酶,加速化学反应的进程;压力就像是催化剂,激励着人们奋进前行;压力就像核动力,体积小含能高,持续地输送能源。克里斯托弗·哥伦布迫于生存压力,远航探险,发现新大陆;彼得一世迫于动荡压力,致力于改革,使迎来俄罗斯帝国复兴。

亚洲谚语说:"懒惰没有牙齿,却能吞噬人的智慧""懒惰乃万恶之源"等。

没有压力,就没有紧迫感,学习和工作效率就会降低,就会闲适地活着。而闲适使人懒惰,懒惰使多少富家子弟消沉度日,荒废一生,家道败落,正所谓"富不过三代"。可见,没有压力的人是不会时刻鞭策自己向前走的。

人无压力无作为。人需要一些压力,使其催生勇气,让我们勇敢地面对人生的挫折与困难,不再畏惧,迎难而上,其实"人生路上的困难与挫折是为没有压力的人设置的"。

(二)正确面对压力

压力有益人生,关键是正确地面对压力。面对压力我们应该拿出热情,认真对待,能把压力化为动力的人,是智慧的人。这里讲一个故事:一只老驴,不慎掉入枯井,农民想尽了办法,却无能为力,只能想着埋藏老驴。填土一开始老驴拼命喊叫,可最后它就不出声了。原来,老驴抖落身上的泥土,然后将其踩紧,垫于脚底,最后竟然走了出来;相反,老驴如果面对落下来的填土,消极对待,那只有死路一条。细想这个故事,这下落的泥土,正是压力,而抖落泥土,则是方法。面对压力选择正确的方法,就有可能获得成功。美国盲人作家海伦·凯勒,一岁时双目失明,又聋又哑,为此脾气变得暴躁,但在家庭教师安妮·莎莉文的熏陶教育下,渐渐变了。她利用自己仅有的触觉、味觉和嗅觉来认识四周环境,并开始学习写作。几年后,出版了她的第一部著作《我的一生》,立刻轰动了美国。在她《假如给我三天光明》一书中,更是表达了她的坚韧、乐观向上的精神。当她把失明作为压力时,她感到痛苦和暴躁,当她将压力转化为动力时,生活选择了她。

以上事件告诉我们,一是面对压力时要有一个良好心态;二是面对压力时要迎难而上,不能退缩;三是面对压力时要将其转化为动力,想办法去化解它。总的来说,当一个人面对压力时,不能以客观因素作为借口,这样会消磨自己的意志,挡住智慧的眼睛,要相信"世上无难事,只怕有心人"的道理。

(三)变压力为动力经典案例

变压力为动力的实例很多,以2020年新型冠状病毒肺炎疫情与中国的发展为例,疫情蔓延迅速,对中国来说是考验、是险境,但半年后疫情在我国得到了控制,但在其他国家,由于控制不力,仍然迅速蔓延。

就民族凝聚力而言,这次抗击疫情的胜利大幅度提高了中华民族的凝聚力与民族自豪感。从医护人员前仆后继,到"两座大山"(武汉火神山医院、武汉雷神山医院)拔地而起,人民对于中国特色社会主义制度和中国共产党执政更加坚定不移,并让全世界又一次看到了中国在重大险情时,制度的优越性,中国共产党的号召力,措施落实的快速有效性,中华民族向心力以及宁可牺牲个人利益也要维护集体利益牺牲精神。

就国内社会问题而言,这次疫情提供了很好的舆论引导。对钟南山、李兰娟等无私奉献的老科学家的集中报道,使人们看清,这些人才是中国的支柱,从而产生对支柱的敬仰,树立了正确的价值观;使人们看清,歌星影星救不了中国,有力地冲击了年轻人的盲目追星热潮;这次疫情中,医疗队伍的主力是年轻人,他们用一份份热血的请战书,一张张坚毅的面庞让全世界看到,中国从来都没有"垮掉的新生一代",中国的年轻人大有希望。

就新兴技术普及而言,疫情保持了人们的社交距离,也极大促进了网络数字经济的发展,网课、网络会议、网上办公迅速普及发展;互联网服务行业迅速发展,技术与管理更加成熟;政府主导的网络游戏和娱乐项目代替了社区棋牌室的地位,极大地降低了赌博发生的概率;甚至疫情让一些餐馆提前实施了他们机器人送餐的计划,让一些百货超市提前实现了无人售货计划等。

就国际影响力而言,我国的社会治理成为世界模式;我国积极应对疫情并且捐赠物资,派遣专家远赴各国,帮助全世界抗疫,在人类命运共同体中由边缘逐步走向影响的中心,我国的影响力与日俱增,2020 年我国成为世界上唯一一个 GDP 呈现正增长的国家。

我国近代科学先驱,著名工程师詹天佑,在国内一无资本、二无技术、三无人才的艰难局面下,面对外国人"会修通过关沟段铁路的中国工程师还没有出世呢!"的扬言,詹天佑凭借满腔的爱国热情,顶住压力,毅然受命修建京张铁路,创造性地运用"折返线"原理,在山多坡陡的青龙桥修筑了一段"之"字形铁路,成为中国铁路史上的里程碑。外国工程师赞许说,"或许连外国资深工程师也不能完工"。看来,压力确实起到了很大的作用。

总之,学习的动力主要来源于正确的学习观。学习需要贯穿一生,没有正确的学习观,学习只会表现出阶段性,形成功利性学习,产生浮躁学习心理。学习需要兴趣,兴趣的培养有自我暗示的成分,自我暗示既可以活化兴趣,也可以强化兴趣。学习有压力,有压力才会有动力,有动力才会夯实知识基础,提高职业技能,奠定胜任公安工作的基础。

第四节 实战化教学优化自主学习策略

一、自主学习概念

不同的学术流派对自主学习有不同的认识。

(一)国外学者关于自主学习的论述

社会认知学派代表阿尔伯特·班杜拉从个人行为和环境交互作用的视角来认知学生的自主学习,他认为自主学习行为主要来源于个人的本能、需要、特质等动因,次要来源于外在环境因素,及其交互作用。这一理论十分重视学生的社会交往和认知对自主学习的作用,他认为学生与教师、父母及其他学生的积极交往会极大地促进自主学习能力的形成。

自由意志理论认为自主学习的本质是意志控制过程,高度的自我意识是获取和应用意志控制策略的关键和前提。自主学习过程分为认知监控、情绪监控与动机监控等内隐自我控制过程,以及学习环境中的失误控制与任务控制的外显自我监控过程。内隐自我控制过程,外显会对学生产生持续影响。

认知建构主义学派代表人物约翰·弗拉维尔认为自主学习实际上是元认知①监控的学习,是学习者根据自己的学习能力、学习任务的要求,积极主动地调整自己的学习策略和努力程度的过程,认知水平的提高,对增强自主学习能力极为关键。通过直接教学、采用同伴辅导和学习问题讨论、开展合作学习,以促进学生的自主学习能力提高。

(二)国内学者关于自主学习的论述

孟子曰"君子深造之以道,欲其自得之也。自得之,则居之安;居之安,则资之深,资之深,则取之左右逢其原。故君子欲其自得之也",其意指只有通过自己的学习知识才能领会得深刻,应用起来能够游刃有余,才可能达到高深的造诣。

---

① 元认知,又称反省认知、监控认知、超认知、反思认知等,是指人对自己的认知过程的认知。学习者可以通过元认知来了解、检验、评估和调整自己的认知活动。一般认为,元认知可以由元认知知识、元认知体验和元认知监控三部分组成。其实质是对认知活动的自我意识和自我调节。

叶圣陶先生更是精辟地说道"教是为了不教",其意要充分发挥学生的主体作用,引导学生积极参与教育教学全过程,使学生真正成为探索者、发现者、自觉学习者。

进入现代,我国学者对自主学习达成基本共识:大学阶段应学会自主学习,具备独立探究问题的能力;能对学习知识和解决问题的过程进行自我评判和调控,对知识进行系统的整理;会对已有的知识经验进行反思、质疑,有发散思维和求异思想的意识,能提出自己的独立见解。

归纳起来不难发现,虽然研究者的出发点各不相同,促进学生自主学习的方式存在千差万别,但有共通的内容,如注重教师的引导,注重给学生创设主动、积极的求知氛围;强调学生自己获得知识;教给学生具体的策略,让学生不断尝试;让学生学会自我监控;注重学生的自我评价、反思与自我强化等。

(三)对自主学习概念的界定

以华东师范大学的庞维国教授为代表的新课程研究团队,在美国著名学者齐莫曼自主学习理论基础上,从"维度"和"过程"两个角度界定自主学习。他首先提出自主学习的 3 个特征,即能动性、自控性以及相对独立性,其次是划定了自主学习的边界,他认为自主学习有别于自己学习,自主学习是独立个体学习行为,属于外在形式,一般不具有内在的主动性和能力指向性等;自主学习不具有排他性,不排除课堂学习、合作学习等共同学习形式;自主学习是以自主处理和加工外来信息为本质属性。

具体表述为如果学生的学习动机是自我驱动的,学习内容是自己选择的,学习策略是自主调节的,学习时间是自我计划和管理的,学生能够主动营造有利于学习的物质和社会性条件,并能够对学习结果做出自我判断和评价,那么他的学习就是充分自主的——自主学习[①]。

二、自主学习机理

(一)自主学习能力获取的基本规律

自主学习能力的获取遵循从他控到自控,从被动依赖到自觉能动,从单维到多维,从有意识到无意识的基本规律。这是一个从外到内,从点到面,从低级到高级的变化规律。

---

① 庞维国:《自主学习:学与教的原理和策略》,上海:华东师范大学出版社,2003。

学生的学习过程本质上是通过学习他人的经验,转化为自己经验,并逐步提高的过程。在没有经验时,需要借助外力,吸收外力。吸收外力是一个消化过程,外界的经验很多,即使老师提供的经验,也要根据自己的实际情况有选择地吸收,并实践验证,转化为直接经验。由于学科之间的差异,学术"范式"的不同,自主学习方法也存在差异,应针对不同学科摸索最佳自主学习方法,完善自主学习方法策略体系。主观能动性在摸索和完善自主学习方法策略体系的过程中有着至关重要的作用,"外因必须通过内因而起作用"。主观能动性长期、有效的发挥,将使思维习惯发生变化,就会从依赖变为自觉行为,长期的自觉行为就会成为习惯,固化思维方式,就会从有意识筛选和使用自主学习方法策略到无意识地、自然而然地使用正确的方法策略。

(二)自主学习能力获取的途径

获取自主学习能力的途径无非是接受外界指导和观察学习,但本质上都需要通过实践验证成为自己的认识,变成能力。或许,在某些情况下,学生可以通过自己的发现来获得自主学习能力,但更多是老师教会的,准确地讲是教师指导为学生提供了示范。因此,教师的指导最为重要,是启蒙、是培植、是扶送。虽然说,自主学习能力的形成是一个长期、渐进的过程,但不同年龄阶段的发展水平存在区别。幼儿时期,家长和幼儿园教师或许有积极的指导作用,但自主学习能力形成的最关键阶段是大学,大学阶段学习的学科最多,而且差异巨大,挑战或考验着学生的自主学习能力,但同时挑战也是机遇,面对学习压力,选择接受教师的指导是最快捷获取自主学习能力的途径。因此,每门课程的教师都应把握好培植和扶送的节奏,从方法指导过渡到学习任务的布置上,以任务的形式迫使学生体验教师指导的自主学习策略。

观察他人的学习来获得自主学习策略是第二条途径。观察学习不仅仅是"看",也有"问",这两者具有相辅相成的功效。看其表象,问其内在,易于掌握精髓;问其内在,看其表象,易于形象化掌握。别人的策略再好都要经过自己的验证,才能转化为自己的策略,所以要根据自己的实际情况,设计实践步骤和内容,及时总结经验,改进和完善自己的自主学习策略。

(三)影响自主学习的因素

1.内部因素

(1)自我效能感

自我效能感指人们对自身能否利用所拥有的技能去完成某项工作行为的

自信程度。自我效能感决定自主学习的强度与持续时间。

（2）归因

归因是指观察者对自己的行为过程所进行的因果解释和推论。成功的归因有促进作用，失败的归因会导致放弃努力。

（3）目标设定

一是目标设置的是否适合于个人动能激发，二是长远目标于近期阶段目标设置是否合适。目标过高于过低都不利于自主学习能力的培养。

（4）认知水平

认知水平是加工信息的一些方法和技术，有助于有效地从记忆中提取信息。包括复述、精心加工和组织能力。

（5）元认知水平

元认知又称反省认知、监控认知、超认知、反思认知等，是指人对自己的认知过程的认知。学生通过元认知来了解、检验、评估和调整自己认知活动的水平直接影响学习效果。

（6）意志水平

意志水平是支配行动、克服困难、实现目的心理活动水平，对自主学习的品质有着十分重要的作用。

2.外部因素

（1）教师影响

一是教师的教学方式，是灌输式还是启发式，是主导式还是主体式，是单一教学形式还是多种教学形式等；二是管理方式，严格管理还是放任自流；三是教师的学术水平，教学水平；四是教师的师德、师风等。

（2）同学影响

班风、密切接触的同学，以及在同学中的地位和影响力等都对自主学习产生影响。

（3）校园环境影响

校园环境影响包括学校的管理体制、学生管理的严格程度、校风状况、校园文化因素、学校全员全程全方位育人的执行情况等。

（4）社会影响

社会影响分为文化背景影响和现实社会价值观念影响，家族或地域"崇尚学习"的风气各不相同，以对学生自主学习的影响深刻；现实社会中经商，厌学风气在少数地区盛行，影响当地生长学生的学习动力。

了解影响自主学习的因素，具有提示教师和学生，防范不利因素影响的作用。教师和学生都应设法消除或降低不利因素的影响,放大有利因素,以对学生自主学习能力的培养起积极作用。

三、学生自主学习策略概述

(一)认知学习策略

认知学习策略分为陈述性知识的学习策略、程序性知识的学习策略和问题解决策略三类。

1.陈述性知识的学习策略

陈述性知识的学习主要有四种策略,即复述策略、精加工策略、组织策略和做小结策略。

(1)复述策略

复述策略是指在工作记忆中为了保持信息,运用内部语言在大脑认知中重现学习材料或刺激,以便将注意力维持在学习材料上的方法。如朗诵、抄写、圈画重点、难点和要点等。增加复述次数能增加其效果,及时复述以及多感官并用也能增加复述的效果。

(2)精加工策略

精加工策略是指把新信息与头脑中的旧信息联系起来从而增加新信息意义的深层加工策略。通常,增加某一事物的描述角度,有助于记忆这件事。例如类比、反比、来源、推论、举例、联想、摘抄、评注、加标题、写概述、分类或编码等都属于精加工策略的范畴。

(3)组织策略

组织策略是将经过精加工提炼出来的知识点加以构造,形成知识结构的更高水平的信息加工策略。例如描述策略:关联其他相近概念并加以描述;归类策略:将分离的概念、知识点分类、归纳;表象策略:将语言形式的信息转化成视觉形式或图画形式的信息。对于复杂的陈述性知识,进行纵向梳理、横向比较分析的方法,常用纲要法、图表法、概念图法等。

(4)做小结策略

把自己读到或听到的内容进行归纳、提炼、总结,用概括性简短语言描述其核心内涵。

2.程序性知识的学习策略

程序性知识的学习策略分为概念的学习策略和定律的学习策略。

(1)概念的学习策略

概念是在头脑里所形成的反映对象的本质属性的思维形式。人类在认识过程中,把所感觉到的事物的共同特点,从感性认识上升到理性认识,抽出本质属性而成。概念的语言形式是词或词组,核心内容是定义,并有内涵和外延。概念的学习策略:一是了解来源,二是弄懂内涵,三是把握外延,四是掌握特点,五是研究定义,六是全面理解。

(2)定律的学习策略

定律、定理、原理、规则、理论的共同特点是对事物内在规律的描述,其中定律对事物内在规律的描述最为严格,理论的阐述较为宽泛。学习定律首先是理解定律所揭示的事物规律的表述形式,是定性还是定量描述。其次是弄清定律所揭示的事物规律的层次,不同定律描述的规律层面不同,有宏观描述,有中观描述,有微观描述。社会科学方面的规律一般以统计学为基础,例外较多,不能以例外的实例曲解其描述的规律。最后是懂得定律使用的边界或条件,在定律可以使用的边界或条件内,才能正确使用定律。

3.问题解决策略

首先是发现问题,不正常的现象、违反规定和规范的做法、可能产生不良后果的现象通常都是问题。其次是界定和表征问题,列举问题、归纳问题、分类问题,阐述问题的特征、特点。其三是分析问题产生的原因,从表象和内在两方面进行分析。最后是提出解决问题的策略、执行落实策略、评价问题解决的结果。

(二)元认识学习策略

元认识学习策略包括计划、监控和评价策略。

1.计划策略

计划策略是根据认知活动的目标,在正式进入一项认知活动之前,进一步明确认知目标、确定认知过程和环节、预计认知结果以及选择何种认知策略。因此学习计划不仅仅是学习内容的日程安排,也要反映目标、旁证、博览、练习、温习、巩固等内容。

2.监控策略

监控策略指在认知活动中,根据认知目标不断反省和监控自己的认知活动是否在沿着正确的方向进行,正确估计自己达到认知目标的程度、水平,并根据有效性标准评价各种认知行动的效果。以口头或书面的形式公布自己的学习计划,既有利于自我监督,也便于周围人群的监督,可以达到提示、引导和督促的效果。

3.评价策略

评价策略是根据对认知活动结果的检查,如果发现问题、遇到困难或偏离目标时,采取相应的补救措施,及时修正、评价认知策略。定期对自己学习的进度、持续的时间、学习的效果、完成任务的比例、达到目标的状况进行评价和检查,审视并调整自己的学习策略,以便更好地完成学习计划。评价是自主学习的重要环节,也是体现自主学习能力的重要标志。

(三)学习资源的利用策略

学习资源是支持学习的资源,包括教学材料、支持系统、学习环境,甚至可以包括能帮助个人有效学习和操作的任何因素,例如学习时间、付出的努力和他人的帮助等。

1.时间管理策略

时间管理策略是指合理利用时间的策略。从大范围讲,年轻时的学习效率高于年长时,充分利用年轻时的读书期间十分重要。从一天时间来讲,各时段的机体状况不同,学习效率也不同。一般而言,6至8时,机体休息完毕,渐进兴奋状态,肝脏已将体内的毒素全部排净,头脑变得清醒,大脑记忆力增强,此时进入第一次最佳记忆期;8至9时,神经兴奋性高涨,记忆仍保持最佳状态,心脏动力充盈,精力旺盛,大脑具有严谨、缜密的思维能力,适合安排难度大的攻坚内容;10至11时,身心处于积极状态,热情将持续到午饭时间,人体处于第一次最佳状态;12至14时,精力落于低潮期,大脑反应迟缓,显现疲劳,适合休息,最好午睡半到一小时;15至18时,心血功能改善,感觉器官尤为敏感,精神重振,工作效率高,体力和耐力均达一天中的峰值,适合于完成复杂计算和比较消耗脑力的作业;19至21时,经短期休息后,大脑又开始活跃,反应迅速,记忆力特别好,直到临睡前为一天中最佳的记忆时期;22时至次日6时是细胞修复期,适于休息。

2.努力管理策略

努力管理策略是指学习者为了达成学习目标而尽力把自己的精力投入到学习活动中,使学习活动高效、有序地进行。根据努力管理的作用不同可以把它分为维持作用的意志控制策略和促进作用的自我强化策略。

自我强化是指当人们达到自己预先设定的标准时,他们以自己能够控制的奖赏来加强和维持自己行动的过程。自我强化在自主学习中地位显赫,因为内因是根本,学习的最终动力来源于内部刺激的强化,外部强化不起决定性作用。班杜拉认为自我强化有3项构成要素,一是目标设定,二是结果评价,三是自我反应。

"目标设定"即自我设定的目标。个体常常依据各种信息来源为自己的行为结果设定目标,例如自己、同伴或他人的先前经验,他人的示范等。"结果评价"意指当一项任务完成后,个体应对照"目标设定"进行自我评价,来判断采取何种自我反应方式。"自我反应"是根据各种评价标准对自己的行为结果判断后,个体对自己的行为做出相应的反应。

3.学业求助策略

学业求助策略指学生在学习过程中遇到困难向外界寻求帮助以提高学习效率的活动方案。一是解决什么时候需要学习帮助的问题。对于学习中的问题或困难,不能动辄求人,形成依赖性。只有当自己的努力确实无法解决和克服难题和困难时,才能考虑求助他人,这是运用策略应遵守的首要原则。二是解决到何处去寻求学习帮助的问题。对于学业上的难题,毫无疑问,教师是最佳求助者,但教师需要面对众多的学生,时间有限,难以细致解答。对于不太难的问题,求助于同学是一条有效途径,并且便于探讨加深理解。三是解决如何使学习帮助起到更大的作用的问题。无论是采用何种求助途径,在解决难题后,必须认真思考和反省,对比自己原先的思维与他人的正确思维,发现自己的不足或错误,提高自己的学习能力,这是学业求助策略能有效促进学习的目的[①]。

四、实战化教学与自主学习策略的培养

从生理角度来看,大学生的生理机能已发育成熟,他们精力充沛,思维活跃,脑力与意志力得到提高,对学习压力的承受力和忍耐力大大加强。从心理角度来看,大学生的自我意识处于成熟期,他们通过学习、生活等各个领域的尝试,体验自我力量的上升,来获得更强的自信心。他们渴望独立、自主地选择个人爱好并采取行动,逐渐形成了统一的自我形象,这为学生自主学习策略的改善奠定了生理和心理的基础。

(一)实战化提升学习兴趣

前已述及,兴趣是自主学习策略改善的内在动力,而学生对实战化教学兴趣十足,它对学习兴趣的培养,尤其是对公安院校学生的兴趣培养,格外重要。现代教育界普遍认为,在学生中开展实践性教学活动能很好地激发学生的学习

---

① 孔博鉴:《自我调节学习中元认知对认知学习策略的影响》,博士学位论文,华东师范大学发展与教育心理等专业,2015。

兴趣,通过实践检验学过的理论知识、名人名言,诱发学生思考,探寻现象背后的本质,提高动手动脑能力以及实际操作技能。心理学认为,兴趣是从具体的事物和经验中总结来的,并从对具体事物和经验的兴趣发展成对整类物体和经验的兴趣。也就是说,兴趣可以生长,就像种子会发芽,在体积上和形态上发生变化和"迁移"。学生从对实战化教学项目的兴趣,拓展到对该课程的兴趣,进而发展为全方位的学习兴趣。研究还发现,学生学习兴趣的提高,促使学习劲头更足,当他们不满足课堂中的一知半解时,就会查资料以谋求深刻理解;还会博览群书,从多视角、多维度考量,就会提升自主学习的效果,从而提高自主学习的能力。自主学习能力的提高,又进一步激发学习兴趣,这是一个正反馈的效应[①]。

按照心理学理论,兴趣点的维持需要经常性的"刺激"。增加实战化教学的数量,提高其教学质量,维持其兴趣点。同时,引导对理论知识的兴趣,引导学习策略的选择与优化,注重自主学习能力的培养,并提高相关技能,达到以实战化教学促进自主学习能力培养的目的。

(二)实战化教学与认知策略

实战化教学不仅涉及陈述性知识学习策略、程序性知识学习策略,也涉及问题解决策略,尤其是问题的解决策略。实战化教学一般以问题为导向,从发现问题入手,剖开问题的外部表象,揭示表象反映的实质,分析问题产生的来龙去脉,挖掘产生的原因,进行类别分类、归属,提出解决办法,落实解决办法,最后检查问题解决的效果,进行效果评估等。实战化教学的一般流程与认知学习策略中问题解决策略的基本内容几乎如出一辙,或者说,实战化教学是问题解决策略选择与优化的具体实践。通过一项项的实战化教学,在教师的引导下,学生学会正确选择适合于自己的问题解决策略,不断强化正确的选择,提高自信心,进一步激发学习兴趣,进而促进自主学习能力的提高。

实战化主导下的"教、学、练、战"一体化模式,是系统性教学,涉及概念、知识点、理论和定律等,通过实战化教学对陈述性知识学习策略和程序性知识学习策略的正确选择与组合优化都有重要的作用。

---

① 单超:《自主学习理念下学生迁移能力的培养策略》,《中学地理教育参考》2019年第11期。

(三)实战化教学与元认识策略

实战化教学常以项目的形式出现,项目的完成具有周期性。为了完成任务需要制定计划,掌握背景资料,了解相关知识;在小组讨论中发表观点、分析问题、提出方案,实施相互监督和促进方案;最后接受教师的考核、评价和点评。在这一过程中,完成项目的计划性和监督的广泛性得以体现,最后教师的点评是指导元认识策略选择的关键。以项目形式实施的实战化教学是自主学习能力培养的重要形式,项目的完成给予学生压力,压力产生动力,动力促使自主学习过程的形成,培养了学生自主学习的习惯,同时指导元认识策略的正确使用。

(四)实战化教学与资源利用策略

实战化教学是教学资源的综合利用,时间上包括课内和课外,资料涵盖教材、参考书以及学校课题提供的所有材料,器材上包括设施、设备、仪器和教具等,人员是全体在校的教职员工和学生。实战化教学将教学的范围延伸至课外,课外练习是完成实战化教学项目任务的必须环节,如果没有课外练习,技能的熟练或提高恐难以达到要求。课外练习常常需要使用教学设备仪器等资源,而这些资源数量有限,涉及时间的合理利用和人际沟通,合理利用时间属于"时间管理策略",而人际沟通是最重要的公安技能之一。如果学校是大家庭,那么学生是家庭成员的组成部分,学生都是平等的,平等要求既是"医治"独生子女自我中心的良方,也是公安实际工作中处理群众关系的基本准则。警察不是警官,管理者不是"官老爷",而是"公仆"。有限的教学资源的合理使用有助于打破学生"家庭小太阳"的优先心理,能够产生轻微挫折感,有益于对学生心理素质的调整,有益于对学生意志的锻炼,有益于提高学生的交流能力、语言表达能力等。

教学资源的利用过程基本上是学生自主运行的过程,对于学生自主学习能力的提高,学习策略的运用等都是锻炼和提高的过程。[①]

---

① 彭美娟:《"MOOC"时代下高校学生自主学习能力的现状及培养策略研究》,《才智》2019 年第 14 期。

第五章 "教、学、练、战"一体化之"练"法研究

"教、学、练、战"中,"练"的指向是"战",其核心是能力提升,"练"的过程体现"学中练,练中学",以及学生的主体作用和教师的主导作用。将理论知识融入具体操作中,将素质培养贯穿全员、全程、全方位教育中。

第一节 大数据时代实战化教学训练的内容体系

大数据条件下的实战化教学,应该是基于海量信息和多元智能的全新教学模式。教学环节中的"大数据",既是教学条件,也是教学内容;既是教学方法,也是工作方法;既是思维培养,也是技术训练。它具有丰富的信息、共享的主动、整体的解读、延伸的互动等特征[①]。然而数据的积累和应用是个过程,大数据时代初期的实战化教学改革有其局限性。

实战化教学训练的内容体系,包括基础理论教学为主的课程实训体系、警务操作技能训练占据相当比例的课程实训体系、独立实训实验课程体系、专业见习实习,以及综合训练体系等诸多教学内容。

一、基础理论课程实训的内容体系

立德树人是高等教育的基本任务,它既为受教育者提供通行于不同人群之间的知识和价值观,也为服务社会奠定知识基础。在立德树人的教育过程中,理论课程担负着传授专业领域系统知识的职责。为了验证、理解和巩固理论知识,实验实训内容必不可少。

公安院校的教学应以实战化为导向,无论通识课程、专业基础课程还是专业核心课程都需融入实战内容,形成理论课程的实战化教学训练内容体系(表5-1)。

---

① 夏存喜:《公安院校大数据条件下实战化教学改革:内涵、依据及行动体系》,《江苏警官学院学报》2019年第1期。

表 5 - 1　基础理论课程实训的内容体系

	课程类别	教学目的	训练内容
理论课程实训内容体系	思政类课程	立德树人为根本目的,培养志愿献身于崇高的人民公安事业,对党忠诚、服务人民、执法公正、纪律严明,做中国特色社会主义事业的建设者和捍卫者	忠诚意识的培养与训练
	语言类课程	培养语言和文字的表达能力,语言意境的分析能力等	公文阅读与写作训练警用外语交流训练
理论课程实训内容体系	社科类课程	帮助学生了解社会,把握社会运行的机制和规律,正确认识和处理各种复杂的社会问题;获得人类文明发展进程的知识;学会用历史分析的方法看待处理现实生活中的各种问题	社会调研训练群众工作训练
	思维训练类课程	训练人们严密、清晰的思维能力,尤其是逻辑学的推理能力	逻辑思维训练推理能力训练创新思维训练
	法律类课程	使学生树立法治观念,提高辨别是非的能力;不仅做到懂法、守法,更要做到依法办事,依法预防和打击违法犯罪活动,维护社会公平与正义	违法犯罪行为分析训练模拟法庭实训
	计算机与网络课程	使学生掌握计算机及网络通信基本原理、系统结构、协议标准与实现方法;编程、组网、监控、挖掘和安全防护等	计算机软硬件系统维护实训网络系统维护实训

公安工作需要面对形形色色的人,这种服务和管理对象的复杂性,要求公安工作者具备多元化的素质和技能,使得基础理论课程的实训内容形式多样、内容繁多,有思想意识养成训练,思维方式方法训练,语言表达交流训练,还有公安应用基础技能训练等。基础理论课程的实训内容设置的指导思想是立足于本课程的教学目的、理论和知识点,培养和训练公安工作所需要的基本素质和通用技能。

二、警务课程实训的内容体系

警务课程是与警务工作密切相关的课程,在这些课程中实战化训练占据一定比例,如射击、擒拿格斗、警务战术等警体类课程以及现场勘查、安全检查、巡逻勤务等公安业务类课程等。警务课内实训是公安业务技能训练的主体内容,它既有公安业务通用技能,也含有专业技能。内容体系如表5-2所示。

表5-2 主要警务课程实训的内容体系

课程类别	适用专业	课程与训练内容	训练目的
		警察基础射击	公安枪械使用和射击准确度训练
		警务战术	在不同的环境和人员对比条件下,协同作战,完成任务
		安全防范技术与工程	掌握各种安防设备的布置、安装、操作和维护等
		风险评价基础	掌握各类风险评价体系的构建、指标设置、权重设置、数据处理与分析等方法
		讯问学	掌握讯问技巧、讯问笔录制作等
	公安理工类专业	大学基础化学	日常生活中常见物质化学性能的测试
		大学物理	日常生活中常见物质物理性能的测试
		电工电子技术	强电和弱点的电学性质测试
		工程制图	按照规范要求绘制工程图
		公安情报技术	公安情报专用设备的使用与信息研判
专业公安技能训练课程	专业基础训练	数字电路技术	通过实际操作训练,使学生验证规律性认识,深刻理解和掌握理论;掌握现代科学技术仪器设备的使用方法,掌握警务基本操作技能。对于计算机相关专业的学生能够按照警务需求设计简单程序,掌握数据恢复的基本方法,能够简单处理获解决数据隐藏、加密等问题
		程序设计基础	
		通信原理	
		自动控制原理	
		数据结构	
		数据库原理与应用	
		法医学基础	
		网络安全执法概论	
		警用无人航空器实训	
		视频监控技术与应用	
		通信技术与应用	
		刑事摄影与摄像	
		物证检验中的物理方法	
		数据挖掘技术	

表 5 −2（续）

课程类别	适用专业	课程与训练内容	训练目的
专业公安技能训练课程	专业基础训练	无线传感器网络	按照专业技能要求掌握本专业的警务技能，在案件/事件防范中，既要掌握罪犯实物攻击探测设备的使用技巧，发现敌情，有效控制危害的蔓延，也要掌握罪犯网络攻击的方法，阻止网络攻击行为
		警务预案	
		网络犯罪侦查	
		反爆炸学	
		痕迹检验学	
		网络开发与安全管理	在案件/事件应急处置中，掌握通信工具的使用，确保信息和数据的传输畅通，信号稳定；确保现场监控和指挥的同步进行
		电子数据勘查取证与鉴定	
		视频侦查技术	
		图像处理与检验	
		恶意代码分析与检测	在案件/事件侦破中，掌握各种现场勘验设备的使用，检材和采样工作的正确；掌握微量痕迹检验仪器设备的使用的方法，能够正确分析，获取数据；能够进行电子取证、电子文件的鉴定，突破电子障碍等
		文件检验	
		毒物与微量物证分析实验	
		刑事相貌技术	
		语音检验	在罪犯认定中，掌握各类分析、认定仪器设备的使用，并能够将语言信息、语音信息、纸质信息等转化为电子文档的形式；能够从语音、影像、文字、照片认定犯罪嫌疑人群，缩小侦查范围，并利用生物检材锁定犯罪嫌疑人等
		互联网信息巡查	
		网络安全技术	
		密码学	
		犯罪现场勘验	
		法医物证学	
		电子数据勘查取证	
		网络攻击与防范	

除警体类课程外，警务课程实训内容的针对性强，仅有少数课程在一定范围内具有通用性，因此警务课程实训的内容体系应分专业归纳，但受制度的限制，只能以概述的形式出现。

三、独立实训实验课程的内容体系

独立实训实验课程是单独设立的实验实训课程，主要针对操作性强，技能要求高，但理论的系统性要求不高的课程。这类课程不能通过文字学习而掌握，需要通过反复练习方能提高。主要独立实训实验课程的内容体系如表 5 −3 所示。

表5-3 主要独立实训实验课程的内容体系

课程类别	课程名称	训练基本内容和目的
通用警务技能训练课程	基础体能训练	提升运动速度、弹跳和耐力技巧训练
	警察防卫控制	徒手和警用器械的使用,达到保护自己和控制对方的要求
	现场急救	学会急救设备的使用,掌握现场急救人和物的处理方法
	车辆驾驶	学习基本驾驶技能和警用驾驶技能
专业警务技能训练课程	行政执法基本技能实训	掌握行政案件/事件依法处理技能
	刑事执法基本技能实训	掌握刑事案件依法处理技能
	警察临战射击	训练善用环境快速射击,保护自己和制服罪犯的技能
	警察格斗	徒手或借用警械控制罪犯的技能
	水中救护	寻找适当的救助方向和姿势,实施水中救助
专业综合警务技能训练课程	公安视听技术基本技能综合实训	充分利用获取的信息资源,利用各种视听设备,整体配合,完成既定任务
	安全防范工程基本技能综合实训	集安防设备的布点、选型、设计、施工、使用和维护为一体的训练
	警务英语综合训练	为完成设定的警务任务,进行读、写、听、说等英语交流训练
	警察行为拓展训练	在特殊警情下,训练单兵协同和组织指挥
	公安情报实务综合训练	对于各种来源的信息,进行研判、信息碰撞,得出正确结论的训练
	交通管理工程专业综合技能实训	集交通设施的设置、语音、电子信号的配合使用,现场疏导指挥,现场勘验等为一体的训练

独立实训实验课程是理论配合训练的主体课程,是"练中学"和"学中练"的重要形式,它促进理论知识的综合应用。由于各公安院校独立实训实验课程开设情况差异较大,受到各种条件限制,所以表5-3未列出全部内容。

四、专业见习实习的内容体系

(一)专业见习

专业见习也叫认知实习,它是通过观察,了解本专业的实际工作。学生在经历了一段时间的学习后,掌握了一定的专业知识和技能,会感到"纸上得来终觉浅,绝知此事要躬行"。学生需要将书本知识和实际工作相结合,稳固和提升专业意识;需要培养勇于探索的创新精神、提高动手能力,为以后专业实习和走上警察工作岗位打下坚实的基础。

1.见习指导思想

深入贯彻习近平新时代中国特色社会主义思想和"四句话,十六字"总要求,坚持政治建警、全面从严治警,坚持公安教育贴近公安实践的基本原则,建立"教、学、练、战"四位一体的警察职业化教育模式,提升高素质应用型公安专门人才培养质量。

2.见习目的与要求

见习是对警务工作的直接认识与认知。其一,达到对所学专业的性质、内容、责任和意义的感性认识,在见习中了解专业、熟悉专业、热爱专业,巩固专业思想。其二,巩固和深化对课堂所学理论知识的理解,建立理论与实际相联系的渠道,有利于以后的理论学习。其三,通过到见习公安实际工作,引发问题思考,为进一步学习以及解决问题提供目标。

见习中,学生应深入实际,认真观察,获取直接经验知识,巩固所学基本理论,保质保量地完成指导老师所布置任务。学习警察师傅勤劳刻苦的优秀品质和爱岗敬业、甘于奉献的良好作风,开拓学生的视野,培养实际工作中观察、分析、研究、解决问题的能力。

3.见习工作内容

按照见习单位的统一安排,在指导警司的带领和指导下,参与公安实践,了解公安机关运行机制、业务工作基本要求、案件办理流程、群众工作方法、公安文书制作、警务平台操作、队伍规范管理等公安基层工作内容,提升警务实战工作技能。以下为见习工作的主要内容。

(1)了解公安工作的理念、内容、方法、技术及相关要求,切实增强从事公安工作的基本知识、基本能力和基本素质。

(2)学习治安案件查处。了解情报信息、维护稳定、人口管理、治安管理、安全防范、执法办案、社会服务、档案管理等各项工作规范。

(3)学习刑事案件查处。了解受案、现场勘查、立案、侦查组织、紧急措施、一般措施、秘密措施、强制措施、破案与销案、询问、侦查总结等流程的规范要求。

(4)学习路面交通秩序管理、交通事故处理。了解简易程序交通事故的处理及接处警、事故预防、道路治安管理、交通执法等各项工作规范和交通事故案件办理程序。

(5)学习民事纠纷调解。了解民事纠纷调解的一般原则、技巧和注意事项,提高做群众工作的能力和水平。

(6)学习治安盘查巡防。掌握警务基础平台数据查询和录入、巡逻盘查工作规范。

(7)学习各类公安文书的制作方法。

(8)学习警务平台的基本操作要求。

(9)了解公安机关基层组织在内务管理方面的规范要求。

(10)服从见习单位领导的其他安排。

(二)专业实习

实习是在实践中学习。在经过较为系统的理论学习和技能培养之后,学生需要了解自己的所学应当如何在实践中应用。按照认知理论,间接经验必须通过消化,才能变成自己切实掌握的知识,即必须在实践中使用它。使用间接经验的过程,是加深理解的过程、深入学习的过程、实现认识目的的过程,发展、完善、丰富间接经验的过程。因为任何知识源于实践,归于实践,用实践来检验所学。

1. 实习指导思想

贯彻落实习近平新时代中国特色社会主义思想,遵循习近平对公安"对党忠诚、服务人民、执法公正、纪律严明"总要求,实践"教、学、练、战"一体化的警察职业化教育模式,以"学为用、练为战"为指导,转变育人观念,深化校局合作,推进实战化教学,强化警察实务教学,加大实践创新教育力度,提升高素质应用型公安专门人才培养质量。

2. 实习目的与要求

通过实习,使学生进一步明确公安机关的性质和职能,明确公安机关的工作任务和工作目标;熟悉适应公安机关运行机制,进一步增强人民警察意识、职业道德观念和法治观念,牢固树立公安工作的光荣感、责任感和使命感;帮助学生把所学到的基础知识、基本原理和专业技能运用到公安实际工作中,提高运用所学知识发现问题、分析问题、解决问题的能力;检验学院教学质量,促进教学改革,提高教学水平,提高人才培养质量,着力锻造一支有铁一般的理想信念、责任担当、过硬本领、纪律作风的公安铁军。以下为实习目的与要求的主要内容:

(1)增强了学生的动手能力、协作能力;对问题的感知能力、分析能力、研究能力和解决能力;

(2)培养吃苦耐劳的精神,锻炼自己承受挫折的心理素质,以利于养成良好职业行为规范、职业道德和职业素养;

(3)将理论知识与实践工作有效地结合起来,增加对社会的全面了解,丰富社会实践经验,提高自身的综合素质;

(4)强化专业操作能力、动手动脑能力,提高自身专业技能,熟练运用相关专业技术知识,达到基本胜任岗位工作的标准,基本完成从警院生到警察的过渡的目的。

3.实习内容

(1)注重科学统筹规划,全面锻炼警务技能

各专业实习教学要结合所学专业和实习岗位,积极参与治安管理、交通管理、涉外警务、纠纷调解、人口管理、情报信息、安全防范、社会稳定、文书制作、档案管理和内务管理等基础公安业务;积极参与治安案件、刑事案件、交通事故和群体性事件的查处;积极参与实习单位开展的安全保卫、专项行动、实战训练(考核)等,掌握公安工作的理念、内容、方法、技术及相关要求;加强指导警司配备,提高专业实习质量,切实增强学生从事公安工作的基本知识、基本能力和基本素质。

(2)注重理论联系实践,充分熟悉警种业务

各实习单位合理安排实习岗位,根据实习周期妥善轮岗,力争使实习学生参与一起治安案件办理,掌握情报信息、维护稳定、人口管理、治安管理、安全防范、执法办案、社会服务、档案管理等各项工作规范;参与一起刑事案件办理,掌握侦查工作,掌握受案、现场勘查、立案、侦查组织、紧急措施、一般措施、秘密措施、强制措施、破案与销案、询问、讯问、侦查总结等流程的规范要求;参与一次路面交通秩序管理(交通事故处理),掌握简易程序交通事故的处理及接处警、事故预防、道路治安管理、交通执法等各项工作规范和交通事故案件办理程序;参与一起民事纠纷调解,掌握民事纠纷调解的一般原则、技巧和注意事项,提高做群众工作的能力和水平;参与一次治安盘查巡防,掌握警务基础平台数据查询和录入、巡逻盘查工作规范,帮助学生了解和掌握接处警、社区基础工作、案

件受理、现场保护、现场勘查、询问讯问、强制措施、查处程序和业务档案管理、文书制作以及警务信息平台应用等工作业务规范与要求,提升学生公安专业业务能力。

(3)注重方法强调实效,探索开展实战培训

协调实习基地政工部门实施实习生集中(或随岗)培训工作,相关业务部门、派出所予以配合,促进教学实战化与实习、实训,提高实习学生警务实战素质和能力。协调实习基地在以下领域开展实训:开展110接处警工作集中培训,通过接处警录音录像、警情讲解,对各类警情处置的得失进行剖析,提高各类警情处置基本功;开展警务信息化工作集中培训,围绕信息化建设工作,熟悉警务信息平台操作使用方法,了解基础信息采集要领,掌握培训情报信息研判技能,提高信息化综合运用能力;开展刑事、治安、交通、经济类等案件办理流程的集中培训,熟悉各类程序规定,提高案件办理效率;开展社区警务工作集中培训,提升社区警务工作水平;开展群众工作方法集中培训,请有经验的民警或人民调解员通过事例,传授做好群众工作的工作技巧,提升群众工作能力;开展执法规范化培训,组织业务骨干,通过典型案例讲解,熟悉执法程序、法律条款应用、案件定性和执法监督等,掌握规范执法的新要求和新举措。

五、课外训练体系的内容体系

课外训练形式多样,喜闻乐见、寓教于乐,主要有课程训练的延续、警体体能训练、兴趣小组、社团活动以及社会实践活动等形式。

课程训练延续的内容是为了完成教师在课程内布置的训练任务,在课外练习和训练,体会训练要领,提高熟练程度,达到提高技能水平的目的,其内容体系是课程训练内容体系。延续的课程训练通常按照教师的要求完成,具有任务性质,而其他课外训练的效果主要依靠学生的自觉自愿,自我职业技能提高的意愿及其兴趣点成为参加课外活动的动力源。调查显示,多数学生对警体活动普遍感兴趣,对兴趣小组和社团活动部分少数人有兴趣,对公安职业技能训练和社会实践活动很少有人感兴趣;学生对警体活动的兴趣具有持续性,能够持续保持浓厚的兴趣度,能够全身心地投入活动,但对于其他形式的活动,兴趣度持续时间短,精力投入不足 [1]。

---

① 刘冠军:《我国公安院校警务技能实战化教学研究》,硕士论文,中国人民公安大学公安学专业,2020。

(一)警体体能训练

警体体能训练主要有两个时间段,一是晨练,二是黄昏练。晨练以跑步为主,辅以做操等;黄昏练形式繁多,其中有危险性项目,需要教师现场指导,训练内容体系见表5-4。

表5-4 主要警体体能训练内容体系一览表

类别	项目	范围与效果
田径类	长跑、短跑	参与人数多,体能训练效果好
	跳远、跳高	参与人数少,持续时间短,体能训练效果不显著
球类	篮球	参与人数中等,观看人数多,体能训练效果不显著
	羽毛球	参与人数不多,主要集中于女生,体能训练效果不显著
	足球	受场地限制,参与人数少,主要集中于男生,参与者体能训练效果显著
	排球	场地常与篮球场地重合,参与人数少,体能训练强度低,效果不显著
	乒乓球	受场地和天气影响严重,参与人数少;主要集中于男生,参与者体能训练效果显著
技能类	单杠、双杠	参与人数少,主要集中于男生,阶段性现象明显,体能训练效果不显著
	障碍翻越	参与人数少,阶段性现象明显,体能训练效果不显著

(二)兴趣小组活动

多数公安院校的兴趣小组活动有组织程序和管理制度。学校经审核确定指导教师名单,教师主要在任课班级的学生中选择人员;部分学校建立了"导师制"育人体制,学校确定导师名单,确定指导学生的名单,导师以所指导的学生为兴趣小组成员;部分学校组织了各类训练队,以兴趣小组的形式呈现。兴趣小组的名称及活动内容见表5-5。

表 5 – 5　主要兴趣小组名称及活动内容一览表

类别	名称	活动内容	效果
警体类	攀岩	攀岩、攀索、滑降等	学生兴趣浓,但活动较少
	游泳	蛙泳、自由泳、仰泳、潜泳;水球;负重泅渡、水中救人、水中格斗等	学生兴趣浓,效果好
	射击	手枪、步枪;15 米靶、25 米靶、50 米靶等	阶段性活动,效果好
	拳击	拳击、散打、搏击、擒拿	经常性活动,效果好
	乒乓球	男单、女单;男双、女双、混双等	经常性活动,效果好
研究类	公共安全	安全检查设备的使用、安全检查;事故原因调查与分析;防范设备的使用等以及完成指导教师布置的研究任务	常年定期开展活动,研究技能有所提高
	痕迹检验	现场勘查、检材的提取、分类;检验设备的使用等以及完成指导教师布置的研究任务	定期开展活动,研究技能有所提高
	文件鉴定	检验设备的使用;笔迹检验、印章检验、年代检验等以及完成指导教师布置的研究任务	不定期开展活动,研究技能有所提高
	生物特征检验	检验设备的使用;指纹、掌纹、虹膜检验;比对认定等以及完成指导教师布置的研究任务	常年定期开展活动,研究技能有所提高
	心理测谎	心理测谎仪的使用;询问内容设定;基础参数的确定,波纹识别等以及完成指导教师布置的研究任务	不定期开展活动,研究技能有所提高
	微表情辨识	交流环境与交流内容设定;微表情观察、分类与验证等以及完成指导教师布置的研究任务	开展活动少,研究技能有所提高
	信息采集研判	关键词确定与搜索编程,不同渠道关键词碰撞,信息研判等以及完成指导教师布置的研究任务	经常开展活动,研究技能有所提高
	数据挖掘	碎片修复、隐藏文件恢复、关键数据搜索等以及完成指导教师布置的研究任务	不定期开展活动,研究技能有所提高
	网络防护	网络检测设备的使用;病毒识别、跳窗软件识别、防火墙维护与完善等以及完成指导教师布置的研究任务	不定期开展活动,研究技能有所提高
	调查研究	调查问卷的设置、调查样本的选择等以及完成指导教师布置的研究任务	不定期开展活动,研究技能有所提高

表 5 – 5(续)

类别	名称	活动内容	效果
技能类	网络维护	网络故障的辨识、检测设备的使用、网络故障原因的查找以及故障修复	值班式长期活动;参与校园网维护,效果好
	无人机	定点悬停、定点绕行、横 8 字飞行、纵 8 字飞行、穿越飞行等摄像技术	阶段性活动,学生兴趣浓,效果好
	摄像摄影	现场勘查摄像摄影、图像处理、照片中物体体积计算、摄像摄影距离计算等技术	不定期活动,学生兴趣浓,效果好
	会话英语角	警务英语交流技能训练	参与度不高,阶段性
	笔谈沙龙	公文写作技能训练	参与度不高,学生积极性不高
其他类	心理咨询与辅导	心理问题探查,心理辅导与矫治技巧	负责学校学生心理状况调查
	卫生救护	伤口处理、伤口包扎、止血等技术	课外活动期间学生的卫生救护
	电脑维修	电脑故障诊断与维修技术训练	参与学校内电脑的维护维修

根据课题组掌握的资料,表 5 – 5 覆盖各公安院校主要兴趣小组。其中警体类兴趣小组均为训练队形式;研究类兴趣小组的数量最多,学生跟随教师从事科研工作;其他类兴趣小组面向全校师生服务。表 5 – 5 中的"效果"主要依据江苏警官学院的活动情况和效果确定。

(三)社团活动与社会实践活动

公安院校学生社团是在公安院校党委领导下,在校团委和校学生会的指导下,学生依照共同的兴趣和爱好自发组织起来的,进行自我管理、自我服务和自我教育的学生组织。

在走访、交流和网上调研了解到,全国公安院校的学生社团主要是文体类型,如陕西警官职业学院的学生社团中体育类占 39%,娱乐文艺类占 42%,竞技类占 14%,文学类占 5%,而科技类占比很小[①]。广东警官学院学生社团中,体育竞技类和娱乐艺术类所占比例均为 31%,人文社会类为 29%,科技学术类仅占 8%[②]。虽然文体类学生社团活动与训练的内容与警务技能不直接关联,但对身体素质、体能以及文化素养的提升有益。

中国人民公安大学学生社团的构成略有不同,警务活动类社团是中国人民公安大学学生们最热衷参与的社团,49 个学生社团中,警务活动类社团占比达到 35%,报名参加这些社团的学员比例达到了 61.2%[③]。该校紧紧围绕警察意识培养这一核心,在学生社团建设中充分体现了警务实战导向,以提升学生警务技能,增强学生身体素质。公安大学的警务活动类社团有:特警队、警务技战术研讨队、武道联盟——散打防身社团等警体类社团,还有学术研究类社团,例如禁毒科研协会、经侦科研协会等,它们通过开展禁毒、经侦等学术讲座、运营相关公众号、开展交流会、研讨会以及组织禁毒、经侦知识宣讲等,提升学生专业知识。

学生社团与社会实践活动主要是自我教育,自我提高,除体育项目易于开展外,其他与警务直接相关的项目开展较少,在"教、学、练、战"一体化的训练系统中处于辅助地位,但学生社团对于思想意识、素养等方面有十分重要的作用;大学生参加社会实践,了解社会、认识国情、增长才干、奉献社会,锻炼毅力、培养品格,深化对党的路线方针政策的理解,坚定实现中华民族伟大复兴的信念,增强历史使命感和社会责任感,具有不可替代的重要作用。

第二节 大数据时代实战化教学训练的方法体系

一、基本方法

以量化指标为目的的训练方法主要是反复练习与训练,如体能技能训练、信息录入速度训练、英语口语交流、写作技能训练等。反复练习枯燥乏味,难以持续,需要采用多种形式提高兴趣,或制定激励机制提高练习与训练的效果。肌肉具有记忆功能(也称运动记忆),运动学告诉我们,人在体育运动中的记忆,

---

① 曹吉明、刘怡、马唯等:《公安院校学生社团建设问题研究:以陕西警官职业学院学生社团建设为例》,《中国公共安全(学术版)》2018 年第 1 期。

② 张勇刚:《浅谈公安院校学生社团的建设与发展》,《公安教育》2015 年第 1 期。

③ 郑重:《新时代公安院校学生社团意识形态建设研究:以中国人民公安大学学生社团为实证依据》,《公安教育》2020 年第 6 期。

有自身的特殊性,并非完全在大脑皮层。体育运动既需要大脑皮层运动中枢的作用,还有肢体肌肉运动的参与配合。操作性训练在很大程度上是提高肌肉记忆的提取速度,对于外界刺激,实施条件反射,不经过大脑,大大提高反应速度,例如信息录入速度训练,熟练后不需思考信息的输入编码,甚至不需要看键盘。提高肌肉记忆效应的方法主要是增加训练强度和协同记忆法。加快训练节奏,增加训练强度,不给思考和肌肉恢复留下时间,有助于加强肌肉记忆;人体的各个部分都有记忆,当很熟练的时候并不需要经过大脑,就能够持续做下去。人的身体两个部分也能直接交流,不需经过大脑,形成协调记忆。协调记忆众所周知的例子就是外语单词学习,它是"听、说、读、写"的基础。光看不读、不写的单词,比较容易忘记,既看又读、写、用的单词,不容易忘记,协调记忆发挥了作用。

以性质验证、参数测定、理论验证为目的的训练方法主要是实验,对于知识点和理论等通过实验自行验证,把间接经验转化为直接经验,这是实验的目的之一;再现性质、数据的过程也是掌握研究方法、熟悉相关仪器设备操作的过程,奠定研究基础。实验训练不同于操作训练,它有运动记忆的训练内容,肌肉力度、运动位置以及速度都会对实验结果产生影响;同时它也有程序训练的内容,操作程序决定实验的成败,有时程序不对会造成重大事故。公安工作需要牢固树立程序观念,程序不合法,结论就不能成立。同时,实验训练也是知识综合运用能力的思维训练。因为影响实验结果的因素有很多,例如操作因素、仪器设备调制因素、温度压力湿度等气象因素、震动电磁等物理因素等,验证性实验是用已知结果检查实验过程的正确性。如果实验结果不正确或有较大差异,就要倒查实验过程,运用所学知识分析各实验环节的参数选择、条件选择、时间选择、材料用量选择等是否正确,再确定调整的方向和幅度等。

编程训练以信息采集与研判为例。通过建立数据库、选择搜索关键词、设置信息来源渠道的权重、编制信息处理程序、确定重要度排序方式、得出结论,形成训练体系。现代信息采集与研判主要通过计算机进行处理,网上信息是重要来源,口头与书面信息也应输入计算机进行合并处理。由于社会的复杂性,信息来源渠道的多样性,中文语言表达的多样性,网络用语与正常语言的差异性等,以及网络信息中的字符干扰现象等,给关键词搜索编程的信息采集与研判正确结果的显示带来困难障碍。采用多组独立设置信息采集与研判程序,相互印证、相互对比,出现差错,倒逼检查,缩小差距,达到共同提高的效果。

二、模拟训练

模拟训练是指根据教学目的和要求,根据公安工作实际情况,布置场景道具,安排不同角色,再现公安工作实际情景,以供学生学习训练的教学模式。模拟训练常以真实案例为背景材料,仿制案例的环境、物品,按照案例的进程进行训练,以审讯模拟训练为例。

审讯指司法机关为查清有关案件的事实,在审理案件时对当事人进行的讯问。讯问是司法机关为了收集证据,查明案情而对犯罪嫌疑人、被告人及诉讼当事人所进行的查问。模拟审讯,应以公安机关预审人员的实际审讯活动为原型,以实际审讯的程序、步骤、方法和要求为依据,有计划、有目的地组织学生模仿演练审讯。它通过让学生模拟侦查员和犯罪嫌疑人来感受讯问的场景和气氛,增强学生对讯问的切身感受,并通过与实际审讯情况进行对比,学习金牌审讯员的工作技巧。

模拟审讯训练的成效取决于犯罪嫌疑人的扮演,应理解被羁押的犯罪嫌疑人的心理,其面对可能的法律制裁,会想尽一切方法,尽可能少让公安机关掌握罪行,以此减轻制裁的分量,渴求逃避法律追究的心理。因此审讯过程必然是"挤牙膏"式的工作,挤一点,才会出一点,审讯工作具有难度。审讯工作的关键是突破心理防线,它需要正确运用审讯方法技巧,利用手中有限证据,迫使犯罪嫌疑人如实交代罪行。因此,审讯者必须掌握犯罪嫌疑人当前的心理状态,必须考虑可能阻碍犯罪嫌疑人招供的侥幸心理、畏罪心理、抗拒心理等各种因素。而作为扮演者的犯罪嫌疑人,必须考虑这些因素,从实际犯罪嫌疑人的心理状况出发,回答问题。当然,模拟审讯应遵循刑事诉讼法规定的法律程序、方式方法等,要问些什么问题、问到什么程度,都要结合刑法的相关犯罪构成要件和刑事诉讼法中的证明对象、证明标准来确定讯问提纲。重点应放在掌握和运用审讯技巧,审讯谋略以及审讯笔录的规范制作上。训练必须在审讯教官的指导下进行,最好让教官扮作"犯罪嫌疑人",倒逼审讯谋略的运用,在训练结束后,将录像反复在课堂上播放,让大家找出"审讯员"工作中成功与失误的地方,然后提出整改建议,最后播放真实的经典审讯案例,提高审讯技巧。

模拟讯问训练同时也是讯问笔录训练。笔录是证明犯罪嫌疑人有罪的口供证据,在模拟审讯中,其他学员承担笔录工作,使其能对犯罪嫌疑人口供进行有效固定,使讯问笔录的内容体现合法性与时效性。

审讯模拟训练不仅能使学生巩固理论知识、熟悉讯问程序、掌握讯问方法和策略,能够培养学生把握犯罪嫌疑人心理变化过程的能力、讯问力量的组织能力、案卷材料的分析能力、专门性问题的解决能力、讯问计划的判定能力等准备能力、初审的开展能力、策略的运用能力、方法的实施能力、突破口选择的能力、评议的驾驭能力、讯问内容的反应能力、口供的审查判断及有效固定能力等讯问的实施能力,以及培养学生讯问笔录有关手续的履行能力和讯问活动的评定能力等讯问的结束能力[①]。

三、虚拟仿真训练

虚拟训练是利用相似理论、控制论、系统科学和多媒体网络技术,以数字化技术虚拟训练真实场景,提供仿真训练。

对于一个或一组人员进行操作、控制、管理与决策的训练、教育与培养,传统的训练方式是在实际系统或设备上进行。由于实际训练系统规模大、造价高,设备维护和训练时的损坏使系统运行的成本巨大,且存在事故风险,限制了训练规模。

虚拟仿真训练系统能模拟实际系统的工作状况和运行环境,训练中又可避免采用实际系统时可能带来的危险性及高昂的代价。特别是多媒体仿真技术,使人产生一种置身真实场景之中的强烈幻觉,而且没有事故风险,维护成本低,适合在公安领域运用广泛使用。它可为实战射击训练、有人或无人机飞行训练、机动车驾驶、模拟现场、勘查训练、模拟毒品查缉训练等多种训练提供逼真的虚拟环境,对提高训练效果、增加临场应变能力、减低训练费用都有着传统训练不可比拟的优势。目前广泛使用的项目主要有以下内容。

(一)射击项目训练

在室内环境下,利用计算机实时图像生成技术、空间方位跟踪技术、三维音响技术等,合成综合虚拟环境。受训人员佩戴装备后具有置身其中之感,虚拟场景中的物件可以移动和变化形态,以满足训练的需要。受训人员手持的枪支在外形和重量上与真实枪支一致,激光束经弹道计算,击中物体点位与真实枪支一致,最大程度还原真实场景和训练内容。训练结束,系统进行评价,再现错误所在和正确做法,形象和及时。

这套训练系统有传统训练无法比拟的优势,一是环境、内容和过程,可根据训练科目要求设置,实现一套系统多种训练;二是实现真实环境训练无法实现的训练,真实场景往往存在各种缺陷,很难在一个场景中涵盖多项训练要素、训

---

① 崔丽:《论情景模拟训练在公安教育中的运用》,《辽宁警专学报》2012 年第 5 期。

练科目,而虚拟仿真训练,可根据训练的目的要求设置难度和要素,进行全天候训练;三是可以节省大量训练费用 ①。

(二)虚拟仿真驾驶训练

传统驾驶训练有场地、车辆、气候、教练员人数限制,有复杂路况条件的限制,有教练水平和责任心的影响,也有管理者怕出事故的心理因素,往往达不到预期的训练效果。

虚拟仿真教练车可根据需要编排出各种驾驶操作要领,各种复杂的路况,各种突发事件,使训练者在"教练车"上练习各种驾驶技能、技巧。虚拟仿真驾驶训练有诸多的优点,一是可以"跑遍"各种复杂道路,经历下雨、下雪、黑夜及泥淋环境;二是可以一遍遍地练习,直至熟练掌握各项驾驶技能;三是允许你发生一次次"撞车、撞人、翻车"等事故,不会产生严重后果;四是可以节约大量的训练经费,不会造成环境污染等优点 ②。

(三)虚拟仿真安全检查训练

安全检查是治安管理中的一项重要内容,是防范安全事故发生的重要措施,是培养学生发现问题、分析问题、解决问题的重要教学方法。

传统的安全检查实训是联系一个单位,进行现场教学,基本上是教师讲,学生记,是一种"演示型"教学,实训效果不佳。虚拟仿真安全检查训练是以游戏的方式,将安全检查中不安全要素设置在被检查单位的虚拟场景中,将不安全要素分级划分,设置成不同的安全检查级别。虚拟仿真安全检查需要发现不安全要素,指出不安全的原因、提出改正方法。每个级别为"一关",每一关闯关结束后,系统进行评价,指出错误之处,并设置正确方法的提示"按钮",如果受训者无法正确回答问题,则系统显示正确答案。低级"关卡"达不到"通关"指标,则不能进入"下一关"。通过反复的训练,受训者安全检查的能力得到提高。该方法的优点一是可以涵盖所有安全检查的"要素",避免传统安全检查因单位不安全因素的限制,检查要点不能全面展示的问题;二是每位受训者都可以亲身经历安全检查;三是"不安全要素"在环境中显现,易于加深对问题原因,改正方

---

① 刘彬:《虚拟现实技术在公安实战化教学中的应用探索》,《云南警官学院学报》2017年第 3 期。

② 倪红彪、初凯:《虚拟现实技术在公安高等教育教学实践中的运用研究》,《科技资讯》2019 年第 34 期。

法的理解;四是避免了联系检查单位的难题。实际企事业单位不愿被打扰,影响生产与工作。

四、综合训练

综合训练是在单项训练获得初步成效的基础上,指导学生运用已掌握的各项能力进行组合化运用的训练。自然和社会现象往往具有复杂性,不是一种技能就可以探明、消除该现象,它需要多种方法、技能的配合,协同解决。为了使学生达到综合运用知识和技能的目标,实战化训练必须开展综合训练。综合训练具有综合性、探索性和开放性特点,综合性是其外在变现形式;探索性是训练的目的,能够培养学生观察、分析解决问题的能力;开放性是实现的路径,通过训练时间、场馆和设备的开放,研究人员组成的广泛化,吸纳多维思维方式,培养创新意识和方法。

综合训练包含综合实训和综合实验,文科类专业以综合实训为主,理工类专业以综合实验为主。综合实训以专业实训项目为载体,训练专业技能,巩固公安基本技能。以治安学"大型活动安全保卫"综合实训为例,首先要建立一套科学合理的实训内容的方案体系,确定学校运动会"大型活动"安保方案,建立相应的组织机构,制定各工作小组的职责,制定"大型活动"场馆周边治安整治方案、社会危险物品收缴和强化管理方案;"大型活动"前的安全检查方案;"大型活动"期间交通"疏导和管制"方案、巡逻、盘查、接处警、案件查处、进入人员和行李物品的安检方案、现场及周边的监控方案;"大型活动"期间应急处置方案等。其次是方案的实施,按照方案内容备齐实训设备,保障其正常运行;组建专业综合实训教学团队,分设若干行动组;按照优劣搭配、男女搭配的原则,将学生分成若干组;分组分项目在教师的指导下开展实训。其三是分别进行模拟实训和真实训练,以每年一度的学校运动会的安保为目标,在学校运动会开始前完成全套模拟训练,在学校运动会召开期间,集中师生正对"大型活动"期间的交通类项目、安检类项目、现场监控而立项目以及应急类项目开展实质性训练,完成实训任务。最后进行项目总结、考核与评价。

综合实验场以公安实际案件为素材进行模拟训练,可以通过现场勘查,训练现场初步检验和检材提取能力;通过仪器设备分析,训练痕迹检验技能;通过综合对比各项仪器设备的分析结论,各处最终结论等。不少公安院校的开放实验室承担综合实验的任务,它着重培养研究能力和创新能力。在教师的监督和指导下,学生自行设计实验、完成实验,达到综合训练的目的。

五、师徒制训练法

师徒制(mentorship)作为一种技艺传承方式,数千年来始终是培养职业人才的方式。公安院校公安专业的人才培养面向公安基层一线的执法岗位,确定的培养方向,为校局合作机制下的师徒制,奠定了基础。公安一线的优秀民警与学生结成师徒对子,由民警负责指导学生课余时间、寒暑假以及专业实习的实训任务,对于提升专业实训教学的质量,促进公安专业学生的警务实战技能具有积极的现实意义。

师徒制分为两个层面,一是由优秀民警与教师组成的指导团队,重点指导高年级学生的实训;二是由优秀的高年级学生在教师的协助下指导低年级的学生。师徒比例控制在1∶2~3,形成3~4人的小组。利用学生之间易于交流的便利,高年级学生在通识课程、法律课程中指导低年级学生理解实践内容和掌握实践技能。进入专业基础课程和专业课程的学习阶段,实训项目和内容增多,受公安院校实训条件所限,普遍存在实训设施设备和受训时间不足的情况,利用在职民警师傅的资源,强化技能训练,弥补在校训练的不足,尤其是犯罪嫌疑人和纠纷当事人等参与的训练项目,校内的训练是以学生扮演角色的方式,缺乏真实性,而在公安一线部门是实战,以实战的方式训练,体现"战中学",对提高公安技能大有益处[1]。

六、促进方法

实训过程中的检查、督导、评价、结果考核及竞赛等方式可以提升学生的重视与认真程度,促进训练效果。

教学考评根据考评目的和时间阶段不同,分为日常性考评与结果考核。日常性考评用于平时实战化基本情况进行的检查、督导、评价;结果考核用于实训项目或课程结束时的考核中。结果考核虽然在总评成绩中所占比例较高,但考核时间短,内容少,难以全面检查学生的技能,而日常性考评持续时间长,可以全面促进技能的提高,应加以重视。

日常性考评是促进技能提升的重要环节。首先,由于平时的训练中教师少、学生多,教学场所面积大,教师全面督促、指导存在客观困难,发挥学生的互帮、互助、相互监督十分重要。因此,应建立实训小组,由教师培养好骨干,以骨干为组长,发挥组长的带头作用。其次,分阶段或分项目进行考核或考评,形成

---

[1] 冯燕:《师徒制在公安专业实战化教学中的运用》,《法制博览》2020年第5期。

渐进式提升的机制。最后,教师在平时的教学训练过程中抓两头典型,褒奖认真努力者,鞭策懒惰消极者,设法让每名学生都训练起来。结果考核不是单纯的评价训练结果,也是促进,是训练成果汇报和展示的机会,应组织全体受训人员观摩,相互激励;应当场打分并进行适当点评,现场纠正错误做法或不足之处。

竞赛也是促进、提高训练效果的有效方法。利用年轻人争强好胜心理,组织全体受训人员参加,进行层层选拔,以成绩优劣排名。虽然每人的目标不同,期望值不同,但在公众面前展示技能,本身就存在压力,压力促使其认真对待,提高技能。竞赛与训练结果考核也可以合并进行,以获得的名次段作为"优、良、中、差"等级的评定标准,提高竞赛的重要度和参与度。以赛促练助力考核是公安机关常用的做法,每年实战一线单位都有众多的竞赛项目,形成了常态化竞赛机制。这对于维持训练热度,起到很好的作用。公安院校的实战化教学也应借鉴公安一线的实际做法,广泛开展竞赛活动,以赛促练,体现竞技比赛"更高、更快、更强"的目标,提高技能水平,为调整和提高技能评价标准奠定基础。

考核与竞赛在训练动力的形成机制上存在差异,考核具有被动型,是受训者被动接受,是"过关"压力驱使训练;而竞赛是相互比较,是自我技能的展示,具有主动性。把考核变为竞赛实际上是将训练动力由"要我练"变成"我要练",由被动变为主动,这对于学生养成主动练习警务技能的习惯,保持良好的训练状态,提高警务技能水平,均有重要的意义。

第三节　实训方案

由于实训基于学校的实训教学条件,即使相同的实训项目,也会因实训条件的不同,使实训方案存在差异。这里展示江苏警官学院近几年实际开展的实训方案。由于实训方案较多,难以全面详细展示,所以分三个层次展示,第一层次是全面展示,展示实训方案的完整内容;第二层次是重点展示,展示实训方案概要;第三层次是列表展示,展示江苏警官学院主要实训项目的名称。

一、实训方案范例

【实训项目名称】治安调解。

【问题引导】治安调解的适用条件是什么?治安调解应遵循哪些程序规定?治安调解有哪些方法、技巧、策略?如何制作治安调解协议书?如何制作治安调解卷宗?

(一)治安调解业务简介

1.治安调解的概念

纠纷调解是指在第三方主持下,以国家法律、法规、规章和政策以及社会公德为依据,对纠纷双方进行斡旋、劝说,促使他们互相谅解、进行协商、自愿达成协议、消除纷争的活动。在我国,依照调解主体、调解所涉及纠纷的性质、类型及调解的法律后果等,调解可分为司法调解、行政调解、人民调解委员会调解、其他民间调解等四种类型。

治安调解是指对于因民间纠纷引起的打架斗殴或者损毁他人财物等违反治安管理行为,情节较轻的治安案件,在公安机关的主持下,以国家法律、法规和规章为依据,在查清事实、分清责任的基础上,劝说、教育并促使双方交换意见,达成协议,对治安案件做出处理的活动。治安调解属于行政调解。

2.治安调解的条件

《中华人民共和国治安管理处罚法》第九条规定:对于因民间纠纷引起的打架斗殴或者损毁他人财物等违反治安管理行为,情节较轻的,公安机关可以调解处理。《公安机关办理行政案件程序规定》(2020年最新修正版)第一百七十八条规定:对于因民间纠纷引起的殴打他人、故意伤害、侮辱、诽谤、诬告陷害、故意损毁财物、干扰他人正常生活、侵犯隐私、非法侵入住宅等违反治安管理行为,情节较轻,且具有下列情形之一的,可以调解处理:(一)亲友、邻里、同事、在校学生之间因琐事发生纠纷引起的;(二)行为人的侵害行为系由被侵害人事前的过错行为引起的;(三)其他适用调解处理更易化解矛盾的。对不构成违反治安管理行为的民间纠纷,应当告知当事人向人民法院或者人民调解组织申请处理。

《公安机关办理行政案件程序规定》(2020年最新修正版)第一百七十九条规定:具有下列情形之一的,不适用调解处理:(一)雇凶伤害他人的;(二)结伙斗殴或者其他寻衅滋事的;(三)多次实施违反治安管理行为的;(四)当事人明确表示不愿意调解处理的;(五)当事人在治安调解过程中又针对对方实施违反治安管理行为的;(六)调解过程中,违法嫌疑人逃跑的;(七)其他不宜调解处理的。

3.治安调解的基本要求

(1)深入调查、摸清情况,抓住焦点、对症施调

调查研究,摸清情况,是开展调解工作的第一步。进行治安调解,首先必须要查明纠纷的真相。要通过深入细致的调查,准确把握事实和证据,查明纠纷

的情况、动向,产生原因,了解纠纷发生、发展的过程,查明双方当事人争执的焦点,分清是非责任,还原纠纷的本来面目,这是正确解决纠纷的前提。

在掌握具体情况后,调解人员应善于抓住重点、识别要害,抓住焦点、化繁为简,视情采取恰当的策略、方法来解决纠纷。

(2)坚持说服教育,进行耐心疏导

对纠纷当事人进行说服教育和耐心疏导,是调解员开展工作的一个基本方法,也体现了调解人员的工作态度与作风。实践中,大多数纠纷并不是因当事人的根本利害冲突所致,而是因当事人的是非观念、善恶观念、荣辱观念、法律意识、道德品质、性格差异等原因造成的,如果不进行调解或调解不当,就有可能激化矛盾甚至为刑事案件、引发群体性事件。因此,在解决纠纷时,要以国家的法律和政策为武器,坚持疏导的方针,耐心地说服教育,通过启发当事人的政治觉悟和思想觉悟,来帮助他们提高认识,增强明辨是非、善恶的能力,解开思想疙瘩,互相谅解,并在此基础上自愿达成解决纠纷的协议,从而使双方当事人重归于好。

(3)依靠社会各方面的支持与配合

可依托"大调解"各级各类组织网络和工作体系,广泛运用各种社会资源。例如在调解家庭纠纷时,要取得当事人及当事人亲友的支持;在调解邻里纠纷时,当事人单位与居委会要互相配合;跨地区、跨单位或在几个地区结合部发生的纠纷,应由纠纷发生地调解组织牵头,有关单位参加,在做好本单位干部、职工或居民村民思想工作的同时,本着协商、秉公处理、各负其责的精神,及时正确地解决纠纷。公安民警应充分依靠人民调解组织与调解人员,并给予必要的法律与业务指导,共同做好纠纷的化解工作。

(4)努力提升调解能力

一是提高现场解决能力,最大限度地实现由第一处警民警将问题在第一现场解决,不使矛盾激化、小事拖大。二是提高综合联调能力,善于运用各方面资源,调动各方面力量,形成化解矛盾纠纷的合力,努力实现抓根本、治源头、除隐患。三是提高运用策略能力,善于总结个案经验和调解工作规律特点,形成简单实用、针对性强的调解策略体系,增强调解实效。

4.治安调解应遵循的基本原则

(1)合法原则

治安调解应当按照法律规定的程序进行,双方当事人达成的协议必须符合法律规定。

(2)公正原则

治安调解应当分清责任,实事求是地提出调解意见,平衡保护双方利益,不得偏袒一方。

（3）自愿原则

治安调解应当在当事人双方自愿的基础上进行。达成协议的内容,必须是双方当事人真实意思的表达。

（4）及时原则

治安调解应当及时进行,使当事人尽快达成协议,解决纠纷。治安调解不成,应当在法定的办案期限内及时依法处罚,不得久拖不决。

（5）教育疏导原则

治安调解应当通过查清事实,讲明道理,指出当事人的错误和违法之处,化解当事人之间的矛盾,教育当事人自觉守法并通过合法途径解决纠纷。

5.治安调解工作基本流程

（1）准备调解

①进行调查取证。调解前应当首先查明事实,收集证据。

②征求调解意愿。当事人愿意调解的,应当要求其提交调解申请书或者在笔录中予以记录;不愿意调解的,应当要求其提交有关声明或者在笔录中予以记录。在笔录中记录的应当要求当事人签名确认。当事人不具有完全民事行为能力的,其调解意愿以其法定代理人的意见为准。

（2）决定调解

调查取证工作结束后,认为符合调解条件且当事人愿意调解的,应当报办案部门负责人决定是否进行调解。

（3）进行调解

①调解主持人和参加人。调解由办案人员主持。对因邻里纠纷引起的治安案件进行调解时,可以邀请当事人居住地的居(村)民委员会的人员或者双方当事人熟悉的人员参加帮助调解。当事人中有不满十六周岁未成年人的,应当通知其父母或者其他监护人到场。当事人可以亲自参加治安调解,也可以委托其他人参加治安调解。委托他人参加治安调解的,应当向公安机关提交委托书,并注明委托权限。

②对明显不构成轻伤、不需要伤情鉴定以及损毁财物价值不大,不需要进行价值认定的治安案件,应当在受理案件后的三个工作日内完成调解;对需要伤情鉴定或者价值认定的治安案件,应当在伤情鉴定文书或者价值认定结论出具后的三个工作日内完成调解。

③治安调解一般为一次,必要时可以增加一次。对一次调解不成,有必要再次调解的,应当在第一次调解后的七个工作日内完成。

④调解处理伤害案件时,应当制作调解笔录。

（4）制作《治安调解协议书》

治安调解达成协议的,在公安机关主持下制作《治安调解协议书》,双方当事人应当在协议书上签名,并履行协议。

《治安调解协议书》应当包括以下内容:

①治安调解机关名称,主持人、双方当事人和其他在场人只的基本情况;

②案件发生时间、地点、人员、起因、经过、情节、结果等情况;

③协议内容、履行期限和方式;

④治安调解机关印章、主持人、双方当事人及其他参加人签名、印章(捺指印)。

《治安调解协议书》一式三份,双方当事人各执一份,治安调解机关留存一份附卷备查。

(5)履行调解协议

调解协议履行期满三日内,办案人员应当了解协议履行情况。对已经履行调解协议的,应当及时结案。

(6)信息录入

将案件调解情况依照有关规定录入执法办案信息系统或者数据库。

(7)建立卷宗

经治安调解结案的治安案件应当纳入统计范围,并根据案卷装订要求建立卷宗。卷宗包括调解协议书、案件证据材料、其他文书材料等。

6.当场调解的基本流程

对情节轻微、事实清楚、因果关系明确,不涉及医疗费用、物品损失或者双方当事人对医疗费用和物品损失的赔付无争议,符合治安调解条件,双方当事人同意当场调解并当场履行的治安案件,可以当场调解,并制作调解协议书。其基本流程为以下内容。

(1)查明情况

查明双方当事人基本情况,以及事情起因、经过、损害结果等情况,收集固定证据;登记现场目击证人姓名、住址及联系方式等。

(2)调解

在查明情况、分清责任的基础上,告知双方当事人现场调解处理的法律规定和法律后果,征求果双方当事人都愿意现场调解,由双方当事人自愿达成调解协议。

(3)达成协议

现场调解达成协议的,应当填写《现场治安调解协议书》一式三联,由双方当事人各持一联,另一联由办案单位保存。当事人拒绝签名、盖章的,执法民警应当注明,视为调解未成。

(4)未达成协议

现场调解达不成协议或者现场调解达成协议但不履行的,应当按照一般程序受理治安案件。

（5）备案

现场治安调解结案的，应当在 24 小时内报所属公安机关备案。

（6）存档

现场治安调解结案的治安案件，可以不制作卷宗，但办案部门应当将《现场治安调解协议书》按编号装订存档。

附：治安调解相关文书格式

1. 调解申请书

当事人（自然人姓名、性别、年龄、民族、职业、单位或住所地，法人及社会组织的名称、住所地、法定代表人姓名和职务）

_____

_____

_____

_____

_____

_____

_____

_____

纠纷事实及申请事项：

_____

_____

_____

_____

_____

_____

_____

_____

特申请_____主持调解。

申请人（签名）_____

申请日期：20××年××月××日

2. 治安调解协议书

编号：

主持人_____ 单位及职务_____ 调解地点__

当事人_____ 性别_____ 年龄_____ 身份证件及号码__

工作单位及职业_____ 家庭住址_____

当事人_____ 性别_____ 年龄_____ 身份证件及号码__

工作单位及职业_____ 家庭住址_____

调解见证人姓名_____ 家庭住址_____ 联系方式_____

主要事实(包括案件发生时间、地点、人员、起因、经过、情节、结果等)：

_____

_____

_____

_____

经调解,双方自愿达成如下协议(包括协议内容、履行方式和期限等)：

_____

_____

_____

_____

　　本协议自双方签字之时起生效。对已履行协议的,公安机关对违反治安管理行为人不予处罚;对不履行协议的,公安机关依法对违反治安管理行为人给予治安管理处罚,被侵害人可以就民事争议依法向人民法院提起民事诉讼。

　　本协议书一式三份,双方当事人各执一份,调解机关留存一份备查。

当事人意见：　　　　　　签名(盖章)：

当事人意见：　　　　　　签名(盖章)：

主持人签名：

见证人签名：

（公安机关印章）

20××年××月××日

3.现场治安调解协议书

编号：

当事人_____ 性别_____ 年龄_____ 身份证件及号码__

工作单位及职业_____ 家庭住址_____

当事人_____ 性别_____ 年龄_____ 身份证件及号码__

工作单位及职业_____ 家庭住址_____

主要事实：

_____

_____

_____

_____

_____

_____

_____

经调解,双方自愿达成如下协议：

_____

_____

_____

_____

_____

_____

_____

_____

本协议自双方签字之时起生效,并当场履行,公安机关对违反治安管理行为人不予处罚。

当事人(签名)：

当事人(签名)：

办案民警：

(公安机关印章)

20××年××月××日

(二)参考范例

1. 成功调解个案范例

(1)案件基本情况

胡某,男,37 岁,N 市 Y 区某事业单位司机。因暗恋本单位清洁女工余某(33 岁),自 2019 年 12 月至 2020 年 5 月,先后多次给余某发送短信表示爱慕之情,余某开始几次回复说自己有丈夫、儿子,家庭很幸福,让胡某"不要胡思乱想",后来就不再回复。2020 年 2 月,余某为避免收到类似短信,更换了手机号码。胡某从单位办公室了解了余某的新号码后,继续发送类似信息。2020 年 5 月 3 日,余某丈夫蒋某某(37 岁)偶然发现胡某给其妻发的短信,遂向余某了解事情经过。后于 2020 年 5 月 8 日 18 时许,前往胡某所在单位,乘胡某不备,向其头面部猛击数拳,至胡某左眼、左面颊处软组织挫伤。胡某随即报警,所在地 G 派出所受案,民警金某、吴某负责办理该案。

(2)该案调解经过

公安派出所按照法定程序及时进行了受案登记、调查取证。胡某、蒋某某对各自行为事实均供认不讳。2020 年 5 月 11 日,胡某经治疗完全康复,其间花去医疗费共人民币 390 元,交通费 55 元。

①办案民警征求双方当事人意见,双方一致同意调解,双方分别填写了调解申请书,提出拟调解处理的意见,呈报所领导审批,所领导批准该案进行调解处理,并确定调解主持人为负责办理该案的民警金某、吴某。

②民警经过与当事人商定,决定 2020 年 5 月 14 日 15 时,双方到 G 派出所进行调解。

③双方当事人到派出所后,情绪仍然较为激动。两位民警将双方独立开来,请他们先平复情绪,并分别对双方当事人进行了劝解、教育并指出其各自的违法事实。

④胡某开始无法接受自己的行为已经违法,民警拿出《中华人民共和国治安管理处罚法》条文,对照法条,使其认识到自己的行为确已构成违反治安管理行为。

⑤双方情绪基本稳定后,民警向双方简要介绍治安调解的性质和法律后果,告知双方,若本案调解达成协议并履行,公安机关不处罚双方当事人;若调解未达成协议或者达成协议后不履行,应当对违反治安管理行为人依法予以处罚;对违法行为造成的损害赔偿纠纷,向人民法院提起民事诉讼。并告知,若调解不成功,本案的办案期限从调解未达成协议或者调解达成协议不履行之日起

开始计算。双方表示听明白民警意思后,民警告知了调解的基本流程和双方应遵守的纪律规定。宣布调解开始。

⑥民警让双方当事人分别简要陈述事情经过,双方说法基本一致。

⑦民警请双方当事人分别说明损害情况,并出示表明其构成的医疗费、交通费等票据。随后请双方分别陈述损害赔偿主张。其间,胡某提出,虽然自己医疗费、交通费不高,但是被打造成的精神损害应该赔偿,要求蒋某某赔偿其医疗费390元、交通费55元,营养费200元,精神损害赔偿费1 000元,合计赔偿1 600元。蒋某某则提出,自己和妻子虽然没有直接经济损失,但因为胡某的行为对夫妻造成了很大的心理负担,特别是妻子的精神压力很大,夫妻感情因此受到了影响,要求胡某补偿精神损失费2 000元。

⑧民警针对胡某、蒋某某的要求,首先表示理解,但是告知他们治安调解只就直接损害赔偿进行调解,若涉及精神损害赔偿,只能通过提起诉讼的方式来解决。同时,通过晓之以理、动之以情的工作方法向双方再次释法析理,使蒋某某认识到自己动手打人的错误行为,胡某认识到发送信息干扰他人正常生活的行为的错误之处及其法律性质。

⑨经过一个半小时左右的调解,双方的情绪比较稳定,心中的怨气逐步化解。这时,民警建议双方,就赔偿数额达成意见。胡某要求蒋某某赔偿500元;蒋某某提出,胡某必须向自己及妻子道歉,并出具书面保证书,保证今后不再向妻子发送任何短信,也不得再以任何方式与妻子联系。同时只愿意赔偿其医疗费。很快,双方自行商定,由蒋某某一次性赔偿胡某人民币500元,当场支付;胡某当场向蒋某某道歉(免于对余某的道歉),并当场出具书面保证。

⑩民警告知双方,本案就此就算结案。并提醒双方,不得再因此事产生新的冲突,并要从这件事情吸取教训,学法、守法。

2. 调解方法经验总结—调解工作十法

近年来,南通市公安系统在实践中探索出十种行之有效的调解工作方法,取得明显成效。一是苦口婆心法,这种方法需要调解人员与矛盾双方当事人不厌其烦地"磨嘴皮",发挥语言技巧,以求得成功化解,主要适用于群体性纠纷。二是政策引导法,充分利用各种政策,引导矛盾双方知晓哪些是符合政策的,可以支持,哪些是违背政策的,必须制止,此举在调解农村田界纠纷、共有公用纠纷等方面较为有效。三是以案说理法,将矛盾双方身边已经解决了的类似纠纷在调解中举例,让双方有一个参照标准,这种方法在赔偿类纠纷中特别有用。四是换位思考法,引导矛盾双方换位思考,互相站在对方的立场上,设想如果我是受害者我该怎么办? 如果我是对方又该怎么办? 使双方的意见统一,达成矛盾的化解,此举在伤害类纠纷中比较管用。五是成本核算法,向矛盾双方核算解决纠纷的成本,明确告知通过法院解决将产生诉讼费,聘请律师将产生代理费,如果调解不成,责任一方当事人将可能被依法追究法律责任等,让矛盾双方进行核算,使其主动选择调解方式解决。此举对因地界不清又无证据证明、打架斗殴案件中证据无法查实等纠纷较为有效。六是跟踪回访、定期巩固法,针对一些经过调解但反复性较大的矛盾纠纷,适时组织村居两委走进矛盾双方中间,关心其家庭生活、子女就学等,使其理解组织的关心,建立对组织的信任感,知道组织是在真正帮助其解决实际问题,使已经取得的调解效果适时得到巩固。七是道德引导和谴责施压法,对一些看上去"合理、合情"但却"不合法"的纠纷,通过向其讲道德伦理及民间风俗等,寻求纠纷的解决。此举对化解家庭生活矛盾比较有用。八是以诚相待、耐心听辩法,在调解工作中,主持调解的人员必须认真听取矛盾双方的辩解,哪怕是无理辩解也要耐心听取,使当事人有被尊重的感觉,赢得双方的支持。九是三个"及时"、赢得主动法,在纠纷受理和调解过程中,做到及时受理、及时移送、及时调查取证,在矛盾双方心中赢得主动,使双方对调解工作态度感到满意,为随后的调解工作打好基础。十是"四宜四不宜"法,即坚持所有纠纷"宜解不宜结、宜和不宜激、宜缓不宜急、宜宽不宜严"的原则,此法要求在纠纷调解工作中注意工作方法和技巧,切忌简单粗暴、激化矛盾。

(三)调解协议书范例

调解协议范文1

××公安分局

治安调解协议书

编号:1352

主持人<u>左某</u>
单位及职务<u>××公安分局某派出所社区民警</u>
调解地点:某派出所
当事人<u>管某</u>　　性别<u>女</u>　　年龄<u>36</u>
身份证件及号码:<u>328026197502220682</u>
工作单位及职业<u>无业</u>
家庭住址:<u>××市××区竹山路 16 号</u>

当事人张某　　性别男　　年龄39

身份证件及号码:340721198210070918

工作单位及职业无业

家庭住址:××市××区竹山路 17 号

调解见证人姓名李某

家庭住址:××市××区竹山路 18 号

主要事实(包括案件发生时间、地点、人员、起因、经过、情节、结果等):

2020 年 8 月 30 日上午 10 时许,管某与何某在东山中前社区机场村的两家公用厨房内为琐事发生打架,后管某丈夫王某及何某儿子张某介入打架纠纷。(详情见询问笔录,双方伤情见病历)2020 年 9 月 10 日上午 10 时许,双方当事人就民事赔偿要求调解。

经调解,双方自愿达成如下协议(包括协议内容、履行方式和期限等):

1. 双方经协商达成一致意见:管某和丈夫王某一次性赔偿张某及其母亲何某医疗费、误工费等损失壹万叁仟元整。

2. 扣除张某赔偿管某和其丈夫王某的医疗费等损失肆仟元整。

3. 此纠纷一次性调解结束,双方签字生效,今后互不相找。

本协议自双方签字之时起生效。对已履行协议的,公安机关对违反治安管理行为人不予处罚;对不履行协议的,公安机关依法对违反治安管理行为人给予治安管理处罚,被侵害人可以就民事争议依法向人民法院提起民事诉讼。

本协议书一式三份,双方当事人各执一份,调解机关留存一份备查。

当事人意见:同意　　　　　　签名(盖章):×××

当事人意见:同意　　　　　　签名(盖章):××

主持人签名:××

见证人签名:×××

(公安机关印章)

20××年××月××日

调解协议范文 2

××区公安分局某派出所
现场治安调解协议书

编号:0012

当事人　叶×× 　　性别　男　　年龄　48

身份证件号:320229197210052777

工作单位及职业　xx 资产管理有限公司经理

家庭住址:××市××区将军路 6 号

当事人　沈×× 　　性别　男　　年龄　35

身份证件号:320221198510070918

工作单位及职业　xx 证券公司职员

家庭住址:××市××区郁金香路 20 号

主要事实:2020 年 4 月 22 日零时许,叶××与沈××驾车变道引起纠纷,后两人互相殴打。

经调解 ,双方自愿达成如下协议:

1. 双方相互赔礼道歉。

2. 叶××出现金 1 500 元,沈××出现金 1 000 元,合计 2 500 元捐给希望工程,双方不再追究对方责任。

3. 此调解为一次性调解,双方不得再因此事发生任何纠纷,否则肇事方承担所有责任。

本协议自双方签字之时起生效,并当场履行,公安机关对违反治安管理行为人不予处罚。

当事人(签名):××

当事人(签名):×××

办案民警:×××

(公安机关印章)

20××年××月××日

（三）实训方案

1. 实训目的与要求

通过实训,使学生掌握治安调解的相关程序规定和适用范围,熟悉治安调解的基本流程及基本方法与技巧,能够通过调解依法、高效地完成治安调解工作,解决因民间纠纷引起的常见违反治安管理行为。具体应达到以下目标要求。

（1）掌握治安调解的基本原则、基本程序规定与基本操作流程。

（2）具备个案阅读辨识能力,确定是否符合适用治安调解的条件。

（3）对案件正确定性、定责,对于案件性质、双方责任做到心中有数,为调解及后续的可能处罚奠定扎实的基础。

（4）对于双方当事人性格特点、基本情况做到大概有数,合理设计调解方案并在调解过程中合理运用策略。

（5）能够布置调解现场,营造有利于达成调解的现场氛围。

（6）能够适时启动调解程序,主导调解活动,在调解中合理运用有关沟通技巧、劝解方法,有效化解分支,完成调解工作。

（7）能够规范制作调解文书,形成调解卷宗。

（8）能够录入警务平台。

2. 实训内容

（1）对于给定案例进行分析、辨识,确定是否符合适用治安调解的条件。

（2）对案件正确定性、定责,明确案件性质、起因,双方当事人责任。

（3）根据双方当事人身份情况、性格特征,合理设计调解方案并在调解过程中合理运用沟通、劝解策略。

（4）布置调解现场（环境选择、现场场景、双方当事人位置）,营造有利于达成调解的环境与氛围。

（5）启动调解程序,主导调解活动。包括开场白、过程中根据情况适时引导等语言技巧运用;调解策略、调解技巧运用;调解节奏控制;调解中异常情况的防范与处置,如一方或双方不当语言使矛盾激化、升级,现场冲突特别是肢体冲突;根据情况适时确定是否暂停或中止调解。就主要争议标的达成一致意见。

（6）制作调解文书。

（7）调解执行。

（8）善后工作（真正意义化解结怨,避免后续矛盾再起甚至矛盾升级）。

（9）录入警务平台。

（10）形成调解卷宗。

3. 实训条件

（1）实训场地：教室、公安网机房。

（2）需要器材和条件：公安网计算机，打印纸，数码摄像机，布置临时调解现场所需座椅、身份标识牌，档案袋。

4. 实训案例

（1）高某，男，41岁，回族，某厂职工，因在厂里经常酒后闹事屡次遭到厂领导批评。高某认为这是厂领导对回族有民族歧视，于是决定发动其所在的回族聚居区的回民兄弟给厂领导颜色看看。随后，高某找到一家复印社打印出印有厂领导民族歧视种种"罪行"的传单近百份，准备向各回民家里传发，号召回民联合起来抵抗此类行为，刚发了十余家时，被在当地值勤的公安民警发现，其行为才得以制止，避免了一场可能发生的民族冲突。经调查，高某所说的厂领导的数次"民族歧视"行为均系编造。

（2）维利康公司员工吴某（男，22岁，大专文化）与唐某（男，25岁，大学文化）同住N市J区石羊公寓9栋907室2020年10月3日凌晨2时许，吴某与同学聚会后回宿舍，发现钥匙遗忘在同学的车上，便拨打唐某手机，多次拨打仍然无人接听，于是用力敲门。约2分钟后，唐某边开门边抱怨："这回你知道舍友了。"吴某质问："这么说你是故意不接电话的了？"随即二人互相辱骂并升级为互相扭打。其间，唐某紧紧揪住吴某头发，并致吴某的T恤衫破损。吴某则将唐某的右臂膀咬伤（轻微伤）。N市公安局J分局K派出所接警处理。

（3）N市J区芙阁新村小区18栋406室居民徐某（女，51岁，高中文化，原某特种纺织厂工人，2019年4月退休）与楼上506室住户赵某（男，49岁，高中文化，个体出租车司机）因厨房下水道漏水问题产生矛盾近半年。2020年11月1日晚6时许，徐某与赵某在楼梯间碰到，因言语不和发生冲突，徐某拉扯赵某衣领，并用随身携带的垃圾袋砸向赵某面部，赵某躲闪时不慎跌倒，致头部撞击楼梯立柱，创口约20毫米，右手掌内表皮破损约15毫米×9毫米（属于轻微伤）。N市公安局J分局D派出所接警处理。

（4）钱某（女，36岁）与庄某（男，38岁）于2019年11月协议离婚，女儿（11岁）与钱某一起生活。离异后钱某日益感到前夫庄某的好处，多次暗示庄某希望复婚。庄某因不堪钱某性格多变予以婉拒，但是表示双方仍然可以做朋友。2019年9月，钱某得知庄某结识新女友金某，正在热恋之中。为挽回前夫感情，达到阻止前夫与新女友感情发展的目的，钱某多次在20时至22时之间发送短信息，提醒庄某应酬时少饮酒、注意身体，提示其该增减衣物等。庄某知其用意,数次提醒、斥责钱某,并两次更换手机号码。钱某则发动其女儿获取其父手机号码,继续发送短消息关心前夫身体,并表明"就是惦记,没有其他企图"。金某多次用手机短信方式质问无果,遂于2020年2月24日前往钱某经营的服装店破坏,造成该店内展示柜台、衣物等损失人民币2 500元左右。随后提出与庄某分手。庄某报警。

(5)彭某,男,21岁,中专文化,某市玄武区某饭店厨师。饭店负责配菜的员工给彭某拿了一道菜的配料来,彭某不会做这道菜,就让配菜的员工拿给会做这道菜的厨师曹某(男,34岁,高中文化,二级厨师)那里。曹某以为彭某偷懒,就责问彭某,"这道菜你不会做吗?"彭某说不会,曹某很不高兴就说,"你看着,我教你!"并骂了一些脏话。彭某说:"你再骂一句试试。"曹某又骂了一句。彭某没说话,过了一会儿,他突然转身抄起炒菜用的炒勺,猛力朝曹某脸部打去,曹某躲闪不及,右上颌骨额突处被炒勺擦伤,表皮出血。彭某仍不罢休,追着曹某企图继续击打未果,曹某在躲闪中跌倒、求饶,彭某才罢手,并狠狠地说:"这次饶了你!看你以后还敢不敢欺负人!"

5.实训组织

(1)实训教学准备

①学生分组与熟悉案例。提前3天由学习区队长或任课老师处领取案例,原则上按照4人一大组,2人一小组完成学生分组,每组抽取1则案例。同时,将课堂教学模拟演示、练习案例发到每个小组,要求学生提前熟悉案情,明确双方争议要点。

②课前准备好教学设备,并检查实训场地。

③学生以区队为单位,根据课表安排的授课时间在指定教室及公安网机房集中。

(2)实训教学实施

①理论提示(30 min)

【内容及要点】

A.治安调解的概念、条件、范围。

B.治安调解的基本原则。

C.治安调解的基本流程。

D.治安调解的基础工作。

E.治安调解常用方法策略。

F.治安调解协议书及治安调解卷宗的制作方法。

G.公安网警务平台治安调解业务流程。

【组织和安排】

A.以上 A——F 由主讲教师对 1 个区队学生进行集中授课,辅助教师负责给个别学生答疑。

B.公安网警务平台治安调解业务流程由辅助教师采用投影演示,学生电脑终端同步练习,主讲教师负责给个别学生答疑,并安排互动问答。

②引导案例解析 (10 min)

以一则典型案例作为引导案例,结合该案讲解调解工作在开场、中场及收场阶段可能出现的问题,以及各个阶段应把握的主要环节和基本方法、要求。

【内容及要点】

A.案例再现。简要案情及民警调解过程、调解情况再现。

B.学生讨论。

a.本案例中,民警的调解有哪些正确和不当之处?

b.哪些因素可能导致治安调解失败?

c.案例解析。结合该案讲解调解工作在开场、中场及收场阶段可能出现的问题,各个阶段应把握的主要环节和基本方法、要求。

【组织和安排】

A.案例再现:采取 PPT 界面显示方式,包括文字、图片、视频片段。

B.讨论:以学生事前分好的 4 人小组为单位进行讨论,找出案例中的问题所在,提出正确的方法。

③实务讲解演示(30 min)

考虑到治安调解耗时较长、没有标准化技术动作的特殊性,实务讲解演示采取分断进行的方法,并侧重于起到启发、引导学生"举一反三"。

【内容及要点】

A.开场前的方案设计、现场布置等基本要点讲解、演示。

B.开场阶段的主要工作及拉近距离、减缓对立情绪等方法、策略。

C.中场阶段的主要工作及针对争议标的求同存异等方法、策略。

D.收场阶段的主要工作及其方法、要求。

【组织和安排】

A.教室中前部位突出,用课桌椅布置出模拟调解现场,同学分坐于教室两侧及后面。

B.整个区队统一进行。因调解现场占用课桌椅导致部分学生无法入座的,该部分学生先站立听课,并与其他同学轮流入座。

C.主讲教师与辅助教师合作进行操作要点讲解并进行现场演示。

D.辅助教师配合主讲教师,进行补充,并提示要点及易犯错误。

E.学生可以随时提问,并要求老师重新讲解、示范。

④针对导入案例的组织练习(30 min)

【内容及要点】

A.分组练习。以小组为单位,根据主讲老师、辅助老师讲解、演示,针对引导案例,对开场、中场、收场三个阶段分别进行体会练习。

B.纠错练习。针对学生练习中存在的共性问题集中整理并公开演示,引导学生观察讨论,老师归纳总结,明确错误之处,重复练习正确动作。突出重点、难点环节,讲解易犯错误的原因及后果。

C.开场阶段的示范练习。为正确掌握开场阶段的调解方法、策略,教师采用现场随机抽选的方法邀请学生进行公开演示,可以以原来的小组为单位,也可以学生当场自愿组合,合作模拟进行开场阶段的调解展示,侧重为拉近民警与当事人距离、争取信任,安抚当事人情绪,减缓当事人彼此间敌意。其他学生在座位上进行观察。

D.学生点评。

E.老师点评。

【组织和安排】

A.学生练习。主讲教师讲解,辅助教师示范,学员体会制作,教师逐一指导,集体练习,完整制作练习。

B.纠错练习。存在共性问题的学员出列演示,指出错误之处,提出纠正方法,重复练习至正确动作。

C.示范练习。在教室中前部模拟调解现场进行,教师随时叫停,具体纠错、逐一指导。

⑤针对所抽取案例的组织练习(模拟演练)(50 min)

【内容及要点】

A.结合所抽取案例的案情及当事人情况,根据此前的讲解、演示、练习,分组进行模拟演练。

B.按照调解前、调解开场、调解中场、调解收场几个阶段进行。各阶段主要要点应展示清晰。

C.授课老师随堂观察,注意发现问题,及时予以纠正。

【组织和安排】

A.以4人小组为单位,每小组两人扮演调解民警,另外两人扮演当事人。然后扮演民警与扮演当事人的同学进行角色互换。

B.学生按照小组分别在所安排的三个教室进行模拟演练,每个教室 4 组左右。

C.主讲教师、辅助教师分别负责若干小组,进行现场指导。

⑥针对所抽取案例的考核性实训成效展示(250 min)

【内容及要点】

A.结合所抽取案例的案情及当事人情况,在分组模拟演练的基础上,进行正式展示,接受考核。

B.考核内容包括调解开场、调解中场、调解收场三个阶段,要求各阶段主要要点应展示清晰,策略、方法运用有针对性。

C.授课老师密切观察,根据评分要点进行打分,几位老师的均分为该组的现场展示表演得分。

【组织和安排】

A.以 4 人小组为单位,每小组两人扮演调解民警,另外两人扮演当事人。然后扮演民警与扮演当事人的同学进行角色互换。

B.学生按照小组分别在教室中前部模拟调解现场进行,每组限时 20 min以内。

C.主讲教师、辅助教师分别现场打分。

⑦警务平台操作演示平台考核(50 min)

【内容及要点】

A.辅助老师演示警务平台录入操作的技术要领讲授及操作演示。

B.学生结合所抽取案例的案情及当事人情况,在警务平台上完成录入操作。

C.导出平台自动生成的治安调解协议书。

D.主讲老师、其他辅助老师进行个别指导。

E.根据学生完成速度及所生成的协议书质量,由负责这一模块授课老师(辅助老师)给出成绩。

【组织和安排】

A.学生自备鞋套,列队进入公安网机房;

B.讲授、演示、考核均在公安网机房进行,每人 1 台电脑,各自按照所属小组所抽取的案例进行操作,分别评分。

C.学生完成后以 PPT 形式发到指定位置。

⑧师生交流与集中讲评(50 min)

【内容及要点】

A.部分学生代表介绍实训过程及心得。

B.老师针对本次实训的过程、学生的表现,取得的成效、存在的问题等进行点评。

【组织和安排】

A.原则上每个小组都介绍,如果时间不允许则至少3组代表介绍。

B.所有授课老师按照分工分别进行讲评。

6.实训考核及评分标准

(1)考核内容

实训过程中的表现(态度、作风等);实训成效(在规定时间内规范完成治安调解,进行平台录入等);调解小结。

(2)评分标准

①实训过程(满分10分)。积极参与实训、遵守纪律、作风扎实、认真细致。

②实训成效(满分70分)。其中,调解前准备(10分),考核内容:对案件材料分析判断正确,调解方案合理,场景设计布置得当;开场阶段(20分),考核内容:开场时能够根据当事人情绪状况进行拉近距离、争取信任,安抚情绪、减缓对立等劝解、斡旋工作,开场阶段策略、技巧运用合理;开场白要素齐备,语气语调得当。中场阶段(20分),考核内容:调解过程中根据情况适时引导双方有序、简练发言,其间术语运用准确,调解策略、调解技巧运用合理;调解节奏控制得当;调解中双方再次冲突等异常情况的防范与处置得当;形成调解笔录。收场阶段(10分),考核内容:双方达成的调解意向(调解结论性意见)符合案件案情;形成调解协议简明结构框架(因平台自动生成协议书,现场只需要体现调解协议书基本要素,不要求具体内容;双方签字、民警签字;双方离场前的教育引导、告别当事人等善后工作)。录入警务平台,形成调解文书(10分),考核内容:在规定时间内正确完成平台录入,调解申请书、调解协议书要素齐全、表述规范。

③调解小结(满分20分)。考核要求及评分标准:要求对调解过程中实际运用的方法、策略以及所取得的成效,调解的主要经验、存在的主要问题等进行简要分析;表态性意见,一是否已经掌握治安调解技术要领,二是能否实际开展治安调解工作。

二、实训方案概要

每个公安类专业的专业课程都有一套实训方案,本书展示江苏警官学院治安学专业"公共安全管理"课程的实训方案概要。

(一)箱包安检实训方案

【目的与要求】

通过该实践教学环节,使学生了解红外报警器、微波报警器、声控报警器和超声波报警器的工作原理及安装使用,掌握视频监控报警器系统的工作原理和安装使用,掌握 X 射线进行箱包安全检查的步骤和方法,以及物品的辨识。

【课时数】3 课时。

【实训设备及物品】箱包安检仪 3 套;安检门 3 个;手持金属探测器 6 只;箱包及各种形状被检测物品若干。

【教学方法与过程】

(1)理论联系实际,通过实物精讲理论。

(2)示范操作过程,讲解操作要领。

(3)学生分组实训,教师和指导员进行现场指导。

(4)提醒难以分辨物品的安检要领。

(5)引导学生分析、比较和总结。

(6)教师点评。

【实训考核】略。

【思考题】

(1)红处报警器的工作原理和适用范围是什么?

(2)微波报警器的工作原理和适用范围是什么?

(3)超声波报警器的工作原理和适用范围是什么?

(二)非致命性警用武器使用实训方案

【目的与要求】通过该实践教学环节,使学生掌握网枪、发射式电击枪、辣椒水喷雾剂、OC 制剂发射枪的正确使用,并写出实训报告。

【课时数】3 课时。

【实训设备及物品】网枪 5 把,子弹若干;电击枪 5 把,子弹若干;CS 毒剂弹若干,发射器 1 支;OC 喷雾器若干;其他目标物品等。

【教学方法与过程】

(1)理论联系实际,通过实物精讲理论,讲解安全要求、注意事项、纪律。

(2)示范操作过程,讲解操作要领。

(3)学生分组实训,教师和指导员进行触发前检查。

(4)抓捕网回收方法、提高命中率方法等要领指导。

(5)学生交流经验。

(6)教师点评

【实训考核】略。

【思考题】

(1)如何正确使用干粉正确使用灭火器？有何注意事项？

(2)如何正确使用二氧化碳灭火器？有何注意事项？

(三)电警棍使用技巧实训方案

【教学目的】通过本次实训,使学生掌握各类电警棍的基本性能参数以及使用不当可能产生的后果,掌握电警棍的维护方法,掌握使用电警棍实施抓捕时的站位与击打部位,基本掌握在搏击过程中击中指定身体部位的能力。

【课时数】课堂教学时间 4 学时,学生自行训练练习时间 6 学时,共计 10 学时。

【教学器械和教具】电警棍实物 5 种,每种电警棍 3 支;电警棍模型若干件;防护用品若干;白、红、绿三色标记粉若干。

【教学地点】校园内软土或草垫上;训练馆海绵垫上。

【教学要求】

(1)穿作训鞋、作训服;

(2)随身不得携带钥匙串等坚硬物品;

(3)随身不得携带手机等贵重物品;

(4)穿戴必要的防护服、面罩、关节部位防护的物品;

(5)抓捕训练前必须活动身体关节等部位,防止扭伤等;

(6)课后训练要求;

(7)实训结束后提交实训报告。

【教学内容】

(1)电警棍性能、危险性讲解;

(2)抓捕时电警棍使用要领讲解;

(3)一名民警对一名犯罪嫌疑人、一名民警对两名犯罪嫌疑人、两名民警对一名犯罪嫌疑人、两名民警对两名犯罪嫌疑人的站位训练;

(4)上述各对峙状态下,静态与动态击打方法与要领训练等。

【教学步骤】

(1)教师讲解电警棍性能和危险性,展示各类电警棍的使用方法,使用要领。

（2）学生分组，4～5人1组。先用电警棍模具练习；经教师或辅导人员许可后，轮换使用实物电警棍，在不通电的情况下进行练习，掌握各类电警棍使用方法。

（3）学生4～5人1组。用木制"电警棍"，依次练习1对1、1对2、2对1、2对2等，在奔跑中、搏击中电警棍的安全使用。

（4）优秀学生小组练习成果展示。

（5）教师总结点评，布置实训报告写作。

【考核要点】略。

（四）技防前端设备布防训练

【实训目的】

（1）巩固理论教学关于安全技术防范以及技防前端设备布防方面的知识。

（2）广泛了解技术防范设备的工作原理、设备的功能和性能。

（3）了解安全技术防范前端设备安装的环境要求，安装地点的选择。

（4）训练综合应用知识解决实际问题的能力。

【实训内容与要求】

1. 对奥体中心周边技防设置的目的如下

对南京奥体中心周边进行安全技术防范前端设备的设置。

①防止非法入侵。应设置具有报警功能的周界技防设施。

②防止车辆带入爆炸物接近奥体中心场馆。应在奥体中心外围设置三道防线，第一道防线拦截强行闯入或混入的可疑车辆，第二道防线应设置车辆车牌自动比对系统，查缉假牌车辆、套牌车辆、丢失车辆等嫌疑车辆，第三道防线应设置车辆底盘爆炸物检查系统，对车辆是否带有爆炸物进行全面检查。

③防止车辆被盗。大型活动人员众多，应防止不法分子趁乱从事非法活动。对车辆停放地点应安装视频监控记录系统，对车辆出入口应安装车辆智能管理系统并安装视频监控记录系统。

④发现可疑人员及其影响公共安全的活动。奥体中心周界以内的所有空地和活动场所应安装视频监控系统，所有场所不能留有监控死角。应注意摄像头的选型和云台的选型，确保能在微光条件下监控所有场地。

⑤为维持正常的公共秩序提供必要的数据。大型活动外场地人员普遍较多，但人员较大面积过度聚集容易引发安全事故，及时识别人员过度聚集区域，为人员及时疏散提供技术条件，在可能的情况下安装带有人员聚集度报警功能的视频监控系统，及时发现安全隐患。

2.为保障某银行金库安全,安全技术防范前端设备的设置(略)。

【人员组织】5人左右为1组,共同探讨、研究全段设备设置方案,每组提交一份实训报告。实训报告中应注明每人的实际工作量。

【考核方案】略。

【实训报告要求】

(1)实训报告要求图文并茂。每个前端设备要在总图中用序列号标明位置,在放大的分图中标明具体的设备外形,并对设备的功能以及设置目的、选型、安装地点等进行说明。

(2)技防设施的使用离不开人力资源,涉及技防的人力和相关设施应一并标注和说明。

(3)实训报告宜采用电子文档形式,电子版发送至指定电子邮箱。

(五)民用爆炸物品辨识实训

【实训目的】通过本次实训,了解南京市危险物品管理现状,熟悉常见民用爆破物品的性状,并掌握识别方法,了解民用爆破物品的基本使用过程,掌握民用爆破物品管理方法要点。

【实训重点】常见民用爆破物品的识别方法

【实训内容与要求】邀请具备危险物品管理丰富经验的公安人员对同学进行民用爆炸物品实训,讲解公安实际工作中如何对危险物品进行管理特别是针对危险性较高的民用爆炸物品,向学生介绍实战经验,并针对黑索今(环三亚甲基三硝胺,又名旋风炸药,爆炸力极强大的烈性炸药)、梯恩梯(三硝基甲苯,比较安全的炸药)、粉状乳化炸药、雷管、导爆管、导爆索等常见民爆物品的特点进行实训,让学生积极思考、分小组讨论、主动辨别常见民爆物品,并形成实训报告。

【实训材料】

(1)炸药类:黑索今、梯恩梯、粉状乳化炸药、黑火药、奥克托金(环四亚甲基四硝胺,猛性炸药)、特屈儿(2,4,6-三硝苯甲硝胺)、硝化甘油(三硝酸甘油脂,爆炸性能极强的炸药)、太安(单质炸药)、硝酸铵(氧化剂);

(2)火雷管类:纸壳火雷管、铝壳火雷管、铜壳火雷管、纸壳导爆管雷管、铝壳导爆管雷管、铝壳导爆管雷管、铁壳导爆管火雷管;

(3)电雷管类:纸壳电雷管、铝壳电雷管、铜壳电雷管、铁壳电雷管导爆管;

(4)导爆索类:3种导爆索,拉火管;

(5)定时爆炸装置类:3种定时爆炸装置。

【实训组织】

(1)实训内容安排

实训分为单一物品辨识(辨识项目一)和混合物品辨识(辨识项目二)两类。在实训区域一,分类放置了上述物品,每种物品均有编号,请同学们独立写出个编号物品的名称;在实训区域二,混放了6种物品,每种物品均有编号,请同学们写出各编号物品的名称。

展示定时爆炸装置实物,讲解引爆原理、拆除原理等;进行拆除定时爆炸装置练习。

(2)人员组织、时间

以25人左右为一大组,每人独立完成对物品的辨识。辨别时间为25 min。

【实训考核】略。

(六)危险物品仓库安全检查实训方案

【实训目的】结合教学内容,安排学生以小组为单位进行模拟危险物品从业单位安全检查,掌握危险物品从业单位安全检查的具体流程,把理论与实践相结合,提高教学效率和效果,培养学生实践能力。

【实训地点】危险化学物品仓库。

【实训重点】掌握危险物品从业单位安全检查的具体流程、法规。

【实训内容与要求】

(1)邀请具备危险物品管理丰富经验的公安人员讲解危险物品从业单位安全检查过程、经验介绍;

(2)学生了解危险物品从业单位工作流程,掌握日常公安危险物品管理监督检查工作要点;

(3)分组对某危险化学物品仓库进行实地安全检查;

(4)讨论该危险化学物品仓库的安全隐患、违反的法规、改正方法等;

(5)对违规现象做出相应处罚,填写公安机关检查常用有关表格,并形成书面报告。

【实训步骤】

(1)检查流程讲解。邀请具备危险物品管理丰富经验的教师或公安干警在检查现场,进行安全检查流程的讲解,并将流程讲解贯穿于整个检查过程中。

(2)安全检查。在教师的带领下,学生对危险物品从业单位进行安全检查。

(3)填写法律文书,撰写实训报告。

【实训考核】略。

(七)燃烧灰烬类别鉴别实训方案

【教学目的】通过本次实训,使学生掌握电镜能谱仪的功能、作用和使用方法,掌握燃烧灰烬的辨别方法,了解物证检验鉴定和火灾原因专项勘验的方法,培养综合运用知识解决实际问题的能力。

【课时数】"痕迹检验"课程占用教学时间 8 学时;"公共安全管理""消防管理""侦查学""治安概论"等课程占用教学时间 4 学时。

【教学要求】

①个人准备检材,携带实验记录本,移动硬盘;

②按照指导教师的要求认真操作;

③分析实验测定结果;

④在仪器设备使用记录本上记录仪器使用情况;

⑤实验结束后提交实训报告。

【教学地点】江苏警官学院浦口校区实验楼 103 室。

【材料准备】

(1)熟悉火灾现场勘验基础知识;

(2)熟悉电镜能谱仪工作原理;

(3)熟悉物证检验基本方法;

(4)了解电镜能谱仪使用方法;

(5)扫描电镜能谱仪;喷金仪;稳压电源;通风橱、灼烧器;各类可燃物等。

【教学内容】

(1)电镜能谱仪操作方法;

(2)火灾现场灰烬类别辨识;

(3)头发等毛发特征辨识。

【教学步骤】

(1)教师讲解电镜能谱仪操作规程;

(2)教师演示电镜能谱仪操作步骤;

(3)在教师指导下分布实验;

(4)学生分组,两人 1 组,分别实验。

【考核要点】略。

(八)消防安全检查实训方案

【教学目的】通过本次实训,使学生掌握消防监督检查的程序,掌握消防安全检查要领,加深对消防法规的理解,了解火灾隐患的排查及其改正方法,培养综合运用知识解决实际问题的能力。

【课程与课时数】对于“公共安全管理”“消防管理”两门课程,本实训项目占用课堂教学时间4学时,学生自行训练时间6学时,共计10学时;对于“治安概论”“治安管理”等课程占用课堂教学时间2学时。

【教学要求、准备物品】

(1)携带笔记本和照相设备;

(2)按检查小组实施消防安全检查;

(3)检查期间注意安全;

(4)检查结束后提交实训报告;

(5)提交《消防安全检查表》等法律文书。

【教学地点】江苏警官学院浦口校区或安德门校区的图书馆、教研楼、教学楼、学生宿舍、食堂、实验楼等。

【资料准备】

①熟悉消防管理基础知识;

②熟悉消防安全检查程序;

③熟悉《高等学校消防安全管理规定》《中华人民共和国消防法》等法律文件。

【教学内容】

①图书馆火灾隐患排查;

②教研楼和教学楼火灾隐患排查;

③学生宿舍火灾隐患排查;

④实验楼火灾隐患排查;

⑤食堂火灾隐患排查。

【教学步骤】

(1)教师讲解实践性教学要领;

(2)学生分组,4~5人1组;

(3)教师带领各组组长进行示范性火灾隐患排查;

(4)各组组长带领组员进行检查,教师巡查指导。

【考核要点】略。

三、江苏警官学院主要实训项目名称列表

江苏警官学院实训教学的项目众多,每个专业都有一套实训方案,这里仅

列出作为通修课程的 14 个实训方案。

(1)现场保护和现场访问。

(2)现场图绘制。

(3)嫌疑人初查。

(4)刑事案件卷宗制作。

(5)网上办案流程。

(6)现场急救。

(7)现场痕迹物证的发现、提取和保护。

(8)110 接处警。

(9)治安案件办理。

(10)治安调解。

(11)治安巡逻、盘查。

(12)交通指挥与疏导。

(13)治安信息收集。

(14)现场勘查笔录。

第六章 "教、学、练、战"一体化之"战"法研究

公安院校是行业院校,以培养警用人才为目标,培养目的是适应和胜任实战岗位。"教为战""学为战""练为战",同时"战中学",在实战中领悟、学习,综合运用所学的知识和技能提升人才的警务工作能力。

第一节 学警参与大型活动安全保卫实际工作

一、大型活动安全保卫概述

大型活动是指由单位或政府组织,在特定事件内,由不特定的人数参加的公共活动,主要包括体育比赛、文艺活动、展览展销、庆典、重大会议、民间传统活动等。

(一)大型活动的特点

1. 参与人数多

大型活动的参与人数少则数千人,多则数万人,并且活动内容丰富。例如2008年北京奥运会,8月8日晚上8时开幕,8月24日闭幕,共持续了17天;涉及城市有北京、上海、天津、沈阳、秦皇岛、青岛和香港等;参加开幕式的领导、嘉宾、运动员及观众等共有9万余人。2020年2月8日和9日两天的南京夫子庙灯会,每天出票40万张,南京市公安局每天仅在夫子庙现场投入警力多达5 000余名。

2. 涉及面广

大型活动不仅有大量的群众参加,有时还有党政领导、国家元首甚至外国政要参加。

3. 不确定因素多

大型活动虽然会在事先公开,并且透明度高,但为了安全起见,组织者事先不会把具体时间、活动内容向相关单位明确,尤其是涉及领导人参加的活动,一般会明确得较晚,而且往往中间过程中还会根据实际情况调整或改变预定计

划,这些情况的发生都不同程度地增加了安保工作的难度。

(二)大型活动的分类

根据大型活动的性质、内容,一般将大型活动分为以下两类。

1.按照性质分类

按照性质分为政府主办的大型活动,例如大型会议、大型庆祝活动等,还有以盈利为目的的大型社会活动,例如演唱会、马拉松长跑等。

2.按照活动内容分类

按照活动内容分为体育比赛活动;演唱会、音乐会等文艺演出活动;展览、展销等商贸活动;民间传统活动,例如灯会、庙会、烟火晚会等;人才招聘会;聚众开奖的彩票发行活动等。

(三)大型活动的管理机制与手段

随着经济主体的多元化,大型活动安全保卫工作除了由各级政府组织策划安排的这一种单纯的政府行为之外,也逐渐呈现多元化的特征,许多商业性和慈善性的活动也日益增多。在市场经济条件下,繁多的大型活动催生了社会化、市场化的安全保卫工作等组织的出现,安保服务的普及标志着大型活动安全保卫进入一个社会化市场化阶段。

大型活动安全保卫的市场化运作是个新生事物,法规尚未健全,各地采取的标准不一,处理的方法各异。2007年10月1日实施的《大型群众性社会活动安全管理条例》等规范性文件的制定和实施,为大型活动安全保卫工作提供了基本法律保障。

(四)大型活动安全保卫的重要性

大型活动涉及千万人的安全,安保工作十分重要,一旦发生事故或恐怖事件,很容易造成群死群伤。2014年12月31日23时35分许,上海外滩陈毅广场发生拥挤踩踏事故,致36人死亡,49人受伤;2010年11月22日柬埔寨传统送水节的最后一天,当时约有300万人涌向金边观看在王宫前的洞里萨河上举行的龙舟大赛以及在金边钻石岛等地的庆祝活动,当地时间22日23时左右,由于游人太多,金边市区连接钻石岛的一座桥产生晃动,引起人们恐慌,导致发生相互拥挤踩踏事故,造成375人死亡,755人受伤;2000年12月25日21时35分(圣诞狂欢夜),河南省洛阳市东都商厦发生特大火灾事故,造成309人死亡,7人受伤等。大型活动中的踩踏事故、火灾事故、坍塌事故等充分说明,大型活动安全保卫工作十分重要,一旦出现意外,很有可能造成群死群伤,造成难以挽回的不利影响。

(五)公安院校学警参加大型活动安全保卫事例

公安院校学警参加大型活动安全保卫已成常态,几乎我国重大活动都有公安院校学警的身影。2020 年由于新型冠状病毒肺炎疫情的影响,国内大型活动骤然减少,但公安院校学警仍然参加了数次会议的安全保卫工作。例如 2020年 5 月 13 日至 15 日在宁波国际会展中心举办的宁波国际照明展览会;2021 年召开十三届全国人大四次会议于 5 月 22 日在北京召开,2021 年召开全国政协十三届四次会议于 5 月 21 日在北京召开;10 月 23 日,纪念中国人民志愿军抗美援朝出国作战 70 周年大会在北京人民大会堂举行;中国共产党第十九届中央委员会第五次全体会议,10 月 26 日至 29 日在北京举行;第十届中国智慧城市与智能经济博览会,9 月 11 日至 14 日在浙江省宁波市举办;第三届中国国际进口博览会,11 月 5 日至 10 日在上海国家会展中心举办等。地区性大型活动更多,公安院校学警参加大型活动安全保卫工作每年人均 1 次以上。参加的项目主要有安全检查、道路交通疏导、大型活动中突发事件处置的警戒等。

(六)指导教师的工作与管理

公安院校的委派学警管理人员和教师随队全程管理并对学警进行业务指导。在实战前的培训阶段,教官与教师共同担负培训任务,在实战阶段教师辅助教官担负指导任务。每个参加实战的学警聚集点均有学院委派的学警管理人员和教师,以便随时帮学警解决各种问题,尤其是在每批次学警的每日任务结束后,询问和了解学生工作情况,解答学生工作中的疑问,并一起讨论改进等。

每次大型活动安全保卫任务完成后,召开不同规模和层次的交流总结会,表彰先进学警,分享学警的优秀事迹、经验或体会,促进共同提高。

二、参与安检工作

为防止危险物品进入大型活动场馆,需要对进入人员、行李和车辆进行安全检查。校内课程实训中往往是模拟训练或仿真训练,远离实际安保工作,学警在思想上难以高度重视。面对即将开展的实战,学警思想上的重视能够提高战前训练质量。

战前训练的具体工作具有不确定性,由于是轮训,所以需要学警掌握所有安检设备的使用方法与技巧,而且人人过关,保证了训练的普遍性和训练强度。实战中,学警经过反复多次的操作,做到娴熟地使用安检设备。实战是复杂的,因为会面对形形色色的人群,面对各种危险品疑似物的藏匿方式,面对各种形态、外貌的危险物品,以及在各种状况下检查危险违禁物品,以消除安全隐患。所以需要在实战前提高学警的实际安保经验和技能。

熟练掌握各种安检设备是学警参加大型活动安检工作后最实在的收获。学警熟练掌握了通道式 X 射线检测仪、移动式 X 射线检测仪、便携式 X 射线检测仪、人体 X 射线检测仪,手持金属探测器、金属探测安全门、炸药探测器、非线性节点探测器、便携式电子听音器、电子听音器、非接触式电子听音器,窥镜、检查镜等。了解了排爆杆、排爆机器人、排爆服、排爆毯、频率干涉仪、防爆罐、爆炸物销毁器等的使用方法。

在人身及物品的安检中,学警了解安全检查的范围,触摸了枪支、弹药、爆炸物、弩、匕首等管制器具实物;认识了烟花爆竹、汽油、酒精、剧毒、腐蚀性及放射性等易燃易爆化学危险物品;了解了有害生物制剂传播毒菌原体等危险物品的外包装;懂得了易碎品与各类容器,例如玻璃瓶等的危害性,以及各类硬包装饮料,特别是含酒精饮料、易投掷食品、长棍尖锐物品、易造成人身伤害的物品的外观形貌;懂得了横幅和标语的违禁内容。对于人身检查的方法,有观察和各类设备检查法,在实战中体验"看、摸、闻、听",并且观摩警犬检查的过程与效果。

场地安全检查需要检查地面,以及地面上的植被、固定物、临时放置的物品。重点检查主席台、首长休息室和卫生间,地下管线、通信枢纽,桥梁、涵洞、隧道,检查前要确定目标,制定计划。在检查过程中,要清理现场无关人员,排爆器材在现场待命,要有熟悉情况的人员陪同,检查供水、供气、供电系统和关键部位。场地安全检查后,移交现场保卫人员,由他们进行封闭控制。

利用车辆进行恐怖爆炸活动时有发生,因此车辆安检十分重要。车辆安检重点检查的有车底盘、发动机、行李箱、车身内部、油箱和排气管。检查时不要随意开启车门窗和后备厢,不要随意发动汽车,不要随意在座椅上坐卧,不要随意打开照明设备,不要随意剪断或拉动导线,不要轻易触摸车内外物品。应使用屏蔽干扰仪,屏蔽或干扰遥控信号。检查过程应由表及里,先"看、闻、听",确定仪器检测无异常情况后,再进入内部检查。

在公安院校的校内理论讲解和实训重点是理解和掌握安全检查的方法,而实战则是丰富了实训的内容,而且实战中是多人、多遍检查,在师傅、教官或教师的监督下,多位学警对一个项目进行检查,真正地实现了"全面、细致、专业、科学"的安检要求,使学警亲身感受到这些安检要求在实战中的落实,深化了对要求的理解。

三、参与道路交通管理与疏导

大型活动过程中人员流量大、车辆进出多、疏散时间短,容易发生拥挤踩踏事故,所以道路交通的管理和疏导十分重要。大型活动中道路交通管理的主要任务是保证参与活动的车辆和人员按时、顺利集结和疏散,防止因发生交通堵塞或秩序混乱而引发的事故,确保参与活动的领导、外宾及群众的安全、车辆有序地行进或停放。大型活动前需要确定执勤岗位和岗位职责,确定机动警力,保证指挥通信系统的完备和畅通,从而保证大型活动的顺利进行。

对大型活动的道路交通的管理,首先要确定管理方案,一是对道路交通进行分析和预测,要分析客流总量,分析客流交通方式,分析道路交通现状以及停车需求;二是要制定道路交通组织措施,要因时、因地实施交通管理管制,要合理安排活动路线上行驶的车辆,要控制活动用车及参加活动人员的行车路线、集结地点,要划设专用通道和优先通道,要合理安排停车场地,要增加公共交通运量,要编制出行指南,并加大宣传力度。其次是要对大型活动道路交通组织与管理方案进行评价。评价分为自我评价和第三方评价,第三方评价不仅仅是避免人为因素干扰,也是拓宽评价的渠道,从不同的角度思考道路交通管理的状况与实施效果,可以形成相互弥补漏缺与不足,降低风险。

道路交通设施的设置。设置护栏隔离和绿化带隔离,必要时采用"人墙"隔离。例如南京夫子庙灯会,人员众多,道路宽阔,为了使人流的行进有序,避免人流交叉,阻碍流动,可以采用"拉人墙"的方法,限定人流走向。道路交通的标志要清晰,指示要明确,夜晚的照明亮度保证全覆盖和足够亮度。遵守"交通最大通行原则",科学合理设置道路交通设施。

要事先拟定突发交通事件的应急预案,发生突发事件要快速处理,交通事故与人员纠纷中的车辆与人员要及时带离主干道,保障道路的畅通。尤其是重要领导和嘉宾的车辆要保证全程路段不停留,必要时改用备用道路。

道路交通管理与人、车流量密切相关。课程内交通实训因无法达到实战化要求,所以相对实战而言,课程内交通实训就很容易"纸上谈兵"。大型活动道路交通管理实战能够给学生不一样的体验,它不仅加深了对理论和知识点要义的理解,还能够彰显"战中学"的重要地位。

四、大型活动中突发事件的处置

大型活动中常常有突发性事件发生,例如有地震、海啸、泥石流等自然灾害;有火灾、建筑物坍塌、倒塌、车辆事故等;有吵架、打架、闹事等社会安全事件;也可能有爆炸、恐袭等极端事件。

突发事件的最大特点是突发性,其发生的时间、地点、规模、方式难以事先预知。突发事件与社会政治经济状况存在关联,与社会中拥有的危险物品数量种类存在关联,与大型活动安全保卫管理的水平存在关联。此外,大型活动突发事件还有破坏性和复杂性特点。尽管突发事件具有突发性,但它也具有可控可防性。所以大型活动前周边治安的整治、危险物品的收缴、全员教育活动的开展,活动期间的严格管理、监控,实施方案的科学合理与职责落实,应急机构的现场驻扎与快速出击、快速处理等都会减少突发事件发生的可能性和损失、影响程度。

突发事件的处置分为明确任务和职权、迅速调集警力赶赴现场、封控现场和疏导救援、依法处置和恢复秩序4个阶段。预案中应明确公安机关在处置工作中的任务和职权,实行统一组织,分工协作机制。警力调集与赶赴现场应体现"快",因为人员聚集处,事件的扩大蔓延十分迅速,所以快速控制现场以防事态扩大十分重要。用警戒线和路障等设施进行现场封控,可以控制事件现场范围,防止外界干扰。现场封控是否取得实效也与宣传教育、现场人员疏散和现场救援的成效有关,通过广播和新闻媒体宣讲国家政策、法律,以说明事实真相,对于稳定人员情绪作用重大。突发事件的处置应快速、从严处置。将当事人快速带离现场,可以转移人群的关注点,对于快速恢复秩序有重要的作用。

但是课程实训是假想目标和事件,由于没有大量人员参与,课程实训与大型活动中的突发事件实际处置有着本质上的区别。虽然学警不是突发事件实际处置的主要负责人,但参与实际处置过程,观摩处理方法,对于学生领悟课程实训中的技巧与要领也有着十分重要的作用。

五、大型活动中的消防安全检查

应急管理部成立后,虽然消防机构整建制地划分给应急管理部,但2019年新修订的《中华人民共和国消防法》规定:公安派出所可以负责日常消防监督检查、开展消防宣传教育,具体办法由国务院公安部门规定。派出所消防管理任务并未取消,与应急管理部成立前的工作内容与性质几乎相同。

消防管理不能脱离派出所。首先,消防管理具有广泛性,社会中的每个人都可能是火灾事故的引发者和火灾灭火救援的执行者。派出所与群众的联系最为紧密,如果没有派出所群众性的消防安全、群防群治工作将无法开展;其次,派出所涉及面广,人员众多,不但有民警也有辅警人员,他们组成了强大的警力,而消防机构的管理人员数量少,无法承担全社会的消防安全防范和治理工作;最后,维护社会安全是公安的基本职责,消防安全是社会安全的一个重要的组成部分,是社区警务的重要内容。把消防管理纳入社区管理中,既是消防工作性质所决定,也是公安工作职责所决定,更是合理利用管理资源,高效管理的必然要求。

大型活动开始前学警需要对活动场馆及周边社区进行消防安全检查。大型活动场馆形式各异,消防器材的配备也不尽相同,灭火器及装置主要有二氧化碳、水蒸气、水、泡沫、干粉等,个别还配备了新型、高效的气溶胶灭火器。消防设施主要有火灾自动报警(喷淋)系统、消防栓箱、排烟系统和避难系统。

尽管派出所会定期开展日常消防安全检查,但面广量大,难以经常、全面、深入地开展检查,所以大型活动为学警从严检查提供了良好的契机。学警在检查中发现:大型活动场所的管理者和活动主办方消防意识差,重视经济效益,忽视消防安全;管理制度不健全或在执行制度时不严格;消防设施不达标;缺乏必要的安全疏散标记;没有灭火作战计划和安全疏散预案,没有进行疏散演练等。

消防安全检查是发现隐患的过程,锻炼了学警发现问题、分析问题的能力;检查过程也是提高消防安全意识和改正宣传措施的过程,使学警综合运用知识的能力得到提高。消防安全检查课程实训不同于实际检查,一是隐患类别丰富,种类繁多。课程实训是在校园内开展,公安院校平时管理严格,隐患较少,而大型活动场馆以及周边的社区消防安全隐患众多,例如疏散通道占用、堵塞、第二出口锁闭;灭火器丢失、灭火器压力不足、灭火器过期使用;消防栓箱不能正常开启、水枪头遗失、水带遗失、水带排放方法错误、水带破损;防火门弹回器损坏、常闭式防火门处于开启状态、木质防火门表面防火漆破损;安全疏散指示标志损坏、不能正常工作;消防自动报警系统未开启、探头故障、层模块故障、声光报警故障、手动报警故障;消防管网水压不足,甚至管网内无水;有加设防盗门,减少疏散通道宽度,有集体活动场所加设防盗窗,影响救援;防火分隔卷帘下置杂物,影响防火分区;防火分隔卷帘故障,不能下行关闭;电路功率不匹配,过载使用电路和接插件;不考虑环境因素,电器安全性能不符合要求,甚至存在违规使用大功率电器、使用已明令禁止使用的电器现象等。掌握丰富类别的消防安全隐患,是对消防知识综合运用的全面考验。二是检查类别全。消防检查类别主要包括检查消防设施,检测消防设施的性能是否达标,工作状态是否正常;检查单位的消防工作台账;检查消防安全防范制度是否健全,以及制度落实情况;检查疏散预案的建设以及执行情况;检查平时消防安全宣传情况、岗前培训、定期培训情况等。三是消防安全意识检查。安全防范的核心是安全意识,牢固的安全意识可以固化安全行为,安全行为成为习惯是消防安全的重要保障。课内消防实训,仅仅针对消防设施,无法对制度和安全意识进行检查。参与大型活动实战的学警,利用消防实际检查的机会,可以对被检查单位的领导和群众就安全意识通过访谈、问卷、提问等方式进行检查,使学生按照被测对象的特点,灵活运用检查方法、设置内容,简洁明了地了解情况的能力得到提高。四是了解消防监督检查的全流程。经历了事前安全检查、事中安全检查与事故防范,以及隐患处理的全过程。大型活动期间的消防安全检查与事故防范,使学生仅有理论知识,而课程实训无法进行,大型活动实战为学生提供了理论知识综合运用的机会。了解事中安全检查的性质和特点,警戒警力、设施的布点,重点防范对象以及实施灭火救援的工作程序等。

虽然公安院校学警参加大型活动安全保卫工作的项目并不多,但参加不同项目学警之间的交流可以使每人了解大型活动安全保卫的组织机构、工作流程、指挥方式、指令传达方式、各部门和警种工作协调方式、信息获取与研判方法、突发性事件处置方法和过程、各类具体工作的预案和实施方案、各种安保设备的使用和维护等。亲身经历的学警更是对实训与实战有不同的感受。首先是认识不同,实训允许犯错误,而且犯错误的后果不严重。但实战不同,不能犯错误,犯错误的后果可能很严重,这将提升了学警的责任感和细心度,工作程序和自查方式都发生了变化。其次是感觉不同,模拟与仿真实训毕竟是假设的执法环境,场地仿真、人员假扮,使用的案例时过境迁,难以还原当时的全貌。实战不同,一切都是真实的,没有事先的约定,不知道后续状况,可以使学警在不预期的后续变化中,锻炼和提高应变能力。最后是执法环境不同,实训的执法环境十分简单,只有配合、理解和拥护,而实战的执法环境都较为复杂,不同阶层的群众理解能力存在差异,不同行业的群众愿望、诉求、自觉性不同。由于语言交流必不可少,加之群众工作常常是语言的艺术,一句话让人跳,一句话使人笑。所以需要学警在繁重的工作中保持良好的心态,避免"话难听"的情况发生,以真诚的语调陈述事实,说服群众,使其自愿纠正错误。这样的实训能够有效地锻炼学生的群众工作能力。

第二节　学警参与其他警务实际工作

随着实战化教学的广泛开展,全国各所公安院校与公安实际部门的联系更加紧密,除见习、实习和大型活动安全保卫外,学警还参与了多种形式的警务工作,全警育人格局正在逐步形成。

一、参与警务活动调查

学警参加警务活动的主要途径是见习、实习、大型活动安全保卫及其他警务活动。其中实习方面的调查最多,其次是大型活动安全保卫,而其他警务活动调查的报道最少。本节专门讨论学警参与其他警务活动的情况,这里引用周达锐的调查结果。周达锐在暑假放假前对四川警察学院一年级至三年级的学生参与警务活动情况以调查问卷形式进行了调查。调查发现,学警参与见习的人数占96.4%、实习占31.5%、大型活动安全保卫占43.8%、参与其他警务任务的占26.5%。通过进一步分析,参加调查的学警中一年级105名、二年级76名、三年级155名,而一年级入学不足一年,极少安排参加其他警务活动,四年级学警参加过其他警务任务的比例应该很高,忽略两头,以二、三年级参加其他警务任务的比例计算,实际上代表了全校参与比例,换算结果是49.2%,即全校49.2%的学警参加过其他类警务活动。

从学警参与警务工作频次的调查中发现:没有参与过警务工作的占1%,参与1次警务工作的人数占8%,参与2次的占14.6%,3次及以上的人数占77.4%。可见大多数学警参与警务工作至少3次,学警参与警务工作平均频率较高。其实,四年级学警没有参与调查,他们参与警务工作机会更多,可以推论,全校学警参与警务工作3次以上频次的实际比例将远远高于77.4%。说明学警参与警务工作已成为实战化教学体系的重要组成部分①。

结合其他公安院校学警参加其他类警务工作的报道,可以归纳学警参加其他类警务工作的项目有巡逻、守望、守候、堵截、看护、守卫、警卫等勤务;实施盘查、安全检查,发现控制有违法犯罪嫌疑的人员、物品、车辆;参与接处警,先期处置常见警情;进行入户走访、社情调查工作,收集治安情报信息和社情信息;制止正在发生的违法犯罪行为,保护案件和事故现场,维护现场秩序;辅助开展

---

① 周达锐:《学警参与警务工作的调查探究:以四川警察学院为例》,《四川警察学院学报》2019年第6期。

案件调查、侦查,收集、固定证据;先期处置较为简单的案事件警情和报警求助;对于一般治安行政案件实施传唤、询问、非询问性调查取证;调解治安纠纷和其他民间纠纷;部分行政法律文书制作、使用等低权性、低强制性、低自由裁量性的警务工作。

二、参与联合派出所工作

联合派出所是公安院校与公安派出所共同育人,深化校局合作的新举措。学警轮流,不间断在共建派出所参与日常警务工作,既缓解了派出所警力的不足又培养和锻炼了学生。

学警参与联合派出所的工作首先是技能的提高。实战化教学强调技能的培养,而技能培养是一个过程,课程实训时间短,使用"教具"教学,短期的模拟式训练难以培养高水平的专业人才。学警们参与联合派出所的警务工作,在派出所的时间都是实战时间,反复的实际操作,会产生"熟能生巧"的效果,使学警的技能得以提高。其次是意识的改变。在部分学警的基本意识中存在落后的思想意识,尤其以自我为中心,习惯于别人围着自己转,服务意识差。学警在派出所中是"警察",必须牢固树立"对党忠诚、服务人民、执法公正、纪律严明"的思想,以全心全意为人民服务为宗旨,确立"公仆"意识。最后是思维视角的变化。学警需要跳出个人指向性思维,从大局出发,从党的利益、国家利益出发,从人民大众的利益出发去思考问题。思维视角的变化能够改变工作方法、工作态度和工作责任心,在与群众交往时言语表述的方式方法也会发生变化。只有站位高、视角广,就会有更多解决问题的办法。

学警参与联合派出所的工作不同于专业实习,学警一般不住所或少数短期住所,基本上每天回校,所以他们与教师的接触会更频繁。虽然学警实习期间也有指导教师随队,但每个中队或大队只配备一名教师,由于学警分散,所以教师难以全面辅导,而且每位教师各有所长,并非每个项目、领域都十分熟悉。派出所又是综合战斗实体,每天面对各类案件/事件和各类问题。一位教师要解决公安所有领域的难题恐怕无法办到。但在公安院校内,各个领域、专业的教师齐全,即使一位教师难以解决学警提出的问题,也会很快召集其他教师共同讨论,磋商解决问题的办法,形成"会诊"模式,有利于提出高质量的解决方案。

学警参与联合派出所的工作起到联系教师与民警的"桥梁"作用。学警把问题带回学校,给教师提供研究实战工作中的难题,教师集体讨论解决方案,学警及时向民警反馈,经审核同意后逐步实施。以全警育人管理为例,过去以实战组为单位,由派出所的领导统一分配日常工作。虽然参与的学警可以全面参与派出所的各类警务,但参与人数少,每组的相互衔接期工作难以正常展开。为避免新手衔接得不适应,后经过讨论,采取"师徒制",每位民警师傅带一年级、二年级和三年级各一名学警,3 人组成参与实战小组。三年级学警升四年级后自动离组,新生接替,形成新老自然交替。虽然每位学警三年中只跟从一位民警师傅,但派出所的民警工作性质并非单一,学警会被经常分派参与其他类别的警务工作,学警在三年中仍然能够接触多种类型的警务工作,即使接处警窗口岗位的民警,也有很多机会参与其他项目工作,使得学警参与警务工作的项目类别众多,达到全面参与公安实战的目的。为避免占用学警过多的学习时间,每位民警师傅带 3~4 个学警参与实战小组,轮流跟随民警师傅参与公安实战,这样既降低了学警参与实战工作量,又增加了参与实战学警的人数,使一个"联合派出所"能够承担相关专业多数学警参与警务实战的目标。

学警参与联合派出所的工作还促进了院校教师与派出所民警的交流。为了加强管理,提高培养成效,院校学生管理人员与专业教师应定期走访派出所,了解学警在派出所的工作情况,探讨完善管理的方法,共同研究派出所的工作以及面临的工作难题,收集实战化教学以及科研工作素材,进行直接交流。理论与实践只有充分地结合才能发挥其作用。每个派出所针对本辖区的工作环境,均已摸索出一些工作方法。这些方法来源于经验,在过去缺乏理论指导的情况下,仍然处于经验层面,教师与民警的交流可以提升经验方法的科学性,提升效率。经验属于感性认识,需要上升到理性认识。通过挖掘内在的规律性,从规律层面进行提升,形成理论,才具有指导性,才有利于工作经验的广泛推广。从教师科研角度而言,经验上升到理论是一个理性化过程,需要剥离具体环境的表层,发现深层次各因素的联系,实现内在联系的揭示。经验上升为理论是研究课题,给教师的研究提供了方向。在研究过程中进一步增强了民警与教师的交流,形成相互促进的"双赢"局面。

三、参与社会安全服务工作

新时代"枫桥经验"为我国社会治理提供了典范,它起源于 20 世纪 60 年代初,诸暨市枫桥镇在社会主义教育运动中创造"发动和依靠群众,坚持矛盾不上交,就地解决,实现捕人少,治安好"的"枫桥经验"。1963 年 11 月,毛泽东同志亲笔批示"要各地仿效,经过试点,推广去做"。随后,中央又两次对"枫桥经验"作了批转。由此,"枫桥经验"成为全国政法战线的一面旗帜。新时代"枫桥经验"主要内容是:在开展社会治理中实行"五个坚持",即坚持党建引领,坚持人民主体,坚持"三治融合",坚持"四防并举",坚持共建共享。人民主体是新时代"枫桥经验"的核心价值,实现人民的利益是新时代"枫桥经验"的价值导向。党建引领是新时代"枫桥经验"的政治灵魂,反映了新时代"枫桥经验"的本质特征。路径创新是新时代"枫桥经验"的实践特质。坚持自治、法治、德治"三治融合"是新时代"枫桥经验"的主要路径。人防、物防、技防、心防"四防并举"是新时代"枫桥经验"的重要手段。共建共享是新时代"枫桥经验"的工作格局。

"枫桥经验"工作的核心是"问题发现在早、处理在小""就地化解矛盾"。在网格化的社会治理中,民警是网格化管理的中坚。由于各地的警力有限,突发性的专项工作时常干扰了民警日常的社区巡查、安全宣传、社情了解、各类社会安全防范组织的指导、督促与检查等。学警拥有人数多的优势,只要组织有效,调配得当,完全可以胜任民警助手的角色,在社会治理中发挥积极作用。事实上,不少公安院校成立了学警社会服务小组,开展服务活动。在与群众的交流中及时发现矛盾,提交辖区民警,为早期发现、早期处理提供了线索,部分发挥了网格化管理中民警的作用[1]。

小学生放学安全回家问题,牵挂着众多家长的心。为避免"校门口案件"的发生,民警在放学期间"蹲守"校门成为制度,但消耗了大量警力。部分学警担负了校门口执勤的任务,在校方的组织下,以组为单位,定点执勤,参与了实战,节省了警力,为社会服务。部分执勤组还担负了送小学生回家的任务,彻底解决了双职工家庭接小孩放学安全回家难的困扰,践行保驾护航的社会责任。

部分公安院校成立了"心理咨询与辅导"兴趣小组,在为本校学生进行心理辅导的同时,触角也延伸到社会,协助民警承担了部分重点人口监管与帮教的任务,协助民警对吸毒人员、社区服刑人员、刑释解教人员和闲散青少年进行心理辅导、生活关心、就业指导。这些人员是影响社会治安的重要人群,由他们引发的各种问题比例较高,加强对这类人的监管是基层派出所的基本责任。"心理咨询与辅导"兴趣小组具备专业知识,在教师的带领下,有针对性地开展帮教活动,减轻派出所的负担。犯罪人员性格调查显示,罪犯中因性格孤僻而人际交流少的现象较为严重。人际交流少,正确思想难以输入,思想境界停留在儿童水平。但现实中又不能享受儿童"小太阳"的待遇,在愿望和现实发生冲突时容易出现过激行为,导致犯罪。因此,人际交流与沟通成为重点人口帮教的重点工作。"心理咨询与辅导"兴趣小组成员具有沟通优势,不仅具有良好的语言

---

[1] 丁宏构:《建公安院校"教研训一体化"工作机制的实践探索:以浙江警察学院为例》,《公安教育》2019年第4期。

表达能力、专业的交流方式,还具有身份与年龄的优势,与年轻人存在较多的共同语言。在交流中"潜移默化"影响重点人口的思想,达到"润物细无声"的效果 ①。

四、参与其他警务活动

目前我国社会仍然处在社会转型期,社会矛盾仍然尖锐,恶性案件时有发生。每当发生重大恶性案件时,查看安装在社会上数量庞大的监控录像去发现可疑分子、确定犯罪嫌疑人成为公安侦查阶段的必然工作,也是十分耗费人力的工作。学警参与查看监控录像,成为发现可疑分子的重要警力。学警参与公安实战的积极性普遍较高,尽管是枯燥无味、重复性很强的工作,但学警普遍会认真对待,细心工作,既锻炼了警务能力又缓解了警力压力。

对于刑事技术专业的学警,在教师的带领下参与刑事技术鉴定工作是参与公安实战的重要方式之一。目前不少公安院校成立了"刑事技术物证鉴定中心",担负部分刑事技术物证鉴定的任务。刑事技术物证鉴定专业性很强,需要有鉴定资质才能出具鉴定报告。但鉴定工作也有很多辅助性工作,例如制样工作、鉴定材料的准备工作、所用药剂的配置、仪器设备的维护、初步物证特征的发现等,经过培训的学警可以承担这些工作,大大减轻了鉴定师的工作量,同时也提高了学警的业务能力和熟练程度,并且可以作为参与刑事技术物证鉴定的工作经历,缩短了获取鉴定师资质的周期。

大学生社会调查是学警接触社会、了解社会的途径之一,也是学警熟练社会调查方法的契机。警务工作和研究离不开社会调查,它需要针对社会现状,有的放矢地制定工作方针、政策和措施。社区民警有相当的精力用于社区社会情况的调查,并将其汇报给所领导。应该说,社会调查是民警的基础性工作,作为警察必须掌握社会调查的方法,掌握调查问卷的编制,掌握走访、访问、访谈等基本技巧。每年暑期或寒假,校方会布置社会调查任务,由实战教官和教师对学生进行辅导,或发放问卷,或提出要求。江苏警官学院 2019 年 12 月发放的问卷如下:

标题:江苏省公共安全状况调查问卷

您好!感谢您在百忙之中、参与此次调研活动!为了更实际的了解江苏省公共安全现状,为我省社会治理、平安建设等工作提供全面、

---

① 刘治雄:《社工与派出所联合服务模式探索》,硕士学位论文,长春工业大学社会工作专业,2012。

准确、及时的决策依据,希望您客观、完整填写问卷。本次调查采用不记名的方式,仅用于社会状况分析,非常感谢您的支持!

江苏省社会安全年度调查组

2020.1

一、您的基本情况:

1.您的年龄是?请勾选:<u>18 岁以下</u>,<u>19～25 岁</u>,<u>26～35 岁</u>,<u>36～45 岁</u>,<u>46～56 岁</u>,<u>57～65 岁</u>,<u>66 岁以上</u>。

2.您的性别是?请勾选<u>男</u>,<u>女</u>。

3.您现在的身份或职业是?请勾选:<u>企业单位人员</u>,<u>事业单位人员</u>,<u>在校学生</u>,<u>退休人员</u>,<u>个体工商户</u>,其他。

4.您现在居住在_____市_____县(请填写城市名称)。属性是?请勾选:<u>地级市区</u>,<u>县城城区</u>,<u>城市郊区</u>,<u>乡镇街道</u>,<u>农村</u>,<u>偏远地区</u>。

二、公共安全方面

(一)火灾安全方面

1.您所了解的,2019 年您所在社区或村庄,发生火灾的起数_____(请填数字),一般损失情况<u>很严重</u>、<u>严重</u>、<u>一般</u>(请勾选),死亡人数共计_____(请填数字)。

2.您所在社区或村庄,消防车道被占用情况<u>很严重</u>、<u>少量占用</u>、<u>未占用</u>(请勾选),消防栓箱中的水带<u>很少见到</u>、<u>多数能见到</u>、<u>都能见到</u>(请勾选),消防栓箱中的水带枪头<u>很少见到</u>、<u>多数能见到</u>、<u>都能见到</u>(请勾选),消防栓箱中的灭火器<u>很少见到</u>、<u>多数能见到</u>、<u>都能见到</u>(请勾选)。

3.您知道灭火器的使用方法吗?<u>知道</u>、<u>不知道</u>(请勾选)。

4.您对消防知识了解情况:<u>基本了解</u>、<u>基本不了解</u>(请勾选)

(二)交通安全方面

5.通常情况下,您骑电动车时,速度如何?<u>低速</u>、<u>中速</u>、<u>能骑多快就多快</u>(请勾选)。

6.2019 年,如果您开汽车,是否发生过交通事故:<u>有</u>　<u>没有</u>(请勾选),几次(请填数字)。2019 年您的违章扣分是多少?_____(请填扣分数)

7.您徒步行走横穿马路时,一般是<u>走斑马线</u>、<u>不走斑马线</u>(请勾选),绿灯时通过,不管红灯绿灯(请勾选)。

(三)网络电信诈骗方面

8.2019 年您接到诈骗电话的次数10 次以下, 10 次 – 30 次,30 次以上(请勾选)。

9. 对于陌生电话,您的态度是:只要不是熟人就挂掉,了解情况后再决定,如果有好处就详细了解情况(请勾选)

10. 2019 年您受骗过吗? 受骗过、没有受骗过(请勾选),受骗过几次? _____(填数值),受骗金额_____(填数值)。

(四)财产管理方面

11. 您认购理财产品吗? 认购、不认购(请勾选),认购数量占存款总量的1/3 以下, 1/2 左右, 70% 以上(请勾选),您认购的理财产品是银行的理财产品、不是银行的理财产品(请勾选)。

12. 您家中和随身携带的现金数量一般是:家中_____元(填数值),随身携带人民币数量_____元(填数值)。

13. 您家中的大门是 防盗门,不是防盗门(请勾选)。

(五)社会秩序方面

14. 您2019 年参加过民间人员或自发组织的集会吗? 参加过,没有参加过(请勾选),参加过几次_____(填数值),一般集会的人数大约多少人:_____(填人数)。

15. 2019 年,您或您的家庭成员有被盗抢财物的现象吗? 被盗次数_____(填数值),折合人民币数值_____元(填数值),被抢次数_____(填数值),折合人民币数值_____元(填数值)。

16. 2019 年,您或您的家庭成员受到过坏人的威胁吗? 受到过几次_____(填数值)。

17. 2019 年,您外出 有安全感,没有安全感(请勾选),您对社会的安全感满意度的评价是很满意,基本满意,不满意(请勾选)。

18. 2019 年,您身边发生过刑事案件吗? 有,无(请勾选)。如有,案件的种类是 杀人,纵火,抢劫,诈骗,盗窃,拐卖人口,伪造有价票证(请勾选)。发生次数:_____;(填案件类型)_____次数;_____(填案件类型)_____次数。

(六)大型活动安全方面

19. 2019 年您参加过几次大型文体活动? _____(填数值),您认为安全管理的情况如何 好,不好(请勾选),您认为是否安全? 很安全,安全,不安全(请勾选)。

（七）低空安全方面

20.您玩无人机吗? 玩,不玩(请勾选),玩无人机时 只在安全的空域内,到人多的地方项玩,将无人机飞到人不易到达的地方(请勾选)。

（八）食品药品环境安全方面

21.2019 年您和您的家庭成员买到过有毒有害的食品(如毒大米,添加漂白剂的馒头,变质的食品)吗? 有,没有(请勾选),有几次_____(填数值)。

22.您购买廉价的处理食品吗? 经常买,偶尔买,从不买(请勾选)。

23.购买食品是您看保质期吗? 看,不看(请勾选),看品牌? 看,不看(请勾选)。

24.2019 年您身边发生过环境污染、水污染的事件吗? 有过几次_____(填数值),如有,污染程度如何? 很严重,严重,不严重(请勾选)。

25.2019 年您或您的家人发生过食物中毒事件吗? _____(填次数),程度如何很严重,严重,不严重(请勾选)。药物中毒或过敏事件吗? _____(填次数),程度如何很严重,严重,不严重(请勾选)。

总之,见习、实习与大型活动安全保卫之外的警务实战化项目种类繁多,形式多样,充分利用接触社会的活动,在民警、教官和教师的带领下,参与警务工作,开展社会安全防范的任何工作都对学警警务技能得到锻炼和提高。在实战中领悟课堂教学的知识点和理论,联系实际加以运用,真正体现"战中学、学中战"的要义,提升学警的能力和素质。

第三节 学警参与科研成果的推广转化

全员、全程、全方位的"三全"育人以及全警育人理念的落实,不少公安院校实施了"导师制",将导师与学生捆绑,形成课外活动"共同体",使导师的所有职业活动均有学生参与,以导师的实际行为影响、带动学生,达到"潜移默化"的效果。

高校具有人才培养、科学研究和服务社会三大职责,公安院校作为公安机关的"思想库"和"试验场",应在推进公安现代化的进程中发挥作用。作为导师制"共同体"的学生,在教师科研成果转化为公安实际应用的过程中,学生参与实战化活动,警务技能得到提升。

近几年,江苏警官学院的"江苏省社会公共安全研究院""公安部现代警务改革研究所"向公安机关推送的研究成果,学警参与的主要有以下内容。

一、参与"棋盘式"管理模式的推广和应用

"棋盘式"管理模式是网格化管理模式的升级版。网格化管理是一种行政管理改革,依托统一的城市管理以及数字化的平台,将城市管理辖区按照一定的标准划分成为单元网格。通过加强对单元网格的部件和事件巡查,建立一种监督和处置互相分离的形式。党的十八届三中全会审议通过的《中共中央关于全面深化改革若干重大问题的决定》提出了要改进社会治理方式,创新社会治理体制,以网格化管理、社会化服务为方向,健全基层综合服务管理平台。网格化管理坚持系统治理,加强党委领导,发挥政府主导作用,鼓励和支持社会各方面参与,实现政府治理和社会自我调节、居民自治良性互动;网格化管理坚持依法治理,加强法制保障,运用法治思维和法治方式化解社会矛盾。坚持综合治理,强化道德约束;网格化管理坚持源头治理,及时反映和协调人民群众各方面、各层次的利益诉求。

毋庸置疑,网格化管理是一种创新,它创新了公共管理的方法与技术,将过去被动应对问题的管理模式转变为主动发现和解决问题的模式;它创建了新的组织结构模式,构建了"区—街道—社区—网格"四级组织结构和扁平化、功能化的新型组织形式;它创新了的公共管理运行机制,构建了共享机制、自我监督机制、协同机制;它重塑了新公共管理理念,强调"服务、效率、责任、规范"[1]。但目前城市网格化管理仍然存在一些问题,朱伟对某市"网格政法机关和政法队伍执法工作满意度"调查结果显示:表示满意的占 57.72%;基本满意的占18.67%;不太满意的占 5.07%;表示不清楚的占 18.54%。虽然"满意"占比过半,但仍有较大提升空间[2]。通过进一步的分析,平均使用社会治理力量,缺乏"机动部队"实施重点防范和整治是网络化管理最大的弊端。每一个网格所处的社会环境不同,违法犯罪案件的发生率不同,案件类型也有所不同,不应同等对待,尤其是部分案件/事件不是几个网格员可以解决,需要专门的治理力量,而这些案件/事件不具有普遍性,并非每个网格内都会发生,专门的机动治理力量的设置十分重要。江苏警官学院殷建国教授提出的"棋盘式"管理模式很好

---

① 曾望军:《论网格化管理理论的发展进路》,《法制与社会》2020 年第 35 期。
② 朱伟:《昆山市域网格化治理问题研究》,硕士学位论文,苏州大学公共管理专业,2020。

地弥补了这一缺陷。

(一)"棋盘式"模式的概念和功能

所谓"棋盘式"即平峰巡线、高峰守点,动静结合,点面呼应,使全市交通、治安状况时刻处于警方守护之下。"棋盘式"以警务工作站为重点部位,形成棋盘中的"棋子",火车站、商业中心、休闲广场等人员密集的地点是警务工作站重点设置点。以点辐射线面,形成点线面结合、人物技防结合、打防控结合的方式,用最重要的位置设置"站",拉起立体化治安防控网。警务工作站是警力的出发点或聚集点,按照"动态派警、就近处警"原则,由辖区交警、派出所民警、特巡警进驻,负责辖区社会面、公共场所和道路的治安、刑事警情的先期处置,同时开展治安、交通巡逻防控工作。各警务工作站设有音视频设备接入公安局联合指挥大厅,能够实现可视化、扁平化指挥调度,做到有警情时第一时间处理,点对点调度警力;无警情时警务前移、显性用警,进行网格化巡逻防范,让群众全天看到警灯闪烁,感到民警就在身边,进一步提升安全感和满意度,形成"棋子"的移动。

警务工作站还设置了户口、居住证、身份证等查询办理终端,能够及时解决群众需求。若旅客乘车前身份证丢失,可到火车站警务工作站的24小时自助服务区填写申请表、采集基本信息,先行办理临时身份证乘车,后续工作人员会将补办好的身份证寄送给申请人。由于警务工作站处于人流密集区域,所以常接到群众求助报警。以往市民拨打报警电话后,需要等待附近派出所民警到达后处理,例如小孩与父母走散、失物招领、环卫工人提供临时休息场所、为迷路的老人指路等。现在市民可随时向附近警务工作站求助,民警巡逻时也能及时向有需求的市民提供帮助,对治安案件进行先期处置,预防其他次生事故的发生,做到"发现在早、处理在小"。

(二)"棋盘式"模式的理论依据

1.治理理论

治理(governance)概念源自古典拉丁文或古希腊语"引领导航"(steering)一词,原意是控制、引导和操纵,指的是在特定范围内行使权威。它隐含着一个政治进程,即在众多不同利益共同发挥作用的领域建立一致或取得认同,以便实施某项计划。

进入20世纪90年代,随着志愿团体、慈善组织、社区组织、民间互助组织等社会自治组织力量的不断壮大,它们对公共生活的影响日益重要,理论界开始重新反思政府与市场、政府与社会的关系问题。如果说新公共管理运动主要关注公共部门对市场机制和企业管理技术的引进,那么治理理论的兴起,则进一步拓展了政府改革的视角,它对现实问题的处理涉及政治、经济、社会、文化等诸多领域,成为引领公共管理未来发展的潮流。

治理理论认为,治理不是一套规则条例,也不是一种活动,而是一个过程;它不以支配为基础,而以调和为基础;治理的主体具有多元化性质,不是单纯的政府主题;主体间责任的界限具有模糊性,主体间权力具有互相依赖性和互动性。治理并不意味着一种正式制度,而确实有赖于持续的相互作用。因此,政府作用范围及方式需要重新界定,要鼓励自主自治的网络体系的建立,并由政府实施监督与引导。

随着我国社会不断地发展和进步,我国政府对于社会"管理"的方式从"法制"到"治理",根据中国当下社会的主要矛盾和人民的需求,建立了一套符合当今社会发展需求和人民愿望的方式和理论体系。将治理理论引入到城市社区网格化管理中,并助力城市社区管理朝着更加科学的方向发展。我国学者在对治理理论与我国城市社区管理相结合的方面已经开展了较为深入的研究。张超认为中国城市自治与城市社区治理高度结合的"自组织治理",在新型冠状病毒肺炎疫情期间初步形成 [1]。非政府组织的调配和作用,弥补了政府在治理中的劣势,发挥非政府组织的社会效应,提升国家的治理效率。对于治理与管理的区别,学者们也争论了许久,笔者认为管理是借助一定手段,强制性、控制性的完成相关目标,而治理更加注重多方参与、协作,对于目标的完成不完全依靠强制性政府手段,更加依托社会组织的力量,在治理中为政府与非政府组织建立有效的沟通机制 [2]。

经过改革开放 40 年的努力,我国形成了具有独特优势、适应基本国情和发展要求的国家治理体系和治理能力。在推进国家治理现代化进程中,我们党坚持以提高执政能力为重点,提炼科学的治理思想,明确治理现代化的目标部署;深入推进国家治理体系和治理能力现代化,不断完善国家治理体系,坚持党的领导,坚持正确政治方向,坚持以人民为中心,全面依法治国,发挥社会主义协商民主的重要作用,提升改革的系统性、整体性、协同性。正如习近平总书记在

---

[1] 张超:《"自组织"社会整合的三重机制:基于 COVID－19 疫情治理中志愿组织的"抗疫"考察》,《杭州师范大学学报(社会科学版)》2020 年第 42 期。

[2] 葛瑶:《苏州市吴中区网格化警务管理研究》,硕士学位论文,苏州大学公共管理专业,2019。

"7·26"重要讲话中指出,"中国特色社会主义拓展了发展中国家走向现代化的途径,为解决人类问题贡献了中国智慧、提供了中国方案"①。

2. 精细化管理理论

精细化管理理论起源于十九世纪末期,发展于 20 世纪 50 年代日本的企业管理,后拓展到政府的社会治理。精细化管理是社会分工精细化,以及服务质量的精细化对现代管理的必然要求,它以常规管理为基础,将常规管理引向深入,即实现科学管理规范化管理层次的基础上,实施第二层次,精细化管理方式。

精细化管理本质上是管理方针,将战略目标分解细化和落实,关键点是落实管理责任,将管理责任具体化、明确化。它要求每个管理者要管理到位、尽职尽责,每天对当天的情况进行自查自省,及时发现问题、纠正问题、处理问题,做到"日清日结"。精细化管理也是"细节决定成败"理念的体现。注重细节,表面上增加了细节管理成本,但实际上降低了管理的总成本。精细化理论还是一种管理手段和治理模式,实质是追求卓越、精益求精。它将传统的整体化管理模式打散,按照一定规则化整为零,形成网格、棋盘,实行细化管理,并将城市社区网格化管理与重点部位的管理相结合,由点到面实施全覆盖,体现了安全防范的周密性原理;由下至上和由上向下的双向结合,改变了信息流向的单一性,实现了信息反馈和指令下达的及时性;以及全面管理与重点管理相结合的"棋盘式",体现了管理效能最大化原理等,使"棋盘式"管理既体现了精细化管理理论的精髓又充实了精细化管理理论的内容。

(三)实施"棋盘式"管理模式的关键点

1. 精细化是"棋盘式"管理模式的基本特征

"精"要切中要点,抓住关键环节,形成"棋子";"细"是具体化,要明确管理目标,量化考核指标,监督和执行到位。彻底改变传统的粗犷式的管理模式,分解具体的目标、任务,使每一项工作任务看得见、摸得着、说得准,都有专人负责。

2. 充分运用信息化管理手段

信息化网络管理是棋盘式管理的精要,为实现"发现早",感知问题系统要灵敏,传输系统要快速,决策系统要高效。人力感知体系的末梢要深入到社会

---

① 2017 年 7 月 26 日,习近平总书记在省部级主要领导干部"学习习近平总书记重要讲话精神,迎接党的十九大"专题研讨班开班式上的重要讲话。

的各阶层、各方位、各角落;对监控探头获取的图像信息能及时分析,及时发现危险行为,及时报警提醒;问题上报、审批、处理指令采取网络化传输,手机关联,关键事件报警提醒等。

3.管理流程的标准化和处理事件灵活性相结合

管理实施标准化流程,流程按照事件的性质、复杂程度、影响面等要素纵向分成阶段,横向抵达各执行部门、班组。在严格执行管理流程的同时,对于具体事件,应采取灵活的处理方式。善于运用各方关系处理纠纷,善于利用各种渠道化解矛盾,灵活运用各种方式教育群众等。

4.注重参与主体的多样性

调动各方积极因素,给予各类主体以平等的地位,明确权利,注重共赢。弱化政府的行政手段、强制手段,强化友善、关爱、帮助、无偿的处理方法,使化解矛盾在于内心。

5.落实奖罚分明的考核制度

社会问题的考核方式不是关注问题指标的升高,而是"压降"。指标的"压降"有各种影响因素,难以一概而论,片面使用指标有可能适得其反。应针对任务与责任落实到位情况、监控网络的布控情况、问题发现情况、分析问题的情况、问题处理情况等各环节进行考核,实现考核的科学化。

(四)实施"棋盘式"管理模式的意义

作为公安管理服务模式的创新举措,棋盘式警务管理能够应对日渐复杂化的治安形势,同时还能够弥补传统警务工作中的许多短板。它以科技信息化为基础,形成了一套从"主动发现问题"到"主动解决问题"的管理体系,形成了跨警种、跨部门的社会综合治理格局。这一模式的创新价值及实践必要性具体体现在以下三个方面。

1.棋盘式警务管理是创新警务管理模式的必然选择

从管理理念的创新性来说,棋盘式警务管理实现了一系列管理理念的创新与突破,它倡导以人为本、民主平等、效率优先的管理理念;它致力于为群众提供便捷、优质、有安全感的人性化服务,关注民生、民情,通过亲切、热情的便民利民服务与辖区居民建立良好的伙伴关系,不仅体现了公安职能的转变,且有利于及时了解社会治安新动向,发现问题和问题隐患,将警力与民力相融合,为犯罪预防工作提供了强大的力量支撑;它既坚持了群众路线的行动方针,也将公安机关工作的科学性、针对性、实效性明显增强,大大提高了办事效率,切实提升了辖区群众的治安满意度和服务满意度。

2. "棋盘式"警务管理是实现警力资源优化配置的必经之路

面对越来越严峻的社会治安形势和纷繁复杂的警务工作,警力资源的制约历来是公安机关面对的一个棘手难题。在当前总警力相对恒定的基础上,需要向科技、机制及民众要警力。因此,只有从根本上对工作机制和工作模式进行优化调整,将警力嵌入网格,对有限的警力资源进行重新分配,简化公安机关内部冗杂的系统机构,才能够实现警务精细化的管理,从被动到主动、从单兵作战到合成作战的转变。"棋盘式"警务管理以纵向到底、横向到边、条块协同的组织结构,将各警种打通,把治安、刑侦、社区、国保、内保等各部门的工作打通并整合起来,并以网格单元为依托,统筹网格警力配置与社会资源进行有效对接,最终实现网格覆盖,提高警力战斗力,对提升公安基础工作水平,提高社会治安防控力和掌控度具有十分重要的现实意义。

3. "棋盘式"警务管理是提升社会治安防控能力的必然要求

"棋盘式"警务管理模式以现代信息技术为支撑,以网格单元为个体单位,以"棋子"为重点,细化分解各项任务,对辖区进行精细化、动态化的管理,它改变了过去传统、被动、分散的警务管理模式,依靠现代化、信息化的警务技术,以网格为单位,搭建了人员基础信息库、人像车辆抓拍比对系统、社会面视频监控平台、警情预警平台、综治信访维稳平台等警务系统,充分利用整合社会资源,全面掌握社会动向。实现快速出击,高效化解问题,实现见警率高、重点地段把控、网络化围堵的态势,将各类不稳定因素遏制在萌芽状态,切实提升社会治安防控水平①。

二、参与市域警务治理现代化研究成果的推广

"发挥'中国之治'制度优势加快推进市域警务治理现代化"是江苏社会公共安全研究院的重点课题。市域治理是国家治理的重要支柱,市域警务治理是市域社会治理的重要方面。加快推进市域警务治理现代化,既是城市公安机关应尽的职责使命,也是实现国家治理现代化的重要保障,要发挥"中国之治"制度优势,运用战略管理方法创新治理实践。要强化战略管理,处理好总体规划与分步实施、顶层设计与逐层对接、局部创新与规模推广的关系;要深化警务改革,切实解决公安机关运转"机关化"、资源"分散化"问题;要善于借力发力,促进社区警务与网格化社会治理的有机融合;要完善防控体系,探索实践"基础守安、预防促安、科技强安、机制保安"新路径。

---

① 朱伟:《昆山市域网格化治理问题研究》,硕士学位论文,苏州大学公共管理专业,2020。

(一)推进市域社会治理现代化的思考和建议

推进市域社会治理现代化还存在一些薄弱环节。随着国内外疫情防控和经济形势的阶段性变化,应因时因势调整市域社会治理着力点,发挥党建引领作用,加强基层党组织建设;深化平安城市建设,加强综合治理;坚持科技助力数据引导,加强城市智能化建设;构建多元主体治理模式,加强社会组织建设;提升广大民众的法治精神,加强法治建设;注重上下联动,推进网格化建设,推动市域社会治理现代化。

(二)基层社会治理与基本公共服务融合发展的善治之路

推进社会治理现代化,需要从基层开始进行创新性制度探索。南京市浦口区通过制度创新、体制改革和机制重塑,推进基层社会治理与基本公共服务融合发展,实现共建共治共享社会治理,为走向善治开辟了新路,其实践经验具有重要推广价值。基层社会治理要加强基层党组织建设,打造"党建引领工程";推进体制机制改革,打造"创新服务工程";加快智能化体系建设,打造"智慧治理工程";强化城市安全风险治理,打造"平安心防工程";加强社会组织建设,打造"民生互动工程"。

(三)善治视域下健全完善"三治结合"乡村治理体系的路径

党的十九大报告明确提出,实施乡村振兴战略,要加强农村基层基础工作,健全自治、法治、德治相结合的乡村治理体系。善治视域下健全完善"三治结合"乡村治理体系,应通过创新发展村民自治团体、系统创新法治平台、延伸扩展德治形式,着力解决乡村治理中社会动员与治理动力不足、治理体系建设协同整合度不高、乡村治理与基本公共服务体系地区间不平衡等问题。因此,要构建党组织领导的"三治结合"乡村整体治理模式,完善乡村治理多元主体间协同的系统治理体系,以互联网驱动乡村治理与乡村基本公共服务融合发展。

(四)大数据时代社会治理现代化转型

信息技术的进步和数据驱动的决策方法已经成为时代发展的趋势,大数据对政府社会治理组织形式、治理方式、政策决策等带来前所未有的影响,给传统社会治理带来了颠覆性变革。随着"数据鸿沟""信息孤岛"的逐渐破除,政府可以更加有效地运用大数据推进社会治理现代化。大数据在社会治理中的应用还存在理念约束、体制约束、人才约束等诸多制约因素。以大数据促进民主治理、开放治理、预见性治理,是大数据时代社会治理现代化转型的策略选择。要培育大数据治理意识,加快大数据平台建设,注重大数据人才培养,加强大数据安全工作,为社会治理现代化转型提供保障。

(五)完善"大数据+网格化+铁脚板"治理机制助推基层社会治理现代化

以习近平新时代中国特色社会主义思想为指导,创造性地形成"大数据+网格化+铁脚板"治理机制,并取得良好治理成效。但由于矛盾源头化解不够到位、巡办分离管控压力较大、基层协调处置机制缺失等因素,治理机制还需进一步优化。要通过推进数据共享研判、加强信息系统管理、优化数据服务方式、利用区块链技术,完善大数据赋能服务机制;转变治理理念、实施制度改革、推动机制创新,完善网格化联动共治机制;强化基层党建引领、健全党员干部下沉制度、加强网格专业力量建设、动员社会力量广泛参与,完善铁脚板力量组织机制。

(六)基层社会治理的合作共治与协同推进

抗击新型冠状病毒肺炎疫情是对国家治理体系和治理能力的一次大考验,基层社会治理在疫情防控中发挥了关键作用。社会治理重点在基层、难点也在基层,有效的基层治理应是党委政府、社会组织、人民群众等多元主体发挥各自优势、履行各自权利义务,政府治理、群众自治和社会协同良性互动的社会新生态,网格治理是依托,社会协同是主体,社会治理共同体是内核。协同推进基层社会治理合作共治,要坚持发挥党的领导核心作用,坚持以人民为中心的发展思想,坚持自治、法治、德治相结合,坚持基层社会治理体制机制创新,着力加强基层社会治理基础建设、加强基层社会治理风险防范、加强基层社会治理责任落实、加强基层社会治理科技支撑、加强基层社会治理共同体建设。

三、参与新型冠状病毒肺炎疫情引发公共危机事件研究成果的推广

新型冠状病毒肺炎疫情引发一系列公共危机次生灾害,疫情引发的公共危机事件错综复杂,并将继续对我国经济社会发展带来诸多不利影响,有效管控和治理疫情引发的公共危机事件迫在眉睫。有效治理疫情引发的公共危机事件,要注重健全公共危机事件应急管理机制;注重运用法治思维和法治方式应对危机事件;注重科技支撑和数据治理;注重及时全面地发布权威信息;注重社

会协同应对公共危机事件;注重组织基层网格力量,筑牢社区防控阵地;注重身心兼顾恢复重建。

(一)全民战"疫"中需密切关注和正确引导公众消极的社会心态

如何正确引导公众消极的社会心态。一是正面引导舆论取得社会认同,舆论来源应权威真实,话语应简明易懂,载体应直观生动,引导应精细精确。二是积极服务民生回应公众期盼,做好民生服务保障工作,关心关爱受疫情影响较大的群体。三是管控疫情举措重视心态评估,把握疫情下半场的公众心态特征,对广泛共识要顺势而为并固化下来,对非常之策要动态跟踪、适时调整。四是心理健康建设提上日程,加强疫情期间公众健康心态的培养,重视应急管理中社会心理服务体系建设。

(二)涉疫网络谣言的心理分析与应对策略

防止各类网络谣言滋生危害是打赢疫情防控的人民战争、总体战、阻击战的重要一环。从涉疫网络谣言形态看,娱乐类、民生类谣言迎合了部分网民的无聊猎奇、焦虑恐慌的心理,谣言的散布传播给科学防疫造成一定影响;其中涉稳类、政治类谣言利用网络舆论挑拨矛盾、制造混乱,意图干扰疫情防控大局。加强涉疫网络谣言治理,要结合谣言性质、危害程度及其折射隐含的心理动机,综合考量、分类处置、精准应对。要重点监控涉稳类、政治类网络谣言,依法严惩造谣传谣犯罪;要密切结合群体关切,加强网络舆情正面引导;要及时调整政策措施,在做好防疫工作的同时,回应解决民生诉求。

(三)公安机关应对涉疫负面舆情的挑战与对策

舆情战是疫情防控整体战的重要战场。公共卫生类突发事件的特性特质和疫情次生灾害的持续发酵,增加了公安机关应对此次涉疫负面舆情的难度。为此提出三点建议:一是适应媒介新生态,注重舆情搜集的全覆盖、反应的全联通、处置的全要素,提升涉疫负面舆情查控效能;二是做好对接与协同,内部整合警务媒体平台,外部加强与权威信息发布部门、疫情"网红""意见领袖"等沟通协作,合力打好"源头控制"战与"重点控制"战。三是对相关问题做文章,疫情后期,经济生活中的一些问题将逐步显现,工资待遇、合同履行、医疗费用、就业岗位等由疫情引发的纠纷都有可能成为负面舆情新的"话题",需要公安机关高度关注、超前应对。

(四)建立健全重大风险防控体系

以习近平总书记为核心的党中央高度重视防范化解重大风险,始终把防范化解重大风险作为践行总体国家安全观的重大举措。新型冠状病毒肺炎疫情给人民群众生命安全和身体健康带来很大威胁,加深了人们对现代社会风险的理性认知。防范化解重大风险,关键是要建立健全风险预测预警机制,提高风险识别预测能力。坚持总体国家安全观,坚决防止各类风险叠加共振、放大升级。发挥中国特色社会主义制度优势,运用制度威力应对风险挑战的冲击。要把防控网络安全风险摆在突出位置,充分发挥现代科技在风险防控中的威力,切实增强领导干部风险治理的能力本领。

(五)疫情防控常态化下各国打击治理新型跨国犯罪的做法与建议

电信诈骗、网络赌博、涉疫犯罪等新型跨国犯罪的滋生蔓延,已成为严重影响各国公共安全和人民利益的突出犯罪问题。2020年,在公安部主办的第五届连云港论坛·打击新型跨国犯罪分论坛上,来自11个国家执法安全部门负责人聚焦疫情防控常态化条件下打击新型跨国犯罪这一主题,共同研究新问题、应对新挑战。论坛的成功举办,对我国推动开展国际执法合作具有重要启示意义。为巩固论坛成果,建议开展国别法律研究、深化各国警种部门间执法交流合作、开展联合打击行动、加强执法能力建设、加快连云港论坛建设。

四、参与其他研究成果的推广应用

近5年来,江苏省社会公共安全研究院和公安部现代警务改革研究所的研究成果获得省级批文,推广应用的重大成果有50余项,可以公开或部分公开的研究成果还有江苏高质量推进平安中国示范区建设的策略建议;加强长江环境安全风险治理守住江苏生态环境高质量的生命线;统筹谋划中国境外合作产业园区安保服务体系建设;江苏民用无人机安全治理存在主要问题及对策建议;健全重大决策风险评估机制:问题与对策;"一带一路"背景下我国海外利益保护面临的风险挑战和对策建议;关于全力压降新型冠状病毒肺炎疫情对教育领域冲击影响的对策建议;加快健全完善长三角一体化应急管理合作机制;建立健全我省城市运行安全应急管理体系的对策建议;营造安全有序的城市夜间经济发展环境;推进完善大数据赋能网格化治理新机制;新型基础设施建设中需加强新技术、新业态安全风险防范;重视防范社区团购新业态无序发展可能引发的安全风险;江苏全面推进长江流域禁渔的制约因素及对策建议。

学警对于推广研究成果的积极性很高,积极参与印刷、散发宣传资料,不厌其烦地讲解研究成果的基本内容、实施的可行性和必要性,并与公安干警交流,将一线干警的意见带回研究机构,在交流与传递信息的过程中,自身也在思考,加深了对公安工作的理解和认识,为以后的实际工作、研究工作、成果推广工作奠定了坚实的基础。

第七章 "教、学、练、战"一体化改革重点建设工程

"教、学、练、战"一体化改革需要推进,推进需要抓手,重点建设工程是推进一体化建设的抓手。通过实战化教材建设、资源库建设、教学质量评价体系建设、校局深度合作建设等促进"教、学、练、战"一体化改革。

第一节 实战化教材建设

一、实践性教材编写构架的教育学家观点

(一)科学教育学之父赫尔巴特的观点

约翰·弗里德里希·赫尔巴特(德语:Johann Friedrich Herbart,1776 年 5 月 4 日—1841 年 8 月 14 日)是 19 世纪德国哲学家、心理学家,科学教育学的奠基人。在近代教育史上,没有任何一位教育家可与之比肩,他的教育思想对当时乃至之后百年来的学校教育实践和教育理论的发展产生了巨大、广泛而又深远的影响。在西方教育史上,他被誉为"科学教育学的奠基人",在世界教育史上被称为"教育科学之父""现代教育学之父",而反映其教育思想的代表作《普通教育学》则被公认为第一部具有科学体系的教育学著作。

赫尔巴特明确提出教育学的科学性问题。他认为:"教育学作为一种科学,是以实践哲学和心理学为基础的"。前者说明教育的目的;后者说明教育的途径、手段与障碍。在教育目的和内容中,他强调把个性发展与拓展的社会需求相连,兼顾自然科学与社会科学的内容,即在教育过程和方法上除正规教学外,也注重社会交往与经验的作用。

赫尔巴特的教育心理学化绝非凭空产生,而是来自他对心理科学和教育工作的热爱,源于前人的影响和时代潮流的刺激以及教育学和心理学本身的学科特性。对科学心理学的追求和大学教师的身份与实践兴趣成为其教育心理学化的基础动力。他说:"教育过程成为一种艺术的事业,艺术在于美,美的必要性是原始的、实践的。"

总结赫尔巴特关于教学实践性的认识,可以得出"教学首先是心理对实际的感受"的结论。

(二)美国著名哲学家、教育家杜威的观点

约翰·杜威(John Dewey,1859—1952),美国著名哲学家、教育家,实用主义哲学的创始人之一,功能心理学的先驱,美国进步主义教育运动的代表。他提出"学生中心""活动中心""经验中心"的"三中心论"。

杜威的教育是以生活、生长和经验改造的理论为基础,对教材和教法等课题提出自己的观点。

1. 教材的选择

在教材的选择上,杜威建议"学校教学科目相互联系的真正中心,不是科学……而是学生本身的社会活动"。具体地讲是学校安排的作业,把基本的人类事物引进学校里来,作为学校的教材。

2. 教学方法

在教学方法上,杜威主张"从做中学",他认为学生不从活动而由听课和读书所获得的知识是虚渺的。

3. 道德教育

在道德教育上,杜威说:"道德是教育的最高和最终的目的""道德过程和教育过程是统一的"。在杜威看来,德育在教育中占有重要地位。杜威极力强调道德才是推动社会前进的力量。在实施方面,杜威首先主张"由活动中培养学生的道德品质",其次是要求结合智育达到德育的目的。

(三)范例教学——西方现代教育的主流教学模式

范例教学理论是由德国的 M.瓦根舍因和克拉夫基等人提出的。瓦根舍因的范例教学是借助精选教材中的示范性材料使学生从个别到一般,掌握带规律性的知识,并发展其能力的一种教学模式。

在第二次世界大战以后,联邦德国各级学校重视提高教学质量,但不少学校却采取了不断扩充教材内容和注入式教学方法,使青少年的智力活动受到抑制。大学方面埋怨中学毕业生质量低劣;中学方面认为,造成这种后果的关键因素,是大学竞争性的招生办法严重地助长了死记硬背、零碎片断书本知识,以应付入学考试的倾向。1951 年秋,联邦德国的大学、高等师范学校和完全中学的代表,在蒂宾根召开了一次以中学毕业生质量为中心议题的讨论会。会上形成了关于进行教育改革、提高科学教学效果的《蒂宾根决议》,其主张为了振兴

战后的教育,培养具有真才实学的人。首先要改革教材,要充实根本的、基础的、本质性的教学内容,使学生借助精选的教材,通过同"范例"的接触,以训练和培养他们的独立思考能力和判断能力。一般认为《蒂宾根决议》就是范例教学的先驱,之后出现了一大批代表人物,形成并固化了范例教学模式。

他们倡导范例教学的目的是克服教材内容的烦琐,要求从日常生活中选取蕴含着本质因素、根本因素、基础因素的典型事例和范例,使学生透过这种范例,掌握科学知识和科学方法,并把科学的系统性与学习者的主动性统一起来。范例教学在内容上,强调基本性、基础性和范例性 3 条原则。基本性原则要求教给学生基本的知识结构,包括基本概念、基本科学规律和学科的基本结构还要求教学内容适应学生的智力发展水平,接近他们的生活经验和切合他们的生活实际,并且对于一定年龄发展阶段的青少年来说,这些教学内容是打基础的东西。范例性原则要求教给学生的内容是经过精选的、能起示范作用的基本知识,这种精选出来的范例性教学内容将有助于学习者举一反三。

可见,范例模式的教材是以"范例"为主线的表述方式,不是"学理型教材 + 案例 + 实训"模式。实践性教材与学理型(传统)教材在表述方式上截然不同。

二、实战化教材与学理型(传统)教材的区别

(一)学理型(传统)教材的特点

学理型(传统)教材以学理型为基础,按照科学的学科范式,从逻辑起点延伸至逻辑链条,形成逻辑主链,由主链节点派生出逻辑支链,链接该学科主要知识点,构成完整的知识逻辑链条。主要有如下特点。

1. 概念先导

美国心理学会主席、教育学家杰罗姆·布鲁纳(1915—2016)认为学科由基本概念、基本理论和基本态度和方法构成。特质概念是学科存在的基础,以特质概念为核心的概念群构成学科赖以生存的理论,奠定学科基础。可见,特质概念是相对独立知识体系的基础,它支撑学科。从这一角度思考,概念服务于学科构建。因此,学理型教材以概念先导,以"逻辑"为起点,以揭示学科内在规律为导向,在一系列"为什么"的追问中,由表及里,层层剖析,从规律层面展示知识逻辑,并按照逻辑主链和支链逐个拓展,形成知识脉络。

2. "概念性知识"为主

知识分为"概念性知识""事实性知识"和"程序性知识"3 类。"概念性知识"是一种较为抽象概括的、有组织的知识性类型。各门学科中的概念、原理、

理论都属于这类知识。其特点是抽象概括性和组织性,例如儿童第一次见到猫,知道猫有耳朵,嘴巴上长有胡须,有四条腿,会喵喵叫。这些特征对所有的猫来说是共同具有的,儿童此时的认知就超越了单个猫的特征而具有一定的概括性,也可以说,儿童形成了有关猫的概念性知识。学理型(传统)教材侧重传授"概念性知识"。

3.知识脉络明细,利于全面掌握

学理型(传统)教材知识脉络明细,它以理解和掌握该学科的理论或规律为目标,层层解析。在层层解析中阐述新概念、新旧概念的联系、理论以及规律等,并将其形成知识点。知识点是在的层层解析过程中形成,关联性强,来龙去脉清楚,便于学生的理解、联系与掌握。

教材对应一门课程,对应一个相对独立的知识领域。学理型(传统)教材以阐述该学科的主要知识为目的,在层层解析理论或规律的过程中,覆盖了主要知识点,形成了相对独立的知识体系。由于该知识体系,知识点间的联系紧密,承接关系清楚,故而易于学生掌握。

4.知识的单学科性

学理型(传统)教材以阐述该学科的主要知识为目的,没有阐述其他学科领域知识的任务。实际教学中,因课时数的限制,教师无法讲透该学科的所有知识,更不可能介绍其他学科领域的知识,反映在教材上就是知识的单学科性。

每一个学科都有自己独立的学科"范式",这是学科独立的重要认定指标。学理型(传统)教材只传授本学科的"范式",以保证其学理性和知识体系的"纯正"。但强调了学科"范式",常常忽略了"范式"之间的联系,割裂了知识"大体系",容易造成知识综合运用的障碍。

(二)实战化教材的特点

1.问题或案例先导

实战化教材以职业技能培养为导向,重点是解决工作层面的实际问题,它以"怎么办"为出发点,在一系列"怎么办"的追问中,逐个提出解决问题的办法。解决问题需要依靠理论,解释理论必然涉及概念,概念的讲解为解决问题服务,讲究实用性,解决问题需要用多少理论,就讲多少理论、多少概念。

2."事实性"和"程序性"知识为主

事实性知识又叫事实,它有以下特点。一是事实性知识的点滴性和孤立性,例如我们在回答"皖"是我国哪个省份简称的时候,我们会回答是安徽的简称,而不需要知道其简称的溯源、地理位置、民俗风情、土特产等方面的信息,具有点滴性;二是这种知识的抽象概括水平较低,如学生能陈述"1824 年鸦片战争爆发"即证明了他掌握了一条历史方面的事实性知识,没有评述;三是事实性知识的基础性,例如儿童习得了自家宠物狗及邻居家宠物狗的一些事实,才有可能形成"狗"的概念。

程序性知识是个人无意识提取线索,借助某种作业形式间接推论其存在的知识。程序性知识是一套办事的操作步骤,是关于"怎么办"的知识。它分为三个阶段:在学习过程性知识的第一个阶段,是习得过程性知识的陈述性形式,新知识进入原有的命题网络,与原有知识形成联系。第二阶段,经过各种变式练习,使贮存于命题网络中的陈述性知识转化为以产生式系统表征和贮存的程序性知识。第三阶段,过程性知识依据线索被提取出来,解决"怎么办"的问题。实战化教材侧重传授"事实性"和"程序性"知识。

3. 实战化教材针对性强

实战化教材以解决问题为导向,在解决问题的过程中,阐述相关理论和知识,形成以案例或问题为主线的知识脉络体系。由于单一案例或问题所涉及的知识并不全面,不能覆盖该学科领域的主要知识,需要阐述多个案例或问题的解决办法,使阐述的知识面尽量覆盖该学科领域的主要知识,但很难照顾全面,重要知识点的漏缺且重复表述在所难免。

以问题为导向的知识体系针对性强,学习目标、任务具体,学习目的性十分明确。具体化的学习目的与内容,为实际工作提供了分析模板、工作程序模板、方法模板、问题处理模板、善后工作模板等,学生上手快,适应新岗位周期短,它彻底打消了"学而无用"的困惑,易于使学生认识到学习与工作的密切关联度,认识到是"工作能力"和"饭碗"问题,利于提高学生的学习积极性和兴趣。

4. 知识的跨学科性

实际问题往往是复杂的,解决实际问题所涉及的知识常常来源于多学科。为了解决实际问题,实战化教材不能顾忌学科"范式"的纯正,需要涉及其他学科领域。在阐述其他学科知识的过程中,建立了学科知识之间的联系,这样利于知识的综合运用。

(三)两类教材的区别

1. 导入方式

学理型(传统)教材是正向思维,正向认知,注重知识的前后衔接,注重知识间的相互联系,利于学科整体知识的掌握。实战化教材是逆向思维,正向认知,以产生的结果或出现的问题为起点,"倒逼"解决问题所需知识的出现;知识的引出按照解决问题的思路展开,目的性突出,知识的关联性较差。人的思维具有价值取向,目的明确易于集中认知和掌握知识。学理型(传统)教材的正向思维方式,目的性不十分明确,易于产生倦怠情绪,影响认知效率。

2.概念性、事实性和程序性知识的区别

概念性知识与事实性知识的区别,在地理和历史学科中体现得最为明显。例如地理学中常将地理学科知识分为"地"和"理"两方面,即具体的地理知识以及它的抽象概念性,它们分别对应于事实性知识和概念性知识;历史学科中也常将历史学知识分为具体知识和规律性知识,前者体现历史发展过程的事件现象、人物、活动等,后者主要指揭示历史现象本质的概念、发展的客观规律等。例如洪秀全领导的太平天国运动最终失败,这是具体的知识,而且失败的原因之一是农民阶级在当时并不代表先进的生产力,这就揭示了历史现象背后的本质,属于规律性知识,它们也分别相应于事实性知识和概念性知识。

程序性知识与概念性知识有联系也有区别,运用程序性知识可以获得概念性知识,而对概念性知识的理解则是程序性知识应用的前提条件;程序性知识要回答如何做的问题,而概念性知识回答为什么要这样做的问题,强调概念之间的关系,在关系中理解某一概念或原理。

3.表述方式

学理型教材知识的表述全面,脉络清楚,易于理解和掌握,这是目前绝大多数教材采用这种编写方式的主要原因之一。究其原因,一是因为研究的习惯或思维定式。教材编者均为颇有学术成果、教学资历深厚的教师,从读硕、读博开始,以至于后期的职称晋升,对科研论文要求较高,对教研论文一般不做要求,长期重视科研的结果,以教师形成学理性研究的习惯。二是教师在研究工作者中的比例不高,且投入教研的精力与时间不多,教研成果少,而实战化教学起步迟,研究时间短,研究成果更少,与之相反,科研成果数量庞大、成果丰硕。教材编写以现有成果材料为基础,丰富的科研成果,便于教材编写者挑选,使教材按照学理性方式展开。

前已述及,学理型(传统)教材的学理型表述方式以知识介绍为目的,缺乏针对性,容易使学生产生盲目的情绪,削弱学习动力和兴趣。实战化教材以解决问题为导向,针对性强,但知识存在碎片化弊端,同一学科领域知识的关联度较差,系统掌握知识的难度增加。

两类教材在施教时的操作方式不同,就像法律中的"大陆法系"和"海洋法系"操作。按照"大陆法系"法官审理案件,首先考虑现行法律是如何规定的,然后按照有关规定和案情做出判决;而"海洋法系"的法官则首先考虑以前类似的判例,将本案的事实与以前的案件事实比较后概括出可以适用于本案的法律规则。这两种法系各自存在了百年,并仍将持续,发挥着各自作用难分优劣。学理型(传统)教材与实战化教材也一样,各有利弊,但教材具有兼容性,不像"大陆法系"与"海洋法系"的"水火不容",教材可以兼顾知识的系统性和目标的明确性,关键在于教师的施教过程所采用的技术手段。

4. 知识传授方式

不同的知识类型所实施的教学策略设计的目的不同。事实性知识的教学策略设计的注意点:一是,确定要记忆的事实性知识,在进行事实性知识的教学之前,教师要从学生的学习、生活以及进一步的学习的需要出发,区分事实性知识学习的不同情况。二是,应用事实性知识的情景,例如记忆法条,应该将法条与具体场景相联系。三是,标注记忆,在书本上划线标记出来,引起注意,帮助记忆。四是,采取多种形式帮助记忆,及时复习、阶段性复习、联想与测验等。

概念性知识的教学策略设计的注意点有七个方面:一是,概念性知识的分析与例证的设计,分析概念性知识的关键特征或关系,与之对应的概念性知识;分析概念性知识的教学目的;选择或确定概念性知识的例证。二是,引起注意与预期,为了引起学生的注意和兴趣,给学生讲一些逸闻、趣事、传说、细节等。三是,提示学生回忆,回忆相关知识、原有知识、知识渊源、知识衍生。四是,呈现例证材料,紧密结合知识点提出例证,并注意具体提出方式的变化。例证从简到难,循序渐进,强调概念性知识语言界定中的关键词,关键词句。五是,形象化比喻,可以提供具体的图解来解释那些难以理解的知识。六是,练习,反复练习,加深理解和记忆。七是,明确目的,适时讲解概念性知识的作用或应用,明确学习目的。

设计程序知识的教学策略设计的注意点:一是,引起注意与告知目标,从现实生活情境中出发,引起他们的兴趣。二是,知识联想,提示学生回忆与所学程序性知识有关的原有知识。三是,流程图展示,呈现新的程序性知识时,采用流程图的方式,展示或引出新知识。四是,注重练习与训练,通过教师演示、指导下的练习或训练、完全独立练习与训练。五是,激励反复练习与训练,"熟能生巧",反复的自主练习或训练,可以提高技能,加深理解。但反复练习与训练是枯燥的,应采取有效的激励方法。

(四)两类教材优劣汇总

实战化教材或讲义的显著的优势在于:各部分的教学目标十分具体明确,易于调动学生学习的积极性和主动性;掌握公安处置过程,形成司法中"海洋法系"中的"判例";了解案例中安全防范的不足,形成"警示红线";掌握安全防范的方法措施,懂得其适用范围和功效。明显的劣势在于:知识点"碎片化",缺乏联系,不利于学生知识的全面掌握。

学理型(传统)教材的显著的优势在于:知识点关联性强、覆盖面宽,易于整体掌握。明显的劣势在于:学习目标泛化,不明确;理论和知识点的适用范围不清,不便于直接运用。

因此,学理型(传统)教材适合于打基础式的学习,实战化教材或讲义适合于实际工作性学习。它们各有利弊,"协同使用"方能突显教学效果。

三、实战化教材建设原则

实战化教材的知识点是按照"范例"内容的铺展过程,适时融入,形成了知识的碎片化,它不适合于知识点逻辑关系严格的课程或学科领域,例如"微积分",从定积分到不定积分,从常系数到变系数,从一阶到多阶等,一环扣一环,前面的不懂,后面的无法理解,无法拆分。虽然多数理工科学科领域中的知识点逻辑关系严格,但从较大的氛围可以拆分,例如"物理化学"分为十大领域,热力学、动力学、电化学、胶体化学、溶液、相图、结构化学等,虽然每个分支内部知识联系紧密,但分支之间可以分割。社会科学中大多学科领域的知识点逻辑关系较为松散,可以分割,因此实战化教材主要适用于社会科学领域课程。

公安学科分为公安学和公安技术两个一级学科,二者又分为若干个二级学科。公安技术下的二级学科内部的知识结构较为紧密,公安学下的二级学科内部知识结构较为松散。总体而言,公安学科面对社会形形色色的案件和安全防范管理,知识广杂,结构并不紧密,可以拆分,尤其是社会科学领域的知识可以按照理论为单位进行拆分,为实战化教材的编写奠定了基础。

教材的编写与受教对象的知识水平密切相关,低年级学生主要是通识课程,通识课程与专业联系并不紧密,且学生由于完全没有公安工作经历,教材的内容应按照学理型(传统)教材为主,尽量引入公安方面的案例,将所学知识与公安工作相关联,使学生更多地了解公安工作内容;中年级学生的教材主要为"专业基础课程",这类课程与公安工作关联度增加,但并不针对公安岗位,它讲授公安岗位通用的知识,不适合于"范例"式知识表述体系,可以增加公安案例和与公安工作相关的实训内容,加强与公安工作的联系。较为适合用于实战化教材使用的是公安专业高年级学生,他们有公安见习的经历,有参与社会实践工作的经历,也有直接参与大型活动安全保卫和派出所工作的经历,所以对公安工作的内容较为了解。高年级学生的课程是针对公安岗位的专业课程,与岗位培训的距离又近了一步,引入岗位操作培训的知识和技能是该类课程的重要教学目的,这类课程最适合使用实战化教材,也应当使用实战化教材。公安各级领导和教学家所说的"大力加强实战化教材建设"的对象应该是指向"专业课程"。

本书认为实战化教材编写应遵循以下原则。

(一)紧贴实战化要求,坚持理论知识与专业知识的结合,突出知识的应用性

1. 与岗位知识融合

通过调研该岗位的实际工作内容,将岗位工作涉及知识进行划分,主要划分为"本课程知识""本专业其他课程知识""其他专业知识"和"基础知识"4类。对于"本课程知识",应当进一步分析它们的出现频次,对于出现频次较高的知识,实战化教材中应当全面阐述,讲深讲透并配以实训项目,提高操作性技能;由于实战化教材以"范例"为主线,即使选用多个"范例"也难以全面覆盖本课程的知识,只能尽量覆盖,尤其是出现频次较高的知识。虽然本课程的知识面难以全面覆盖,但本岗位出现的主要案件类型必须全面覆盖。在"范例"教学中,能够使学生懂得主要案件类型的处置方法,这本身就是收获。

2. 与工作实际结合

实际工作是复杂的,即使相同的案件类型在实战化教材中出现,但由于时代的变化、社会环境的变化以及政策文件的变化,案件处置程序、流程也会发生变化,所以应当选择新鲜案例作为"范例"。此外,学生毕业后的工作环境也有地域区分和政策变化,知识的综合运用能力培养应充分体现。实战化教材知识的碎片化,削弱了知识间的联系,所以在实战化教学中应加强知识间的联系,依靠教学手段来弥补这一缺陷。

3. 加强实战化技能训练

专业课程通常是知识传授与技能培训一体化,部分课程的实训单独成课,独立开设。对于知识和技能一体化设置的专业课程,应当加强实战化技能训练,避免用理论知识冲淡实战化技能训练。首先是要在实战化教材中充分反映出实训内容;其次是教师应按照大纲要求保质保量地完成实训;最后是教学主管部门应加强监督,促进教师与实训辅助人员按计划完成人物和目标。

(二)紧贴公安实际,注重能力培养,提升职业素养

专业能力的培养不是单一课程能够完成,但每一门课程在专业能力的培养中都有着不可忽视的作用。专业能力的培养主要依靠教学方法,但教材是教学工作的基本文件,好的教材应该为专业能力的培养留下充分的施展空间。

一是留下知识点联系的线索,使学生能够查找相关知识,梳理知识脉络,加强知识联系。

二是增加讨论项目,采取课堂讨论或课后讨论等多种形式,让学生之间的相互学习。企业中盛行"头脑风暴"讨论法,形成销售"金点子",教材中也应引入"头脑风暴"讨论法,按照头脑风暴的组织方式、程序等开展讨论,让学生自行查阅书籍、文献,促进自学。

三是提高技能训练的要求。要求即是目标,高目标利于激发潜能。不同的目标,提出要求的高度不尽相同,凡是与学生切身利益密切相关的要求,不易过高,经过努力绝大多数学生能够达到。例如学位课程的考试难度,应使大多数学生,在努力后能够过关。但单项技能训练,不直接涉及学生的重要利益,可以按照班级中"尖子生"的能力标准确定训练要求,只要班级中一个人达到训练要求,这样的训练标准就是成功的标准或要求,这样可以促进课后学生的自我训练。

四是运用考核指挥棒。长期的应试教育,使学生养成了重视考核的习惯,而实战化教学又与一般教学不同,学生并不习惯实战化教学的考核方法,在实战化教材中增设模拟考核样卷,并提高其难度,既督促学生的学习又使其熟悉实战化考核方法。

四、专业课程教材编写举例

(一)教材编写的思路

实战化教材与学理型(传统)教材各有利弊,为提高教学质量,两套教材通识编写,同时使用。

学理型(传统)教材按照学科知识体系编写,以学理型展示知识主链,贯穿教材始末,支链链接主链,链接各重要知识点,力求知识体系的完整性,并将各知识点相关联,形成知识全面、脉络明晰的框架系统。

实战化教材,以案例发生与处理的流程为主链,介绍每个流程环节的处理方法及其内在的知识。具体以事故的发生、应急处理的方法、善后处理方法、事故发生原因的调查、问题查摆、相关责任人处理、教训为主链;以主链涉及知识为支链,形成知识体系。由于每个案例不能完全覆盖该学科所有知识,需要介绍不同的案例,相互弥补,形成较为完整的知识体系。以治安学专业"公共安全管理"专业核心课程实战化教材为例,重点阐述8·12天津滨海新区爆炸事故和3·21响水化工企业爆炸事故等特大典型事件。以特重大事件为案例具有吸引力,易于抓住学生的兴趣点。

(二)学理型(传统)教材目录

第一章 公共安全管理概述

  第一节 公共安全管理的基本原则

    一、安全的概念

    二、公共安全管理的概念及特点

    三、公共安全管理的范畴

    四、公共安全管理的基本原则

  第二节 公共安全管理的法律依据

  第三节 公共安全管理的基本方法

    一、公共安全管理基本方法概述

    二、公共安全管理方法的分类

    三、事前管理方法

    四、事中管理方法

    五、事后管理方法

  第四节 公共安全管理的日常工作

    一、审核许可

    二、监督检查

    三、调查处罚

    四、安全教育

第二章 公共安全管理理论

  第一节 管理学重要理论

  第二节 安全科学理论概述

    一、安全科学理论的知识体系

    二、事故致因理论

    三、安全管理原理

  第三节 公共安全管理理论

    一、预防理论

    二、预测理论

    三、控制理论

第三章 安全技术防范基础知识

二、用电设备方面的问题

三、安全出口方面的问题

四、灭火器问题

五、应急照明、疏散指示标志问题

六、消防水源压力流量问题

七、常闭式防火门问题

八、"三合一"建筑问题

(三) 实战化教材目录

第一章　8·12 天津滨海新区爆炸事故与安全管理

第一节　事故的发生与处置

一、事故基本情况

(一)事故发生的时间和地点

(二)事故现场情况

(三)人员伤亡和财产损失情况

(四)环境污染情况

二、公共安全危险源

(一)公共安全的概念

(二)公共安全管理的概念及特点

(三)公共安全管理的基本原则

(四)危险源

三、爆炸危害基础知识

(一)爆炸现场炸药当量确定

(二)剧毒和高毒物质

(三)污染源危害

四、事故类别及其认定

(一)按照损失程度分类

(二)按照事故性质分类

五、应急处置过程及相关知识

(一)标志性事件时间列表

(二)事件处置过程

(三)应急处置的一般方法与流程

(四)应急救援预案

六、善后处理及相关知识

（一）善后处理过程与内容

（二）善后处理的机制

（三）善后处置心理援助

第二节　公共安全管理学的学科基础

一、爆炸现场调查与勘验

二、直接原因认定

（一）最初起火部位认定

（二）起火原因分析认定

（三）爆炸过程分析

三、爆炸物品的爆炸过程及破坏形式知识

（一）爆炸三要素

（二）炸药化学变化的基本形式及区别

（三）爆炸破坏的作用形式

四、爆炸物品感度的知识

（一）能量指标参数

（二）感度指标参数

（三）影响感度的因素

五、爆炸物品知识

（一）爆炸物品的分类

（二）炸药分类

（三）起爆器材

六、爆炸装置知识简介

（一）爆炸装置的组成

（二）工作原理

（三）爆炸装置分类

（四）爆炸装置的识别和排除要点

七、实训项目一：常见炸药与爆炸物品初步识别

（一）预备知识

（二）实训方案

八、实训项目二：三维模拟危险品仓库的安全检查与隐患排查实训

（一）预备知识

（二）实训方案

第三节　暴露的问题与法律依据

一、瑞海公司存在主要问题

(一)企业基本情况

(二)经营资质许可情况

(三)瑞海公司危险品仓库存放危险货物情况

(四)存在的主要问题

(五)违反法律规定

二、有关地方政府及部门存在的主要问题及法律依据

三、中介机构存在的主要问题及法律依据

第四节　事故防范措施和安全管理

一、事故主要教训

二、事故防范措施

三、措施的安全科学理论依据

(一)事故致因理论

(二)安全管理原理

四、措施的公共安全管理理论依据

(一)预防理论

(二)预测理论

(三)控制理论

五、有关责任人员和责任单位的处理

六、公共安全管理方法

(一)公共安全管理基本方法概述

(二)公共安全管理方法的分类

(三)事前管理方法

(四)事中管理方法

(五)事后管理方法

七、公共安全管理的日常工作

(一)审核许可

(二)监督检查

(三)调查处罚

(四)安全教育

思考题　略

第二章　江苏响水3.21特大火灾事故与安全管理

第一节 事故的发生与处置

一、事故基本情况

二、燃烧基本知识

(一)燃烧概念

(二)燃烧的条件

(三)燃烧过程

(四)燃烧的类型

三、实训项目三:乙醇爆炸极限的测定实验

四、燃烧与爆炸的关系

(一)燃烧产物及危害

(二)可燃物质碎片的爆炸

五、实训项目四:硝化纤维自燃温度与自燃临界温度的测定录像

【课堂讨论】 略

六、3·21响水化工企业爆炸事故的应急处置过程

七、实训项目五:火灾预警、灭火、救援设备功能与使用演示实训录像及火场逃生演练

(一)预备知识

(二)初期火灾扑救知识

(三)火场逃生方法

(四)火场逃生技能训练方案

第二节 事故原因调查与防范

一、直接原因认定

(一)认定过程

(二)认定起火原因

二、火灾证据

(一)火灾证据的类别

(二)火灾证据链

(三)火灾证据的审查

三、实训项目六:燃烧灰烬类别鉴别与起火点认定实训

(一)预备知识

(二)燃烧灰烬类别鉴别实训方案

第三节 暴露的安全问题与法律依据

一、企业主要问题

（三）管制刀具管理制度

（四）管制刀具管理要求

第二节 银行安全技术防范

一、安全技术防范基本概念

（一）安全防范

（二）安全防范技术与安全技术防范

（三）安全技术防范系统

（四）安全技术防范的基本方法

二、出入口安全防范技术

（一）门禁、身份识别系统简介

（二）X 射线安全检查技术简介

（三）金属探测器材简介

（四）玻璃破碎探测报警技术

三、实训项目八：出入口人与物的安全检查实训

（一）预备知识：炸药与爆炸物探测技术

（二）实训方案

四、周界安全防范技术简介

（一）红外入侵探测报警技术

（二）激光周界入侵探测报警技术

（三）微波周界入侵探测报警技术

（四）线缆周界入侵探测报警技术

五、区域安全防范技术简介

（一）视频探测技术

（二）声波探测技术

（三）微波探测技术

（四）红外探测技术

六、实训项目九：银行技防前端设备布点方案实训

（一）预备知识：摄像头及性能

（二）训练方案

第三节 安全技术防范最新进展

一、背向散射 X 射线安检仪

（一）背散射探测原理

（二）采用技术

（三）背散射成像在安检中的应用

二、太赫兹技术在公共安全管理中的应用

（一）太赫兹技术概述

（二）人体安检三维检验技术进展

（三）THz 雷达反恐救援技术进展

三、炸药精确管控

（一）目前民用爆炸物安全监管中存在的问题

（二）炸药"身份标记"技术

（三）炸药精确监控方法

【讨论】如何设计银行安全防范体系？

思考题　略

第四章　晋宁区群体性冲突事件与安全管理

第一节　危机事件实际处置过程

一、事件梗概

二、危机处置过程

（一）冲突酝酿阶段

（二）矛盾爆发阶段

（三）问题解决阶段

（四）事件反思阶段

三、群体性危机事件传播机理

（一）参与群体多元化,蝴蝶效应加剧

（二）全国化影响扩散,传播速度迅猛

（三）权利性诉求倾向,处理难度加深

第二节　群体性危机事件应急处置手段

一、处置预案示例

（一）法律依据

（二）适用范围及级别

（三）处置原则

（四）组织指挥

（五）警力编制及任务分工

（六）处置程序

（七）处置纪律及注意事项

二、公安机关内外应急联动机制

（一）联动机制构建原则

（二）公安机关内外联动机制的云平台

（三）公安机关内外联动机制的运行

三、群体性危机事件现场策略与步骤

（一）现场处置策略

（二）群体性事件现场处置步骤

四、实训项目十：非致命性警用武器使用实训方案

（一）预备知识

（二）实训方案

五、实训项目十一：电警棍使用技巧实训

（一）预备知识

（二）实训方案

第三节 公共安全风险评估简述

一、社会公共安全风险评估概念

二、社会公共安全风险评估的意义

三、社会公共安全风险评估的方法

四、社会公共安全风险评估指标权重的确定

五、公共安全风险因素量化处理

思考题 略

第二节 实战化教学方法

教学方法依据培养对象、培养目标不同而不同。在职干警培训与学历制教育在学制、目的上存在巨大差异，教材与教学方法也存在巨大差异。

一、民警培训教学方法简介

在职民警训练紧贴实战需要，按照问题导向和"缺什么、练什么，少什么、补什么"的原则，注重培训的效果，着力解决实战中遇到的难点热点问题。由于在职民警存在警种、经历、来源和培养目标之分，使在职民警训练层次、类别繁多。按照培养层次分为新警培训班、警衔晋升培训班、干部轮训班等。新警培训班分为大学生新警班和军转警班；警衔晋升培训班分为员升司班、司升督班、督升监班等；干部轮训班分为队长班、所长班、局长班等。按照警务技能分为技战术技能班、警务指挥班、特殊警情研讨班等。技战术技能班主要训练查缉战术、武

器装备使用技巧、人防物防技防的配合等;警务指挥班主要训练各种通信设备的使用、维护、配合,现场情报获取、分析与研判等;特殊警情研讨班主要讨论出警、值班、抓逃犯中的难题,谈论武疯子对抗、刀斧砍杀事件处置、醉酒闹事事件处置、疑难纠纷的处理等难题。按照特殊要求分为政治理论学习班、法律规范学习班、外警培训班等。政治理论学习班学习习近平总书记有关创新社会治理的重要论述,开展新时代"枫桥经验"的总结与探讨,落实宗旨意识的探讨等;法律规范班学习最新出台的法律法规和规范性文件,探讨实施细则的执行及处理,学习执法中问题的处置方法等;外警培训班有港警训练班、澳门警察训练班、非洲警察训练班等。

在职民警培训时间短,多以讲座形式代替系统授课,针对当前民警执法中出现的苗头与问题,开展有针对性的教育与训练。以问题为导向是最为常用的授课"导论"的方法,直接切入主题,在问题产生背景、发生过程和处置过程中讲解理论与法规,提高民警的执法能力。

针对民警培训的特殊性,北京警察学院建立了三阶段式训练模式:第一阶段在警察学院封闭训练,第二阶段专项工作实战打击,第三阶段在警察学院总结考核。这种训练模式一方面协助实战部门解决了突出问题,不断提升整体水平;另一方面提高了警察学院相关教师、干部的实战水平,有利于丰富教师收集鲜活的一线实战案例,丰富教案,提高课堂内容质量①。

二、通识与专业基础课的教学方法

(一)通识教育

"教书育人"的重心是育人,育人有多种方法与途径。通识教育重在"育"而非"教",因为通识教育没有专业的硬性划分,它提供的选择是多样化的。学生们通过多样化的选择,得到了自由的、顺其自然的成长。可以说,通识教育是一种人文教育,它超越功利性与实用性。

通识教育的目的在于培养健全的个人和自由社会中健全的公民,以高层的文明教育和完备的人性教育造就具备远大眼光、通融识见、博雅精神和优美情感的人才。通识教育强调关注传统文化的继承,以及人的生活的、道德的、情感的和理智的和谐发展的教育。

---

① 杨玉海、滕银厚:《关于在职民警训练工作的思考》,《北京警察学院学报》2017 年第 6 期。

通识教育注重人性和全面素质教育,这是"立命之学"。人性和素质是造就社会有用人才的基础。专业教育可以成为谋生手段,带有功利色彩,通识教育是非功利性的,能使人终身受益。通过思政课程培养正确的人生观、价值观;通过哲学课程学习认识世界的一般方法;通过跨学科课程学习不同学科领域的思想和方法,树立科学精神和人文精神;通过语言、文学、历史、艺术、社会等课程学习各地历史、文化、习俗,尤其是优秀的中华传统文化学习,奠定传承基础。

通识教育的目的与人民警察的素质要求十分切合。首先是"忠诚于党"。思政课程属于"显性"教育,承担忠诚思想政治意识树立的主要责任,实战化教学的主要方法是通过中国革命奋斗中国特色社会主义建设中涌现出的先进模范人物来感染学生,用身边或本校毕业生优秀人物或事迹来影响学生,使学生知道人民警察是怎样的形象,如何践行"入警誓词"。具体的、真实的人物、事例是最好的教材,空洞的陈述只能是搭建知识的构架,不能产生"情感"的塑造,公安工作是"有温度"的执法,需要热忱、真诚,"全心全意为人民服务"不是口号,必须落到实处。其次,群众工作是警察日常工作,在与群众打交道的过程中,警察风范代表国家执法者的形象。优秀的警察必须是思路清晰、知识渊博、谈吐儒雅、说理透彻,既有亲和力又有威严感,达到这样的培养目标需要经过实践训练。有些人像是"茶壶里煮饺子——有货倒不出",这些人虽有知识,但应急使用、综合使用能力较弱。语言交流是一门艺术,需要得体、切时,要注重实效,既不能是空洞的说教,也不能是严厉地训斥;既要对方听得进,也要表达交流的内容,达到交流的效果。语言交流也是一门技术,需要在很短的时间内思考需要表达的内容,组织语言,并用适当的口气、语调表达出来。因此,通识课程的实战化教学需要走向社会,承担公安部门群众工作的任务,通过大量的实践达到训练的效果。

(二)专业基础课教学

公安专业的专业基础课程因专业的不同存在差异,主要有法理学、宪法学、行政法与行政诉讼法、民法总论、刑法、刑事诉讼法等法律课程,有基础体能、警察防卫控制、警察行为拓展训练、警察基础射击、警务战术等警体类课程,有警务心理学、刑事科学技术、车辆驾驶、警察公共关系与公安群众工作、侦查学、治安学、安全防范工程、公安情报学、犯罪学等专业相关学科领域的课程等。

专业基础课程的实践性教学首先要解决教学内容贴近公安实战的问题。每门基础课程都对应于一个学科领域,学科是相对独立的知识体系,非公安类学科相对独立的知识体系与公安学科的知识内容"交集"不多,按照学科"范式"设计的实践性教学必然脱离公安实战,因此,专业基础课程的实战化教学必须找准"切入点",既不脱离本学科的方法又与公安实战相联系。实际上,专业基础课为专业课服务,在内容承接上存在"上下游"的关系,所以会存在较多的结合点,只要悉心研究、认真思考,便可以将专业基础课程的实践性教学转化为公安实战化教学。

其次是创造力培养。社会复杂,罪犯狡猾,网络时代信息的透明化使陈旧的破案方法不能适应新情况,罪犯也在学习,罪犯与警察之间是"道高一尺,魔高一丈"的关系,所以创新能力是公安教育重点培养的能力。但理工专业基础课程的实践教学内容大多为验证性实验,缺少创新性,学生大多根据实验指导按部就班,重复单调,无法激发学生的创新能力,不利于学生实验技能和解决实际问题能力的培养。应紧密结合理论部分的知识开展课题研究式实验,能够更好地改变这种状况,为学生的创新能力、综合科研素质的培养提供新动力。课题研究式实验包括课题选取、研究内容与方案确定、课题总结报告等环节。课题选取主要由任课老师紧密结合理论内容和公安实际需要提出,可以是在研课题项目中的部分内容,也可由学生根据研究兴趣自主提出,研究内容与方案由学生查阅相关文献制定。课题研究实验实行项目责任制,由课题组长负责整个课题执行过程中的组织协调,任课老师及时关注学生课题研究实验进程并给予合理的指导。结题报告是考查课程教学研究质量的重要环节,由各项目负责人汇报课题的研究结果和经验,教师进行对比、讨论和点评。这一过程从选题、查阅文献到总结报告,课题研究式实验均由学生自主完成,由教师指导。这一过程既可以锻炼学生的实验技能和分析和解决问题的能力,还可以培养学生的组织能力和科研能力,有助于学生的综合专业素质建设,更体现了"以学生为主体,教师为主导",以学生为中心的教学理念,还激发了学生的创新能力和自主学习能力,在师生的共同探究、交流和讨论的过程中营造良好的学习和科研的氛围。

法律类课程的教学不应只局限于课堂,应做到"理论+实践"。首先,借助视频、音频了解违法案件,为学生还原真实、全面的案件信息,并在此基础上展开案情分析,避免因口头表达的简化和不清楚影响学生对整个案件的判断。其次,开展模拟法庭教学方式,给学生提供展示自我法律思维,让学生直接参与到违法审查活动中,思考法律内容与现实需求之间存在的矛盾,站在当事人的角度思考法律对人权、国家权力的保障和约束作用,从而将法治理念具体化。最后,参与法庭旁听,开展法学实践,应鼓励学生参与到当地人民法院的开庭审理旁听活动之中,了解审案过程,思考法院审判过程中所依法律条文的合理性,深刻理解法条中的立法要素与适用,掌握精髓。

三、实战化教材特殊的教学方式

(一)专业课程实战化教学现状分析

专业课指高等学校和职业学校根据培养目标所开设的专业知识和专门技能的课程。专业课的任务是使学生掌握必要的专业基本理论、专业知识和专业技能,了解本专业的前沿科学技术和发展趋势,培养分析解决本专业范围内一般实际问题的能力。它是从业能力培养至关重要的一环,是人才培养和教学质量的重要保障。公安专业课程特别强调实践性、应用性和实战性,这便要求公安专业课发展亦必须遵循的原则。所以公安专业课程的教学必须积极吸收公安实战工作经验,将公安专业理论知识输入与公安实践人才培育输出有机结合起来,真正推动公安专业课程体系和专业课程教学的内在融合。

目前实践性教材主要针对实习教学。我国各高校都在使用自己编制的《实习指导手册》或出台针对本校实习生的实习指导文件,专业实践教材并没有统一的版本,因此,现有的专业实践教材呈现出纷乱繁杂的现状。据统计,各级各类院校的实践环节均设有专业实习,通常由各院校教务处或其下属的负责学生实践的办公室下发指导学生实习的《实习指导手册》或实习指导文件等。从整体来看,学校层次越高,专业实习管理工作水平越高,专业实践教材的编写也更具有系统性和实用性。

选取不同层次的部分高校的《实习指导手册》或实习指导文件作为研究对象,认真梳理各专业实践教材的内容设置发现:第一,我国各大高校在专业实践教材在内容选择上差异不大,表现为指导性内容有较大的一致性,顺序排列上略有一些不同。第二,多数院校的专业实践教材在内容选择上主要有实习的组织、实习管理与经费;实习时间安排;实习模式与内容;实习学生纪律与要求;实习指导教师要求;实习基地建设;实习成绩的评定;实习总结等。多数高校实践教材整体上较简明扼要,详细描述明显不足 [①]。

公安院校的公安专业课程教学,在过去相当长的一段时间内,主要侧重于学科型教育,传统的知识传授型教学方法占据主流,并由此衍生出了多种知识传授型的教学范式。一般而言,专业课程教学可以分为理论教学和实践教学两种形式,其中,理论教学的目标是扩充学生的知识体系,而实践教学则是为了提

---

① 谷晓红:《教师教育实践性课程教材的编写研究》,《哈尔滨学院学报》2016 年第 3 期。

升学生的实践能力。从传统知识传授型教学范式看,理论教学模式多着眼于知识讲授的体系性与完整性,主要围绕教材、讲义内容,向学生"定向输入"固定的知识,教学创新性和灵活性存在固有局限;而实践教学形式则未能充分发挥其能动性,往往作为理论教学的"附庸",多是对理论教学知识的简单校验。从教学实践看,目前公安院校专业课程的授课模式依然带有较为鲜明的传统知识传授特征,"填鸭式"教学思维定式的影响非常深重,相对固定的教学活动很难刺激学生主动积极的学习、思考,并且学生的学习兴趣和学习热情没有被充分激发,最终导致专业课教学效果与预期目标相差较大。从专业课程考核方式来看,公安院校的专业课考核模式普遍较为单调,以知识考查为主,能力考查不足。尤其值得关注的是,部分学生对非考试科目大多不重视,敷衍了事,甚至用粗糙的资料拼贴应付结课,与鼓励学生创新的教学初衷背道而驰。因此,当前公安院校专业课程教学现状必须改变,探索崭新的教学模式和考核模式迫在眉睫[1]。

(二)专业课程实战化教学发展瓶颈分析

教学要素包括:教学大纲、教材、教学方法和教学条件。在这 4 个要件中,教材占据重要的地位。公安院校规模小,专业多,单独或少数教师承担一门专业课程的现象十分普遍。教学大纲的编写者必然是该课程的主讲教师,为满足教学大纲的内容要求,教学大纲编写者按照选定的教材编写大纲,实际上,教材决定了大纲;教材对教学方法也有影响作用,学理型(传统)教材与实战化教材,它们的指导思想不同,内容编排方式不同,知识的逻辑关系不同,教学方法也就不同。

教材建设是课程建设的核心。北京警察学院治安系冯锁柱教授认为公安教材是学生掌握公安管理理论和学习管理方法的向导,是学生步入公安工作的阶梯。在学科建设、课程建设中占据重要的地位[2]。

目前教材的编写方式几乎一律是按照学理型(传统)课程模式编写,它按照学科知识体系,以该学科逻辑起点开启,链接关键知识点形成逻辑主链;以逻辑主链链接逻辑支链,由逻辑支链链接各知识点,形成逻辑关系明确覆盖全面,相

---

① 李辉、赵家正:《建构主义视角下的公安学专业课程教学研究》,《公安教育》2020 年第 10 期。

② 冯锁柱:《公安学科建设的发展契机、面临问题和实现路径:以教师、课程与教材建设为视角》,《公安教育》2014 年第 10 期。

对独立的知识体系。这种编排方式的目的是便于学生掌握知识,是从知识的掌握出发,不是从实际工作的需要出发。实战化教学是从实际工作出发,尽管实战化教学需要掌握知识,但出发点不同,教学目标不尽相同,知识掌握的途径不同,造成学理型(传统)教材的编写方式与实战化教学教材的编写方式不同。

提高实战化教学的质量首先是编写专用的实战化教材。公安各级领导和教育学者呼吁"加强实战化教材建设",但一些关于实战化教学内容的研讨论文认为:"在内容知识上,要从专业特点出发,精选实战性、应用性的教学内容,例如公安信息化运用、警务战术、群众工作、群体性事件的预防与处置等,注重实用性、区域性、时代性"等[①]。基本是从具体内容方面讨论,并未研讨编排方式。实战化教材的知识系统性、理论性、针对性、实用性等要求高;它是学理型(传统)教材与岗位操作教材的结合,无参考范例,编写困难,目前尚无公安本科学历专用实战化教材出版,实战化专用教材成为专业课程实战化教学发展的瓶颈。

(三)学理型(传统)教材与实战化教材的比较

按照教育学家的主流观点,实战化教材应以经典案例为引导,在讲授案例处理方法中传授相关理论和知识点。经典案例覆盖该课程对应警务工作的主要案件类型,在讲授各类处置方法的同时,拓展相关理论和知识点的传授,使其覆盖该课程的主要理论和知识点。"范例"提供事件处置过程,便于读者"参照"执行;而且它使各部分教学目标具体明确,易于调动学生学习的积极性和主动性;尤其是反面典型,提供"安全警示红线",心理刺激深刻,利于安全防范方法以及适用范围和功效的掌握。但实战化教材存在:知识点"碎片化",缺乏联系的缺陷。学理型(传统)教材同样存在优势和缺陷。学理型(传统)教材具有知识点关联性强、覆盖面宽,易于整体掌握等优势,但存在学习目标泛化,不明确;缺乏公安实际工作过程的描述,工作程序不清;理论和知识点的适用范围不清;不便于直接运用等缺点,影响学生学习目的性和主动性,教学效果不佳,且毕业生岗位适应期长,公安机关用人单位为此不十分满意。学理型(传统)教材适合于打基础式学习,实战化教材或讲义适合于针对具体工作的学习。它们各有利弊,"协同使用"方能突显教学效果。

---

① 胡登良、赵康睿:《实战化教学背景下公安大学教学方式改革研究》,《中国人民公安大学学报(自然科学版)》2019年第3期。

（四）专业课程实战化教学的方法

以"公共安全管理"课程为例,将课程的讲授分为课内教学和课外教学两部分,课外教学为补充手段。课内教学在线下进行,分为课堂教学和实训教学,选用主讲教师自编讲义《公共安全管理实战化教学讲义》为主教材;课外教学分为线上教学和自主学习两部分,线上教学主要使用多个平台上播放的主讲教师"公共安全管理"慕课,教材选用主讲教师自编学理型《公共安全管理讲义》。两部讲义"协同使用",相互弥补不足,并在主讲教师的指导下学习"公共安全管理"慕课,在班级(区队)微信群中展开实时讨论,深化对知识点的理解,强化知识点的学理性联系。

为了避免一门课程两部教材/讲义的窘境,对2015级治安学专业学生以提纲的形式下发,教学PPT尽量展示详细内容,并在班级微信群中上传了《公共安全管理实战化教学讲义》电子版,但学生仍然感到不方便。为便于学生学习,笔者利用项目经费,印制《公共安全管理实战化教学讲义》,对2016级及其以后的治安学专业学生赠送,这样学生只购买了一部教材/讲义。

线上教学是课程教学的辅助手段,它是自主学习能力培养的主要手段。大学阶段教师不仅讲授知识,更重要的是培养学生自主学习方法和能力。为完成"公共安全管理"课程的学习,达到教师的要求,迫使学生开展自主学习,多元化的答疑解惑途径,扫清了自主学习障碍,势必提升自主学习的兴趣,对学生学习策略的运用和掌握、自主学习习惯的养成均有益处。

丰富的线上教学资源为"双教材""线上线下"协同教学奠定了基础。几年的实践证明:实施"双教材/讲义",线上线下配合的"协同模式"教学效果较好。

主讲教材/讲义选用《公共安全管理实战化教学讲义》也产生了问题,由于教学大纲具有相对稳定性,但实战化教学随公安实际工作内容、方式的变化而变化,其教材具有新鲜性、典型性和复杂性特点,适合于"讲义"的形式,这与教学大纲规定的内容和讲解顺序产生冲突。

第三节　实战化教学资源库建设

一、实战化教学资源库建设的作用

一是有利于师生角色的转变。大学教学注重自学能力的培养,倡导学习过程中学生的主体地位,资源库的建设和使用有利于转变教与学的关系,发挥教师的主导作用,使教师成为统一资源结构下知识、技能的提供者,教学设计、媒体设计、教学活动设计的设计者,学生学习的服务者、辅助者、支持者及个性化导学者,学生学习能力的培养者;使学生从被动的知识接受者转变为积极主动的学习者,成为教学活动中的主体。二是有利于教学内容呈现形式的变革。通过信息化资源库建设,以视频、动画、多媒体软件等形式将课堂教学内容鲜活地再现在网络平台上,指导学生如何上网、如何使用多媒体网络资源等来呈现学习内容,有利于提高学生学习兴趣、强化学习效果。三是有利于促进教学方法和手段创新。信息化教学平台既是学生自主学习平台,又是师生交流平台,信息化教学资源库有效地利用促使以学生个性化学习、相互讨论、师生间沟通交流、研讨、网络教学等多种形式相结合的新型教学组织形式,以取代班为单位的单一教学组织形式,从而有利于教学方法和手段的不断创新。四是有利于实施校局合作、警教融合。为提高公安职业化教育资源库的实用性、时效性,学校教学和公安实际部门有效对接,教师必须深入警营,了解警营文化,学习警务工作动态以及新近使用的方法,同时吸收公安精英、优秀教官和一线专家参与资源库的建设,有利于深化校局合作、信息互通和联合培养。

二、实战化教学资源库的建设原则

在进行实战化教学资源建设时要合理布局。为切实发挥好实践教学的功能,真正提高学生的实践水平和岗位任职能力,最大限度与公安实际工作接轨,培养公安所需的专业人才,兼顾警务理论研究、技术和装备的创新发展以及执法实务活动,在实战化教学资源库建设中应该遵循以下原则。

(一)实战化原则

在建设过程中,要紧贴公安工作实际,聚焦当前热点和疑难问题,以现行法规、政策,管理方法,在用装备、现用技术等为着眼点,在强调现实性的同时,注重警务发展趋势,注重新方法、新技术及其案例的搜集、整理和编排。

(二)信息化原则

在建设实战化教学资源时要充分融入信息化元素。在教学资料中,除有与线下教学配套的 PPT 课件外,还应有慕课资源、微课或微课群资源、短视频等资源;按照在线课程体现教学元素和各教学环节的教学资源,建设案例库、优秀作业库、试卷及参考答案库、参阅材料库和参考书、实战视频库等。注重教学内容与对应教学资源的"超链接",利用案例、短视频、微电影等资源帮助学生对教学内容的理解和掌握;注重网络的互联互通,设置强大的搜寻功能,充分利用外网资源信息为教学所用。

(三)实用性原则

实战化教学资源库的建设应以实用性为原则,所建设的配套教学资源,应注重按照学生自学的思路编制栏目,栏目应简洁易于学生发现所需要的内容;编制栏目内容目录网页,提供超链接,并提供多种渠道的搜索路径;内容目录应有简单的说明;每个栏目内容落实落地,一一对应。

(四)系统性原则

实战化教学资源库在内容和要素上要具有系统性。学习过程包括教学大纲和教学目的、要求;包括预习、授课、问题与回答、复习、作业、测试、参考资料、知识花絮等内容,每个内容又对应各个章节;还应提供互学交流平台,以供学生和老师的交流与讨论;具有信息统计功能,例如某学生看了几段材料,花费多少时长,发表几条议论等数据,既是自我学习状况的检查也为教师检查督促提供依据。

(五)拓展性原则

实战化教学资源库系统应在两个方面具有拓展性,一是内容的拓展性。要有拓展知识,设立知识拓展栏目,按照课程知识体系中的对应知识点设置拓展知识或在拓展知识前加以说明,说明该知识是对哪些知识的拓展。二是系统的拓展性。资源库建立后,系统的类型维持稳定,但是系统要素的内容和个数可以根据发展情况和任务需要增加,也就是说各部分是开源的,具有拓展性,能够与时俱进。

三、实战化教学资源库的建设路径

(一)实战化教材建设

1. 实战化教材的特点

通常使用的教材属于学理型教材,它是按照"逻辑起点—逻辑主链—逻辑支链—知识点"的体系编写。知识有三种类型,传统的学理型教材侧重传授"概念性知识",忽视"事实性"和"程序性"知识;知识的单学科性显著,缺少学科交叉。虽然学理型教材具有知识点关联性强、覆盖面宽,易于整体掌握等优势,但存在学习目标泛化,不具体;缺乏公安工作事实性描述,工作程序不清;理论和知识点的适用范围不清;不便于直接运用等缺点,削弱学生学习目的性和主动性,教学效果不佳,且毕业生岗位适应期长。

因此,实战化讲义应以经典案例为引导,案例应覆盖该课程所对应警务工作的主要案件类型,在讲授各类实际处置方法的同时,融入相关理论和知识点,使其覆盖该课程的主要理论和知识点。"范例"提供事件处置过程,便于读者"参照"执行;利于安全防范方法和适用范围和功效的掌握;而且它使各部分教学目标具体明确,易于调动学生学习的积极性和主动性;尤其是反面典型,提供"安全警示红线",使学生深刻掌握。但实战化讲义存在知识点"碎片化"缺陷。

2.实战化教材建设的基本要求

(1)内容的完整性要求

必须严格贯彻人才培养方案和教学大纲,完全涵盖教学大纲中所要求的4个层面的教学内容,即案例发展和处置过程;知识点和理论、原理;实训项目;思考题或测验题等。

(2)内容的针对性要求

实战化教学教材具有多学科融合的特点,因为实际案例的处理是以解决问题为目标,实际问题具有复杂性,单一学科难以解决全部的问题,常常需要其他学科知识的融入。教学不同于实际工作过程,在"知其然而之所以然"的原则指导下,对本课程的内容应全面、细致、详尽地解释,但对于其他课程或学科的知识,应遵守"点到为止"的原则进行处理,只简介,不必深入探讨,以提高内容的针对性。

(3)突出内容的实用性

任何学科领域的知识都是庞杂的,不是一门课程可以学好、学完的,应有所取舍。实战化教材本身就是以案例的整个处置过程为主线,难以覆盖该课程的全部知识,不必追求知识体系的完整性,而应把注意力放在实用性方面;虽然案例源于实战,但作为教学的内容应进行二次加工,在不违背原有案例处置过程、基本内容的情况下,对不必要的内容进行删减;实训内容应以实战技能培养为主,不必追求研究能力的培养,不必选择过多研究型实训项目。

(二)案例库建设

案例库建设十分重要,它是教师和学生向公安实际学习的重要渠道,每一个经典案例都是一个实践处理"范例",它真实、具体。因此案例库中的案例应该是完整的案件处理卷宗,重点是案件的处理材料,例如调查过程;询问、讯问笔录原件;处理的法律文书等,甚至可以收录案件处理后的追踪调查报告等。

为帮助学生学习案例,教师应按照当下现行的法律条文进行点评,避免当时处理的依据与现实的依据之间的矛盾,引起学生的错误理解或误导。因此,案例应当及时更新,至少对案例点评进行更新。

案例库的建设关键是人,一是维护人员,包括设备与平台的维护人员,以及教学资料的更新维护人员,还包括案例点评更新的维护人员。二是疏通案例来源渠道。案例来源于公安工作实际,应与公安实际部门建立共建协议,保障案例的及时性和完整型。三是保密工作。案例有密级,对于不同密级查阅的范围不同,应严格审查查阅人员的身份,实施查阅授权制度,并严格执行。案例库应与互联网实施物理隔绝,不得使用无线信号传输系统,不得转录或下载,不得外传案例等,严格按照保密制度执行。

(三)电子信息资源库建设

现代教学中电子文档已逐渐成为主要教学材料的收录形式,纸质文档的使用十分不便,已逐渐被淘汰。电子信息资源库建设,一是注重本体教学材料的建设,要注重信息化、实用性和拓展性,应该依托于一个统一的信息化教学系统平台,对线下和线上资源进行统筹规划和整理分类。对于高密级的电子信息资源,采取线下电子信息资源库收录的形式,实施借阅制,实施网上申请,定点传输或使用特殊的显示装置装备。对于低密级的电子信息资源实施线上电子信息资源库收录,包括教学PPT、微课群、慕课等网络在线课程资源,包括电子图书、参考文献、通用化装备模型以及工作机理的视频等。

二是共建共享资源平台建设。公安具有多种警务信息或工作平台,这些平台是最佳的实战化资源。在使用权限允许的范围内,尽可能与实战化教学资源库平台链接,学生可以方便进入各类警务工作平台,掌握警务实际工作流程、文件扭转与审批流程、指令发布与接受流程、工作总结汇报流程等,以及工作方法、要求等内容。警务实际工作平台与学院实战化教学资源库平台链接存在诸多限制,为了方便学生的实战化训练,可以建设警务实际工作模拟平台,将部分公安实际工作平台中的数据转移到校园实战化教学资源平台中,既贴近实战,又可以让学生自由操作,不会影响、干扰公安实际警务工作平台。

(四)模拟训练平台建设

模拟训练平台中虚拟训练平台、半实物模拟训练平台和专项技能训练平台的建设,要瞄准人才培养目标,突出平台优势,着力补充实装实践教学中的不足,解决教学现实问题。

（1）虚拟训练平台的建设

重点针对警用装备或技能实践教学中难以开展训练或安全风险系数高的科目进行开发,例如,移动靶射击训练。需要在模拟环境下针对应当射击、不能射击和根据具体情况射击三种情形,训练快速判断和射击的精准度。要有定罪要件的判断要素、复杂自然环境要素、群众人流要素等,各种环境、背景、射击条件的场景数量存储应足够多,以训练学生的应变能力。

（2）半实物模拟训练平台的建设

要聚焦实装训练中的核心训练科目,重点培养学员警务装备的使用和现场维护、作战运用的团队协作和实操能力。训练平台中的实物部分,要以1:1的比例真实还原实装结构,尤其是涉及动手操作的部件要细致逼真;对于虚拟程序部分,其信号参数、控制方法要与实装一致,应具有多案例训练功能,并可根据需要进行功能拓展。

（3）专项技能训练平台的建设

要紧贴公安工作的实际运用情况,针对难以掌握的技能项目或技能水平要求较高的训练项目实施专项训练。突出法规综合运用和技能培养,例如危险品仓库、货场的安全检查专项训练,既要对相关法规熟练掌握,灵活运用,又要对不同的危险物品的性质、存放要求、管理方法等熟悉,这样才能在规定的时间内完成训练任务。专项技能训练平台还应具有拓展性,可以根据教学和实际工作需要,增减内容、修改法条、修改处理程序等以适应未来发展需要。

第四节 实战化教学质量评价标准体系建设

为保障实战化教学高质量实施,需要在教学团队、教材与教学资源、教学设施等教学条件以及教辅管理等方面提供保障。这些实战化教学条件保障工程的建设,已在《现代公安高教特色发展战略探索》一书中进行了较为详细的阐述[①],本节重点论述实战化教学质量评价标准体系的建设。

一、公安类本科专业教学质量国家标准

我国有36所公安院校,有数量众多的培训机构,组成了世界上最庞大、体

---

① 吴跃章、薛宏伟:《现代公安高教特色发展战略探索:差异化办学、特色化发展、职业化建设》,中国法制出版社,2016。

系最完整的警察教育体系。虽然教育条件存在地区差异,但公安的职责没有地域差异。尤其是在 2015 年底,中华人民共和国人力资源社会保障部、公安部等部门发布《关于加强公安机关人民警察招录工作的意见》中的实战能力培养导向,为 2018 年 1 月教育部颁布《普通高等学校本科专业类教学质量国家标准》中公安学、公安技术专业实战化教学质量要求奠定了基调。

(一)《普通高等学校本科专业类教学质量国家标准》颁布的意义

经济建设与人才的渴求与高考制度的恢复,促进了公安高等院校的专业教育迅猛发展,从 1978 年公安院校复校与建校高潮的兴起,到 2002 年起批量公安本科院校的出现,目前全国已有 36 所公安院校(本科院校 26 所)、在校生 15 万人,公安本科专业 26 个,形成"专科—本科—研究生(含博士)"完整的人才培养体系。

随着公安院校办学层次的不断提升和规模迅速扩大,公安高等教育也进入快速发展阶段,但公安类专业建设的深层次问题日益凸显。其中,既有高校扩招的共性问题,也有短期 20 所院校由专科提升为本科而带来的办学水平参差不齐、缺乏质量保障问题,还有自身专业教育历史短、学科研究基础弱而导致的战略发展思路摇摆、专业建设模式不成熟等难题。这些瓶颈问题,宏观上不同程度地反映在专业建设、人才培养等多个方面的理念相对滞后;教育变革的经验、手段不足;学校间办学定位缺乏区分度,缺乏特色的专业发展战略和办学定位,专业建设目标趋同;院校间专业培养目标缺乏层次分工,培养规格模糊,培养模式相对单一缺乏有效的培养目标达成机制;教师队伍缺乏行业经验,理论教学与实战教学不同程度存在薄弱环节,学生理论视野、实战实践能力和创新精神有待加强;管理手段与管理水平相对滞后,经费投入相对不足,教学条件、质量管理等保障存在缺位错位等问题。

从微观看,内涵建设弱化,课程作为人才培养的关键载体,受扩招背景下重科研、轻教学倾向的冲击,公安院校课程教学面临多方面的严峻挑战。从学科体系上看,强调公安学科的完整性,忽视与其他学科的衔接性;从课程体系上看,强调高等教育体系的共性,忽视公安教育的职业性;课程体系缺乏整体性的优化融通,教学内容存在低水平重复的问题;从结构上看,课程设置既有重理论、轻实践的老问题,导致实践训练不足,也存在实践环节虚浮、冲击理论教学的新问题,导致学生视野狭窄、分析能力弱化;从讲授内容上看,不同课程重复讲解的内容较多,相关课程间沟通机制薄弱,难以激发学习兴趣;实训教学条件差,在黑板上"实训"的现象较为普遍。

可见,追求形式方面的要素,忽视内涵建设要素,导致专业培养同质化、教育质量不够高、毕业生素质能力不够强,教育教学体系和人才培养质量不能完全适应公安队伍建设的需求。公安教育必须重视实战化教学,而实战化教学对教师和教学条件要求高,需要集中学校的人力、物力、财力重点发展,才能在短期内达到公安实战部门的需求,为达到这一目标,需要统一思想、提高认识、政策导向、制度保障,公安类本科专业教学质量国家标准,为公安院校内涵建设提供了政策引导和制度保障。

(二)公安类本科专业教学质量国家标准概述

公安类本科专业教学质量国家标准分为《公安学类教学质量国家标准》(学科代码0306)和《公安技术类教学质量国家标准》(学科代码0831)两类(以下统称《标准》)。前者针对4年学制的治安学(03060JK)、侦查学(030602K)、边防管理(030603K)、禁毒学(030604TK)、警犬技术(030605TK)、经济犯罪侦查(030606TK)、边防指挥(030607TK)、消防指挥(030608TK)、警卫学(030609TK)、公安情报学(030610TK)、犯罪学(030611TK)、公安管理学(030612TK)、涉外警务(030613TK)、国内安全保卫(030614TK)、警务指挥与战术(030615TK)等专业设置。后者针对4年学制的刑事科学技术(083101K)、消防工程(083102K)、交通管理工程(083103TK)、安全防范工程(083104TK)、公安视听技术(083105TK)、抢险救援指挥与技术(083106TK)、火灾探测(083107TK)、网络安全与执法(083108TK)、核生化消防(083109TK)、海警舰艇指挥与技术(083110TK)等专业设置。

《标准》对专业设置、培养目标、培养要求、课程体系、师资队伍、教学条件、质量保障体系等方面做出了规定,其中课程体系、师资队伍、教学条件3方面规定的较为详细。课程体系从总体结构、课程设置、实践教学环节3方面,师资队伍从规模要求、结构要求、背景与水平、教师专业发展4方面,教学条件从教材和信息资源条件、实训教学条件、校外实践基地、创新活动基地、教学经费保障5方面进行了阐述。

由于公安类专业较多,全国各地存在差异,难以统一要求形成具体标准,因此,2018年1月教育部颁布《标准》较为笼统,以课程体系中"实践教学环节"为例,它分为实训、实习、创新训练、社会实践和毕业论文5部分。"教、学、练、战"一体化改革主要针对"实训"部分,《标准》中关于"实训"的完整表述如下:"开展课程实训和专业综合实训,模拟公安工作的实际环境、业务内容和技术应用等,运用互动式、研讨式、情景模拟、角色扮演、案例教学等不同教学方法,通过学生深度参与、师生充分互动,提高学生专业技能和实战能力"。实训教学应具有完整的实训大纲、教学指导用书及考核标准等。有公安实战部门的相关人员和教官参与教学活动。

由于课程实训和专业综合实训两方面内容,在《标准》中只有 134 字的表述,十分宏观,没有课时数占比、公安实际工作覆盖面等方面的具体要求,只要有一项与情景相关的实训就可以满足《标准》要求。这样的《标准》难以作为检查、考核、评价的依据,削弱了标准的限定作用以及对教学质量的提升作用。

(三)公安类专业教学质量标准具体化的思考

标准是对重复性事物和概念所做的统一规定,它以科学、技术、经验和实践的成果为基础,促使预定领域内最佳秩序的实现,推动社会效益优化进程。经有关方面协商一致,由主管机构批准,以特定形式发布作为共同遵守的准则和依据。

标准具有限定性。限定性分为概念限定、范围限定、来源限定、走向限定、方法限定、水平限定、质量限定、比例限定、指标限定等。

标准具有指向性。标准是一根指挥棒,引导特定行业、部门、群体、地域等按照规定的目标努力,达到并保持各项要求的满足。

标准具有阶段性。人、财、物、时、空、事决定标准要求的水平,当决定因素发生明显变化时,标准也随之发生变化。

标准的制定和类型按使用范围划分有国际标准、区域标准、国家标准、专业标准、地方标准、企业标准;按内容划分有基础标准(一般包括名词术语、符号、代号、机械制图、公差与配合等)、产品标准、辅助产品标准(工具、模具、量具、夹具等)、原材料标准、方法标准(包括工艺要求、过程、要素、工艺说明等);按成熟程度划分有法定标准、推荐标准、试行标准、标准草案。标准的制定,国际标准由国际标准化组织(International Organization of Standardization,简称 ISO)理事会审查,ISO 理事会接纳国际标准并由中央秘书处颁布;国家标准在中国由国务院标准化行政主管部门制定,行业标准由国务院有关行政主管部门制定,企业生产的产品没有国家标准和行业标准的,应当制定企业标准,作为组织生产的依据,并报有关部门备案。法律对标准的制定另有规定,依照法律的规定执行。制定标准应当有利于合理利用国家资源,推广科学技术成果,提高经济效益,保障安全和人民身体健康,保护消费者的利益,保护环境,有利于产品的通用互换及标准的协调配套等。

公安类专业教学质量标准属于行业标准,行业标准应有利于行业的发展,推动行业向更高层次迈进。教学质量是教育行业的追求的目标,是最为关键的要素。划学生毕业的"底线"应该是基本功能,粗略的"底线"是学生受训项目的具体描述,高级的底线应是量化指标。以实训为例,《标准》是以项目的方式进行的限定,规定需要开展课程实训和专业综合实训,但并未规定哪些课程需要开设哪些基本实训项目或者实训课时比例,也就是说,一个专业只要开展一项课程实训就能满足《标准》的要求,这显然存在问题。对于专业综合实训并未规定的具体形式,是单设一门专业综合实训课程,还是开展一项具有专业综合内容的实训,尚未明确。现在公安院校普遍开展学生社团和兴趣小组活动,几乎每位学生都有参加,这些活动都是在教师的指导下开展,常常是为教师的科研做辅助性工作,具有专业综合性;公安学院基本都有"模拟街区",无论何公安类专业,毕业前都有参观"模拟街区",讲解其功能的项目,也具有专业综合性。这些具有综合性内容的项目如果属于专业综合实训,则失去了规定专业综合实训项目的意义,因此,宏观项目的限定也应该具体化。

二、实战化主导下"教、学、练、战"一体化培养体系质量标准的探讨

实战化主导下"教、学、练、战"一体化培养模式质量标准首先是全国公安院校共同商讨,由公安教育主管部门审核、发布的衡量教学质量的准则,其一是它具有共识性、规范性、权威性、系统性。其二是能够体现"教、学、练、战"四者在整个培养过程中,其质量能够相互融合、相互影响、相互促进;满足公安实际工作需要,整个质量标准应紧扣公安工作实际,符合专业任务要求。其三是结构科学合理。既要全面符合培养模式和教育教学规范的要求又不宜繁杂;既要涵盖教学态度、教学内容、教学方法手段和教学效果的内容,又要覆盖学习过程中的学习态度、学习效果和掌握职业技能技巧的检查和评价内容,还要利于教学管理部门的指导以及教学检查、总结、鉴定、评比等。

实战化主导下"教、学、练、战"一体化培养模式质量标准是一项复杂的系统工程,一是体现"教、学、练、战"一体化要求,体现人才培养目标、培养过程、培养监控管理等多层次、多维度的内容。二是促进应用型、复合型人才培养目标的实现,促进"教、学、练、战"各个环节中各相关部门高效、有序、科学地进行教学活动。三是作为一种教学质量评价体系,应该具备操作性、可比性,形成量化指标体系,这样的标准才会正确指导、促进、完善教学活动的顺利开展。

（一）培养效果标准指标体系

作为质量标准,应依据确定量进行评价,培养过程固然重要,但更重要的是培养效果,培养效果标准是对法律知识、专业知识、职业技能以及职业道德、政治素养的培养效果,是对理论水平、职业技能操作及实战能力、综合素养的培养效果具有指导性、评价性作用的标准。由于水平、技能、能力、素养等要素无法用物理学量纲的理念确定数值,只能通过指标体系评分的方法加以量化,形成培养效果标准指标体系。

培养效果标准体系从三个层次构建,一级指标包括"教、学、练、战"四个环节,二级指标针对四个环节中应产生的总体效果设置定性标准,三级指标是对二级指标的细化,是考察培养效果的"得分点",如表7-1所示。

表7-1 "教、学、练、战"一体化培养质量评价指标体系

效果标准	总体效果标准	具体指标
教	教师传授职业核心知识	贯彻课程思政理念,业务课程体现思政元素
		落实实战化主导理念,知识传授以实战化为指向,用实战化案例串联知识体系
		实战化案例覆盖课程对应的公安工作的主要内容
		知识的引出与公安工作关系密切;知识结构全面、合理;从"事实性知识"角度分析,知识延展层次清晰,知识点关联性强
		规范讲授现行法规和方法、重点难点突出、适量涉及研究动态和拓展知识
	教师传授职业技能	教学方法多样、手段灵活,师生互动频繁,课堂气氛活跃
		每门课程确定实训比例,技能教学占比较大
		教官参与课程实训内容的教学,教师职业技能精通、熟练
		实训教学内容贴近公安实际工作,以情景训练为主要模式,注重数字模拟系统的应用
		实训教学中,学生平均参与度高,实际动手操作时间长,教师指导实训效果好,学生技能提升显著
		技能训练项目多,覆盖公安实际工作的主要技能
		有专业综合实训项目,内容涉及3项以上公安业务或课程

表 7-1(续 1)

效果标准	总体效果标准	具体指标
学	学生学习专业知识	求知欲旺盛,学习热情较高,勤学好问,善于思考勇于创新
		专业知识、综合知识基本掌握,成绩良好
		学生自主学习能力强,掌握资料查阅途径,懂得学习策略的运用
		能运用所学知识对实际工作问题进行综合分析,并提出处置、执行、实施或整改方案
	学生学习职业基本技能	掌握公安工作所必须具备的驾驶、电脑操作、射击、擒拿格斗、公文写作、问话笔录等基本技能,成绩合格
		掌握警务工作平台的使用,懂得录入方法和基本要求
		具备与警务人员、群众沟通的基本技能,掌握询问、讯问及急救基本技能
	修炼学生心理素质	掌握本专业开展工作的技能、技巧,成绩合格
		养成健康心理,能自觉合理释放心理压力,保证心理健康
		具备快速准确的感知能力、较强的思维能力、良好的注意力和记忆力、丰富的想象力
		具备积极的日常心境及乐群性、良好的激情调控能力、较强应激反应能力
		具备意志的自觉性、自制性、坚韧性、果断性
		具备合理的需要结构、强烈的职业成就动机、崇高的职业理想、理智开朗的职业性格
		掌握心理学基本原理与微表情观察基本方法
	修炼学生身体素质	体魄强健、精力充沛,免疫力强,无传染性、消耗性疾病
		身体协调性好、敏捷度较高,运动速度较快、耐力充足
		具备适应危险性、复杂性、艰苦性、持续性工作的体质
		达到国家规定的大学生体能要求和公安对体能的要求
	修炼学生职业道德素养	思想政治觉悟高,忠于党、忠于祖国、忠于人民、忠于法律
		脚踏实地、诚实守信,有较强的使命感、责任心
		能够遵纪守法,集体荣誉感、团队精神、时间观念较强
		具有崇高的理想信念,勇于开拓进取,具有抗腐拒蚀能力

表 7 – 1(续 2)

效果标准	总体效果标准	具体指标
练	练习单项职业技能	单项、单科职业技能内容符合教学方案、实战要求
		职业技能知识结构合理、覆盖全面
		与理论知识对应衔接得当,教学适时展开,学习富有成效
	练习综合职业技能	开展训练时间充足,训练有指导、检查、测试
		整体效果反映各专业所必须具备的职业综合技能
		学生全面、熟练掌握各训练项目,100%达到合格水平
战	综合实习、实践	参加并胜任当地公安部门需要协助开展的专项警务活动
		没有破坏工作纪律、危害公安形象、危害警民关系等情况
		学生踊跃参加社会实践活动,效果良好,社会评价好
		学生参加实训基地、真实场景演练、比赛,可以单独行动、独立完成任务
	综合实战	把理论知识与职业技能融会贯通、综合应用
		学生在实际工作岗位能够真实练习应用、作战,在教官或师傅的指导下完成所交给的任务
		较多学生主动参与派出所的日常工作,受到派出所的欢迎
		具备初级警官的实战水平,完成随队执勤任务,效果良好

(二)培养过程与教学条件标准指标体系

优秀的培养效果与培养过程和教学条件密不可分,不重视培养过程的管理以及不具备基本条件的教学,难以形成优秀的培养效果。在考察培养效果的同时,考察培养过程与教学条件,以过程和条件促人才培养。为此,设计了五大考察内容,即组织管理、教务督导、教学实施、教辅后勤、实训基地管理等,如表 7 – 2 所示。

表 7 – 2 "教、学、练、战"一体化培养过程指标体系

培养过程标准	总体效果标准	具体指标
教学活动实施	教学态度认真	教学目标明确,各课认真,精神饱满,教态大方端庄
		关爱学生、对学生认真负责,忠诚教育事业,杜绝教学事故
		大纲、教案等教学包材料准备、文件齐全

表 7-2(续1)

培养过程标准	总体效果标准	具体指标
教学活动实施	教学准备充分	坚持广泛收集资料、定期集体备课等环节的工作
		教师与教官分工合作,共同担任实训内容的教学,工作配合默契
		教学整体设计合理,教学器材选择合理、准备得当
		教学内容无政治性和逻辑性错误,要点清晰、明确,课堂容量与信息量合适,实施因材施教,循序渐进方略
	教学进程顺利	教学过程思路清晰,教与学有机结合,以学生为主体
		熟练使用多媒体教学,充分利用各种教学辅助手段及现有教学资源,广辟第二课堂,做到"走出去请进来"灵活多样
		开辟网上教学形式,提供多渠道学习方式,注重网上教学教师的参与和监督作用
		教师布置、讲评课外参考读物、练习,鼓励、督促、检查学生自主学习状况,启发思考,培养创新意识
实训基地管理	校局合作机制健全	上级部门统一领导,积极促进校局合作常态化,做好统筹、组织、协调,从人、财、物上给予有力支持
		校局保持互动、互助并形成机制,制定协作、责任制度,形成良好的全警育人环境
		定期进行督促检查落实情况,发现不足立即整改
	岗位指导保证	基层公安部门为学生的实战、实习创造有利条件
		学生应当轮岗实习,指导、带班民警及时指导、教育学生
		学校、公安局定期检查学生实战、实习情况,形成制度
	总结反思及时	学校及时收集老师、实战部门的总结、意见、建议
		以反馈的信息调整学校教学计划、方案、内容,公安局参与学校优化专业建设工作
教学后勤保障	教学场地齐全	教室场地充足、够用,多媒体教室设备齐全可高效使用,管理检查到位
		实训场地规模、场景、设备符合实战需要
		其他配套仪器、设备、配件保证供应、随时使用

表 7-2（续 2）

培养过程标准	总体效果标准	具体指标
教学后勤保障	学生管理到位	严格学生管理制度，学生考勤工作严肃、认真，无事故发生
		了解掌握学生思想状况，开展思想道德、职业、形势教育
		以人性化方式开展心理咨询、辅导，促进学生身心健康发展
		有健全的设备管理机构，设备更新、管理、使用规范、操作方便，出现故障及时维修保养
	教学设备管理规范	设备管理人员充足，工作期间不离岗，保持环境卫生、清洁、安静、优美，安全无隐患
教务督导	课程安排合理	课程设置合理、课时分配得当，突出专业特色
		学年、学期课程进度安排合理，妥善分配教学场所，无差错
	教材选用恰当	选择最新、最优、最适合本培养层次的教材
		及时组织教材的修订，教材反映公安现实工作和国内外专业发展动态
	教学督导得力	建立教学巡查、监控制度，及时反馈、通报相关信息
		采取多种手段激励、促进、提高教学，练习实战紧密围绕实际工作
	检测考评严肃	以多种形式定期检查、检验教学效果，改革考试、考核方法，注重过程考核，兼顾理论与实践考核
		不断完善和及时更新专业试题库，保证考试、检测活动正常进行
组织管理	管理人员尽职尽责	学校领导重视，认真组织引导各部门开展各项教学管理工作
		管理人员善于发现问题，及时解决问题
		系部领导积极组织、引导教师开展教研、教学活动
	管理制度完善	建立完善的教学管理制度，制定科学、合理的绩效考核标准，形成闭合管理
		建立教育培养信息管理制度，保证收集、研判、应用、生效
	师资队伍建设有效	教师学历结构合理，"双师型"教师比例逐渐增大
		教师的"教、研、战"不偏颇、不退化，定期轮训轮修，提升研究能力和教学水平

第五节 校局协同机制优化与创新

2011年公安部颁布《关于加强公安院校和训练基地建设的指导意见》后，公安校局合作迅速开展，逐步建立了校局合作的良性运行机制、激励机制、保障机制等，在人才培养方案、课程资源、实践教学平台、"双师型"教师队伍培育等方面建立了合作机制，校局合作的理论研究和实践都已经取得了卓有成效的成绩，但不可否认，公安校局合作在理论研究和实践上仍然存在一些问题，面对"教、学、练、战"一体化改革需要深化校局合作。

一、公安校局合作概述

(一)公安校局合作的理论基础

公安院校与公安机关在教学、科研和公安实践中的相互关系是"产学研"合作的一种子类型。"产学研"模式出现于19世纪的美国，随着美国州立大学的发展，大学地方化和实用化要求增强，大学与产业界之间的关系也逐步密切，逐渐形成了"产学研"相结合的办学模式。20世纪50年代，以科学工业园和高技术产业为标志，形成了真正意义上的"产学研"结合模式。近些年，我国的"产学研"发展飞速，大学科技园和高新技术开发区如雨后春笋般建立起来，"产学研"相结合的模式已经成为我国的基本政策。习近平总书记在2018年全国教育大会指出，"要深化办学体制和教育管理改革，充分激发教育事业发展生机活力……要提升教育服务经济社会发展能力，调整优化高校区域布局、学科结构、专业设置，建立健全学科专业动态调整机制，加快一流大学和一流学科建设，推进产学研协同创新，积极投身实施创新驱动发展战略，着重培养创新型、复合型、应用型人才……"这一重要讲话精神不仅为公安教育发展和公安教育体制改革指明了方向，还成为公安校局合作的理论基础，推动了产学研协同创新理论的发展。

根据协同理论和创新理论基本观点，"产学研"协同创新，就是要求各个独立系统通过协同来促进不同系统的整合，创造新的组织形式或打破原有垄断的新组织形式，从而实现系统涌现现象。所谓新的组织形式即合作模式，我国的"产学研"合作实践已经做了很多有益探索。例如从合作方式上分析，形成了委托研究模式、合作开发模式、技术转让模式以及联合一体模式。从合作主体方面分析,出现了企业主导模式和学研主导模式。这些协同创新模式都可以为公安校局合作提供新思路、新方法,是公安校局合作不断创新发展完善的重要组织形式①。

(二)公安校局合作的功能定位

公安院校从总体上说主要是一种高级职业教育,行业性特征鲜明,公安特有的价值取向、文化沉淀、警营环境、人才需求和智力需求是公安院校生存发展的前提和基础,同样是校局合作的出发点和最终目标。据此确定校局合作的基本功能。

1.提供和转化科研成果

面对敌对势力的围堵,国内社会矛盾和冲突加剧,公安机关面临的社会形势日益复杂,如何协调、解决、消除各类不稳定因素以维护社会的稳定和国家的安全成为公安机关的首要问题。原有的理论在解决当前矛盾和问题中就显得有些力不从心,因此必须对现有的公安理论知识予以创新。公安院校作为公安知识的主要生产者、储存者和创新者,应该担负起的责任就是向公安机关转移公安领域的最新公安专业知识,转化最新科研成果,从而生成公安现实战斗力。在校局合作中,就应该充分发挥公安院校的人才优势和知识优势,向公安机关转移最新的研究成果,以解决公安机关存在的各种理论和实战问题②。

2.培养优秀公安人才

队伍建设是根本,也是保证。在公安队伍建设中,教育训练工作居于先导性、基础性和战略性地位③。校局合作能在充分发挥公安院校和公安机关的各自人才和资源优势的情况下,不断提高公安院校教师的理论与实践结合能力和教学水平,提升在校学生的动手能力,同时也能够不断促进公安民警的实战能力和理论水平,有利于形成相互促进的良好的公安人才培养模式,以达到推进公安队伍整体素质和战斗力的提高,促进公安队伍正规化、专业化和职业化建设的目的。

---

① 翁孙哲:《公安院校协同育人机制研究》,《阜阳职业技术学院学报》2021年第32页。

② 王海军、成佳、邹日崧:《产学研协同创新的知识转移协调机制研究》,《科学学研究》2018年第7期。

③ 《中共公安部委员会关于加强和改进公安教育训练工作的意见》,《公安教育》2009年第11期。

(三)公安校局合作的模式

在公安校局合作类型上,有学者以合作互动紧密性程度为标准将类型分为一体化模式、双向合作模式、一般模式;有学者从合作内容角度出发将类型分为理论与实践相结合模式、实习与实践相结合模式、校局互动模式和订单式合作模式。这些模式类型在一定程度上揭示了公安校局合作实际状况。从"产学研"协同创新发展的角度看,公安校局合作类型应该从院校和公安机关两个主体着手,以合作内容为基本分析对象来进行划分,则更能把握校局合作的重心、焦点和目标。

1.按合作主体,分为公安院校主导模式和公安机关主导模式

公安院校主导模式是以学院为主动的一方,寻求与公安机关合作,主要以促进学院"教、学、练、战"人才培养模式不断完善为目标的合作模式。主要形式例如教学实践基地建设、学院教师实习调研或挂职、实战教官住校教学、联合开展专业培训、合作承办学术会议等。公安机关主导模式是以公安机关为主动一方,寻求与公安院校合作,主要寻求理论支持、寻求技术支持、协助大型活动安全保卫、委托办理培训班、委托研究课题等。从目前实际情况来看,校局合作大多数是学院占据主动一方,而公安机关占据被动一方。造成这种情况的原因很多,主要还是公安院校缺乏自主研发能力、公安机关对公安理论和技术研究存在某种排斥性等。要调动公安机关的积极性,就必须增强公安院校的理论创新和科技研发能力,而不能仅仅只能提供一般性、常规性的理论知识,必须能够回应热点,预判形势,面对现实,立足长远,做出能够引领公安机关变革的理论研究和科技创新成果。

2.按合作内容,分为理论知识转移、成果转化、人才培养合作、全方位合作综合模式等

理论知识转移模式是通过建立公安院校与公安机关之间的协调机制,解决公安机关与院校、科研院所等主体在知识转移过程中的信息不对称问题,推动需求端和供给端的融合对接。科研成果转化模式是指通过创建各种有利于促进公安院校科研成果转化的互动机制,实现科研成果转化为公安战斗力的目标。人才培养合作模式就是通过协同创新建立公安院校和公安机关共同合作培养公安专门人才的途径和方式。全方位合作模式就是公安院校与公安机关展开全面深度合作,形成你中有我、我中有你的合作机制,也称为共同体建设。

3.按从合作范围,分为项目纽带模式、协作平台模式、战略共同体模式

项目纽带模式是产学研各方以某个项目为抓手和纽带,签订合作合同建立伙伴关系,在项目中协同创新。协作平台模式是"产学研"三方共同投入资金、

资源组建协作平台,以平台为抓手进行协同创新,主要有共建研究所和合办科技园两种形式。前者目标在于科研成果创新和转化,后者则是经营法人,具备多重目标,从事研发创新的同时也进行经营活动,承担了一些社会功能。战略共同体模式指"产学研"三方在实践中结成的以市场为导向,企业为主体,学术研究机构为技术依托,政府、金融机构等其他社会组织为支撑,收益共享、风险共担、共同发展的"育人共同体"。

二、建设"育人共同体"

"育人共同体"是全警育人理念的具体实践,校局双方共同担任育人任务,形成"育人双主体"。公安机关虽然自身任务相当繁重,需要从大局着眼,妥善处理日常工作与人才培养间的关系,积极奉献育人事业,勇于承担"校局合作育人共同体"中的主体责任。网络和智能技术的日新月异,需要懂得新科技的"新人",更需要培养懂得新科技的"新人"。因此,新时代的校局合作人才培养需要大胆创新,运用"互联网+"、大数据思维,积极利用和开发校内外以及线上线下教育资源,摆脱大量日常繁杂事务对校局合作育人工作的制约,突出开放性、多元化、个性化、立体化等特色,实现全程深度融合培养警务应用型人才,增强对地方经济社会发展的辐射力和贡献率,因地制宜地实现公安院校与区域经济社会的协调发展。

首先,按照"实战有所需,教学有所应"的原则,依照警务应用型人才培养规律,合理设置、调整学科专业方向,确定课程体系,突出人才培养的针对性和有效性,实现"育人"与"用人"的无缝对接。其次,公安实战部门应全程参与"人才共育",既共定标准,又共同教学与管理。"学警"既是学生也是"警察",学校主要负责"学生"的在校育人,公安机关主要负责"学警"的战训育人。再次,应发挥各自"育人优势",实现"优势相长"。学校偏重对学生通识教育、基本素质、基本技能、创新能力、可持续发展能力进行培养,公安机关更擅长对学生进行警察文化、实践能力、专业技能的训练。最后,应创建机制,实现"资源同享"。学校可积极提供人力、教学、技术资源,公安机关可提供案例、实践教学场地、设施、平台、捐赠设备甚至执法办案现场,教师和民警可组成教学团队,形成人才培养"双导师制""双重管理"机制,特别是当前信息技术快速发展,在保证安全的前提下,要善用大数据平台和技术,共建共享共治数字资源,提高人才培养质量①。

---

① 李先波:《校局合作育人共同体:新时代警务应用型人才培养模式探讨》,《公安教育》2020 年第 5 期。

三、多层次对接合作

校局合作不仅在理念上更应该在具体措施上。2015年,公安部提出"校局合作、系局对接、室队一体"人才培养的总要求。这一要求明确了"校局合作"深度融合的根本途径,就是要将其落实到基层、落实到一线,贯穿于公安队伍建设人才培养的全过程。

公安局有三级结构,即市局、分局和科、所、队;公安院校也有三级结构,即学院、系部和教研室或实验室。公安局的科、所、队与公安院校的教研室、实验室是其单位的基本单元。公安局的"科、所、队"承办各类具体犯罪案件的直接责任人和一线公安实务工作人员,拥有丰富的办案经验;公安院校的"室"是人才培养的直接责任部位,是最为紧密联系学生和最能准确掌握学生情况的组织单元,同时,也是专业建设和人才培养的主力军,两个一线部位的一体化合作是校局融合的标志。"室所一体"可以通过以下途径。

(一)双向交流

目前有院校教师到公安一线锻炼的单向交流,对于学生的培养是间接的"第二手"知识,远远不如实战教官走进校园、走进课堂、与学生面对面交流,手把手演练,更能使学生快速缩短书本理论与警务实战的距离,增长实践知识,提升实战技能。因此在教师"走出去"的同时,还应把实战教官"请进来""上讲台",将长期积累的丰富的实战经验传授给学警,形成双向交流。

(二)对口实习

公安队伍专业化建设要求提高民警的专业化水平,应该从实习着眼,考虑专业对口。以治安专业到派出所实习为例,派出所是综合战斗实体,一般包括多个警种和专业,作为治安专业学生应该分配到治安类实习岗位。为了让治安专业学生了解所有治安业务,应采取定期轮岗操作,在"片区管理""行政案件查处""纠纷调解""窗口接待"等岗位中轮换,掌握治安所有业务。派出所是综合实体,涉及多个专业,学生在治安类岗位实习中会接触其他专业的业务,从而了解相关业务,奠定协作基础。

(三)日常交流

派出所警力紧张是普遍现象,而警院又有"警务周"的育人项目,公安院校规模小,校内警务工作不需要过多的学生,完全可以抽出部分学生参加派出所的日常辅助工作,担当辅警的工作。在共享单车遍布,交通便利的当下,"警务周"学生服务警院周边派出所具有可行性。虽然每周一轮换,学生熟悉警务工作需要一个过程,简单的警务工作可以胜任。

(四)社区帮教

社区帮教是对被判处管制、宣告缓刑、裁定假释、暂予监外执行这四类犯罪行为较轻的对象所实施的非监禁性矫正,以及部分重点人口的教育转化工作。社区帮教是长期性工作,需要付出耐心、精力,通常由社区帮教志愿者承担。由于社区帮教志愿者数量较少,难以做到全面帮教,为了社会的长治久安,警院有义务承担社区帮教任务。群众工作是警务工作的组成部分,谈话技巧是警务技能之一,警院教学课程中有"群众工作""调查研究方法"等与交流、谈心相关的课程,派出所有社区帮教的需求,奠定了"室队"合作开展社区帮教的基础。

(五)考核体系

核评价是检验人才培养质量的重要环节,科学合理的评价体系对提高人才培养质量具有重要的促进作用。"教、学、练、战"一体化模式下,应改革卷面考试这种单一的考核形式,采取全面、客观、科学、可操作的多元化考核方法,构建公安机关、公安高校和学生三方共同参与的考核评价体系。公安机关从用人角度,对学生在思想政治、职业素养、实践能力、创新能力等方面进行考核评价;警院按照教学大纲从学科理论体系视角对学生进行考核评价。在考核评价中注重学生的自我评价,培养学生自我管理意识,增强学生的责任感和使命感。既重视结果考核,又注重过程考核;既重视书面考核,又注重能力考核;既重视笔试考核,又注重操作考核,尤其是学生公安实践能力方面的考核①。

总之,实战化主导下"教、学、练、战"一体化改革内容众多,忠诚警魂教育是灵魂,实战化主导是主线,三全育人是基础,各教学环节一体化是关键,教学条件和管理是保障。学生、教师、教官、教辅、管理等人员心向实战、言源实战、行为实战。校局融合、多方协作,营造实战化全景育人氛围,提升警院专业化、事业型人才培养水平。

---

① 周辉:《公安高校校局合作人才培养模式研究探索》,《辽宁教育行政学院学报》2019年第4期。